ARALSEE
Jaxartes
Oxos
MEER
Alexandria Echate
Samarkand
Baktra
329
SOGDIANE
A.
BAKTRIEN
Alexandropolis
A. am Kaukasos
327
Nikaia
326
Bukephaia
Hekatompylos
Kasp. Tore
PARTHIEN
A. (Herât)
DRANGIANE
A. (Ghasni)
ARACHOSIEN
REICH DES POROS
Hyphasis
AREIA
330/29
A. (Kandahar)
Bolan-Paß
330
A. (Prophtasia)
325
Indus
324
Pasargadai
Persepolis
Pers. Tore
KARMANIEN
Mulla-Paß
GEDROSIEN
A. (Lus-Bela)
PERSISCHER GOLF
Gr.

Roland Mueller

Der Kundschafter des Königs

Auf den Spuren
Alexanders des Großen

Roland Mueller

Der Kundschafter des Königs

Auf den Spuren Alexanders des Großen

cbj

cbj ist der Kinder- und Jugendbuch-Verlag
in der Verlagsgruppe Random House

www.cbj-verlag.de

Umwelthinweis:
Dieses Buch wurde auf chlorfrei gebleichtem Papier gedruckt.

Gesetzt nach den Regeln der Rechtschreibreform

1. Auflage 2005

Lektorat: Gerd Rumler
Umschlagbild: Dieter Wiesmüller
Für die Landkarte:
© Hermann Kinder/Werner Hilgemann: dtv-Atlas Weltgeschichte
Grafische Gestaltung der Abbildungen: Harald und Ruth Bukov
© 1964, 2003 Deutscher Taschenbuch Verlag, München
Umschlaggestaltung: Basic-Book-Design, Karl Müller-Bussdorf
kb · Herstellung: WM
Satz: Uhl + Massopust, Aalen
Druck: GGP Media GmbH, Pößneck
ISBN 3-570-12924-1

Printed in Germany

Inhalt

I Der Kundschafter des Königs 7

II Issos 51

III Alexandria 139

IV Gaugamela 189

V Samos 267

Nachwort 273

Worterklärungen 279

I

Der Kundschafter des Königs

»Er war von Natur aus wissbegierig und
ein leidenschaftlicher Leser.
Die Ilias sah er als ein Lehrbuch der Kriegskunst an (…).
Er hatte eine von Aristoteles verbesserte Ausgabe bei sich
(…) und diese hatte er immer neben seinem Schwert
unter dem Kopfkissen liegen.«

PLUTARCH

1

Strahlend blau wölbte sich der Himmel über das weite Land. Der Sommer in diesem Teil Kilikiens neigte sich dem Ende zu. Noch waren die Tage heiß, so wie in den Wochen zuvor.

Vor nicht allzu langer Zeit hatte es hier viele Schaf- und Ziegenherden gegeben. Doch die Hirten waren mit ihren Herden in die höher und abseits gelegenen Weiden gezogen, um dem drohenden Krieg zwischen Griechen und Persern in dieser Gegend zu entkommen. Aber auch nach dem Sieg der Griechen unter ihrem König Alexander am Granikos war das Land weiter einsam und beinahe menschenleer. Die Hirten blieben lieber im unwirtlichen Hochland. Vielleicht würden sie mit den Herden im nächsten Frühjahr wiederkommen.

Jetzt kam über die schroffen Hügel ein Junge gewandert. Er war höchstens zwölf Jahre alt, seine Haut ganz braun gebrannt und er trug schwarzes, halblanges Haar. Das war Dareg, dessen Familie eigentlich von der Küste stammte. Seit dem Tod seiner Eltern lebte er bei seinem Onkel, der als Bauer sein Auskommen hatte und half ihm beim Schafehüten.

Dareg blieb stehen und blickte sich aufmerksam um. Er war wütend. Einen halben Tag lang in der Hitze herumzulaufen, nur um einen Hund zu suchen, war wirklich kein Vergnügen.

»Mikion!«, rief er.

Er wusste nicht, wie oft er den Namen seines Hundes schon

gerufen hatte. Doch das Einzige, was er hörte, war der Schrei eines Raubvogels weit über ihm im blauen Himmel. O ja, er war wütend. Was war das überhaupt für ein Hund, der weglief, statt in der Nähe seines Herrn zu bleiben?, musste er denken. Nein, niemals würde das ein guter Hirtenhund werden. Er sollte ihn gegen einen anderen eintauschen, doch dazu musste er ihn erst wiederhaben. Andererseits, er mochte ihn. Mikion war zwar noch jung und sehr verspielt, aber wenn er Schafe hütete, war er aufmerksam. Und als Dareg weiter nachdachte, stellte er fest, dass Mikion immer versucht hatte, es ihm recht zu machen. Und als Dareg dann noch einfiel, wie Mikion die Herde vor nicht allzu langer Zeit vor einem großen Wolf verteidigt hatte, wurde ihm ganz warm ums Herz. Eigentlich war das ein tüchtiger Hund.

»Mikion! Wo steckst du?«

Der Junge lauschte erneut, ob der schwarzbraune Wirbelwind nicht doch hinter einem Busch auftauchte und bellend auf ihn zuschoss. Das tat er sonst immer gerne. Doch nichts geschah. Dareg ging weiter, aber nach ein paar Schritten blieb er wieder stehen und sah sich um. Wie einsam die Gegend hier war. Nicht weit vor ihm begannen hohe, glatte Felswände, steil in die Höhe zu wachsen. Das Gestein leuchtete im Sonnenlicht. Wieder hörte er den Raubvogel über sich am Himmel. Ja, ein Vogel müsste man sein, dachte Dareg und legte den Kopf in den Nacken. Da oben war er. Kaum noch zu sehen. So ein Falke, oder noch besser, ein Adler, wäre er gern. Dann würde er aufsteigen, über die Felsen hinauf bis in höchste Höhen und nach Mikion Ausschau halten. Und wenn er ihn dann sehen würde, hui, auf ihn hinunterstürzen und ihn erschrecken. Aber so sehr, dass er sich das Weglaufen ein für alle Mal abgewöhnen würde. Das müsste aufregend sein, wenn der Schatten des Raubvogels über ihn fuhr. Dareg lachte. Ich würde ihn anschreien. Mikion, unfolgsamer Hund! Aber dann erschrak er. War nicht der mächtige Zeus als Adler unterwegs? Besser keine solchen Gedanken, sagte sich Dareg, das mögen die Götter ganz sicher nicht. Er sah wieder hinauf in den fast wolkenlosen Himmel, aber der Raubvogel war verschwunden.

Während Dareg einen staubigen Weg entlangtrabte, war er fast am Fuß der Felswand angelangt. Hier wuchsen Büsche und sogar Bäume und im Schatten der Felsen war es angenehm kühl. Er griff nach seinem Wasserbeutel aus einem Stück Ziegenhaut. Als er ihn schüttelte, gluckste das restliche Wasser kaum noch. Viel war nicht mehr drin, aber hier wuchsen ringsum Blumen und Kräuter. Also gab es genügend Wasser. Vielleicht konnte er frisches Quellwasser finden? Er kannte die Gegend in seinem Weidegebiet sehr gut, aber so weit wie dieses Mal war er noch nie gekommen. Er blieb stehen und lauschte. Wie still es hier war, bis auf das sanfte Säuseln des Windes. Eigentlich wollte er nicht so weit von der Herde weggehen, auch wenn er wusste, dass sein Vetter Kiros auf sie aufpasste. Aber er brauchte seinen Hund.

In der Gegend gab es Wölfe, und er hatte keine Lust, Schafe oder gar junge Lämmer einzubüßen. Alles nur weil sein Hund nicht da war und ihm half, die Herde zu bewachen. Dareg lauschte erneut. Seine Hoffnung, irgendwo einen Wasserlauf oder eine Quelle zu hören, erfüllte sich nicht. Nirgendwo gluckerte oder plätscherte es kühl und erfrischend. Er setzte sich auf einen Felsblock. Auf dem steinübersäten Boden ließen sich Mikions Spuren kaum entdecken. Bei den Göttern, wo war nur der verwünschte Hund?

Er blickte sich um. Flatterte dort drüben an einem Busch nicht etwas? Er beugte sich ein wenig vor. Jetzt sah er es deutlicher. Jedes Mal wenn ein leichter Windhauch vorüberstrich, bewegte es sich. Dareg lief hin und dabei musste er ein paar Mal großen Steinen ausweichen. Er lief den ganzen Tag lang schon barfuß, denn er wollte seine Sandalen schonen. An dem Busch angelangt, blieb er stehen. Was sich da im leisen Sommerwind bewegte, war ein Büschel Haare, lang und seidig glänzend. Als er sie vorsichtig von einem Ast abnahm, wunderte er sich, wie sehr sie glänzten. Ganz sicher stammten sie von einem Pferd. Er schnupperte daran. Komisch, musste er denken, sie rochen gar nicht nach Pferd, sondern nach Olivenöl. Er blickte sich um und fand vor sich auf der Erde Pfotenabdrücke. Dareg war sich gleich sicher, dass sie von Mikion stammten. Von Spuren verstand er eine Menge, schließlich war er Hirte und kannte sich aus. Aufmerksam betrachtete er den Boden ringsum und dann entdeckte er auch Hufspuren. Fußspuren dagegen nicht. Ein Reiter und lange, gleichmäßige Haare? Die konnten nur vom Helm eines Kriegers stammen. Der war mit seinem Helm am Gesträuch hängen geblieben und das Haarbüschel hatte sich darin verfangen. Aber was für ein Krieger? War es ein Grieche oder ein Perser? Dareg sah sich um. Die Stille war jetzt furchteinflößend. Der enge Hohlweg vor ihm zwischen den Felswänden sah auf einmal bedrohlich aus. Noch einmal nach Mikion zu rufen, traute er sich nicht mehr, schließlich war die Gegend doch nicht so einsam, wie er angenommen hatte. Jetzt war er sicher, jemand hatte seinen Mikion mitgenommen, ja gestohlen. Aber wer konnte nur so gemein sein? Er beschloss, dieser neuen Spur zu folgen und marschierte los.

In dem Hohlweg war es kühl und außer dem Rufen einiger Vögel weit über ihm war nichts zu hören. Als er die Schlucht durchquert hatte, wurde der Weg auf einmal breiter und die Felswände traten immer mehr zurück. Er ging noch eine Weile weiter und blieb dann erstaunt stehen. Die Felsen lagen wie eine Mauer hinter ihm und er blickte auf ein weites, grün bewachsenes Tal. Da wuchsen viele Bäume und ein kleiner Bachlauf schlängelte sich durch den Talgrund. Das Wasser glitzerte zwischen dem Grün hervor und er sah viele Zelte, Pferde und Karren. Dazu jede Menge Schafe und Ziegen, aber auch Ochsen und Esel, die im Schatten angebunden von Jungen in seinem Alter gefüttert wurden. Neugierig schlich er auf dem staubigen Weg hinunter, immer der Spur des Pferdes folgend, die jetzt ganz deutlich zu sehen war. Sie führte direkt in das Lager.

Dort wimmelte es von Menschen. Während er sich umsah, musste er staunen. Es war eine Weile her, dass er so viele Menschen auf einem Fleck gesehen hatte. Aber niemand schien sich an ihm zu stören. Zweimal musste er bewaffneten Reitern ausweichen, die an ihm vorbei in das Lager ritten. Als er an die Reihen der ersten Zelte kam, trat ihm ein Wachsoldat entgegen. Er trug einen Bart nach Sitte der Griechen, und auch sonst stellte Dareg fest, dass er genauso aussah wie die Hopliten*, die in seiner Heimat die Straße zur Küste bewachten. Die Rüstung bestand aus einem Lederwams bis zu den Oberschenkeln, darüber der Harnisch aus Bronze, der die Brust schützte. Der Soldat trug Sandalen. Ein Helm mit langen Fransen auf dem Mittelteil lag unter einem Baum auf dem Boden. Auf dem Kopf trug der Soldat nur ein Stirnband. Aber er trug ein Schwert und einen Schild. Allerdings war dieser viel kleiner und leichter als die üblichen schweren Eichenschilde der griechischen Krieger. Der Soldat sah ihn und hob seinen runden Schild.

»He du, was machst du hier?«

»Ich suche jemanden.«

»Ah, und wen?«

»Meinen Hund.«

»Was?«

* Wichtige Namen und Begriffe werden ab Seite 279 erklärt.

»Ja, meinen Hund«, entgegnete Dareg höflich, »hast du ihn vielleicht gesehen?«

Der Soldat senkte seinen Schild ein wenig, sah Dareg an und dann lachte er.

»Deinen Hund? Wo käme ich hin, wenn ich jedem Köter nachschauen würde, der hier rumstreunt?«

»Mein Mikion ist kein Köter!«, fauchte Dareg.

Er war wütend. Der Soldat war so unfreundlich und dabei war es sicher, dass Mikion hier irgendwo sein musste.

»Ach, schon gut, verschwinde von hier!«, befahl der Krieger, aber Dareg blieb stehen.

Er fürchtete sich nicht so leicht, auch wenn jemand so eindrucksvoll aussah wie dieser Mann in seiner Rüstung und all seinen Waffen.

»Hast du nicht gehört? Verschwinde!«

»Ich will meinen Hund wiederhaben und ich werde ihn suchen«, sagte Dareg mit fester Stimme.

Jetzt wurde der Soldat wütend.

»Was redest du da, Bürschlein? Hör zu, ich hab keine Lust, mir dein Geschwätz anzuhören. Pass gefälligst besser auf deinen Köter auf. Hier ist er jedenfalls nicht und jetzt verschwinde endlich! Du hast in einem Kriegslager nichts verloren.«

»Ich geh nicht ohne Mikion«, antwortete Dareg hitzig.

Da trat der Wachsoldat auf ihn zu und hob seinen Schild. Dareg ließ seinen Hirtenstab fallen und stemmte sich mit beiden Armen dem Schild entgegen. Der Wachsoldat blieb stehen und drückte, aber Dareg stemmte sich mit aller Kraft dagegen. Der Krieger war stärker und schob ihn weg, immer vor sich her.

»Gemeinheit«, keuchte Dareg, »Versteckst dich hinter deinem Schild! Tritt vor und stell dich wie ein Kerl.«

Der Soldat lachte nur, während sich Zuschauer um die beiden scharten. Dareg hätte vor Zorn heulen können. Der Hoplit schob ihn mit seinem Schild über den staubigen Boden und schien dieses Spiel lustig zu finden. Er lachte und die Zuschauer ringsum lachten ebenfalls.

»Seht euch Xares an, wie er den Feind abwehrt!«

»Hoho, und was für ein Feind! Stärker als ein ganzes Heer!«

»Pass auf, Xares, der Junge wächst noch und dann sieh dich vor!«

Die Männer lachten und johlten vor Vergnügen.

»Was soll dieser Aufruhr hier?«, fragte eine laute Stimme.

Augenblicklich schwiegen alle. Respektvoll traten die Zuschauer zurück. Es entstand eine Gasse. Durch diese ritt ein Reiter, gefolgt von zwei weiteren Männern zu Pferd. Er, noch jung und schlank, hatte ein gut geschnittenes Gesicht. Er trug das dunkelblonde Haar nach griechischer Sitte kurz, genauso wie seinen Bart, der ihm an beiden Wangen bis unters Kinn reichte. Er war ohne Helm, dafür trug er eine kostbare, fein gearbeitete Rüstung, ein kurzes Schwert und seine braun gebrannten Arme sahen unter einem kurzen Untergewand hervor. An den Füßen trug er geschnürte Reitersandalen, die erst knapp unter den Knien endeten. Alle schwiegen und starrten den Mann an, als wäre er ein Geist. Auch Dareg blieb stehen, beide Hände noch immer am Schild des Soldaten.

»Was geht hier vor, will ich wissen?«, fragte der Reiter erneut.

Der Soldat mit dem Namen Xares ließ den Schild sinken.

»Nur ein Spaß, Herr. Mit dem Bengel hier.«

Der Reiter blickte Dareg an und der sah in zwei graue Augen.

»Wie heißt du?«, wollte der Reiter wissen.

»Dareg, Herr«, antwortete er.

»Und was machst du hier?«

»Ich suche meinen Hund. Seine Spur führt hierher und…«

»Spur?«

Der Mann beugte sich ein wenig vor und sah sich dann um.

»Die Gegend hier ist steinig. Wie kannst du da einer Spur folgen?«

»Ich bin Hirte, Herr, und kann Spuren lesen. Seit dem frühen Morgen bin ich meinem Hund gefolgt. Bis hierher«, antwortete Dareg, ein wenig stolz.

Er zeigte auf den Krieger vor sich, der noch immer mit halb erhobenem Schild dastand. Da lachten die umstehenden Männer. Auch die beiden Begleiter des vornehmen Reiters lachten. Nur der Vornehme lachte nicht, sondern blickte in die Runde. Da hörte das Gelächter auf.

»So, seit heute Morgen. Dann bleib hier und such deinen Hund.«

»Ja, Herr.«

Der Reiter trieb sein Pferd durch die wartenden Männer und seine beiden Begleiter folgten ihm. Leise redend zerstreuten sich die Soldaten und Knechte und kehrten zu ihrer Arbeit zurück. Der Soldat ließ seinen Schild sinken.

»Wer war das?«, wollte Dareg wissen.

»Das?«, fragte der Soldat erstaunt. »Das war Alexander von Makedonien, unser König und Anführer.«

Dareg vergaß, den Mund zu schließen, und der Soldat ließ ihn stehen.

2

Dareg hatte von Alexander gehört. Natürlich, wer hätte das in diesen Zeiten nicht? Der junge König der Griechen, der die Perser schon einmal geschlagen hatte und sie seitdem verfolgte.

Aber er konnte darüber nicht weiter nachdenken, sondern suchte Mikion im ganzen Lager. Er fragte Soldaten und Knechte, Sklaven und sogar die jungen Hirten, aber vergeblich. Keiner schien etwas zu wissen. Endlich, als er schon nicht mehr glaubte, seinen Hund noch einmal zu sehen, entdeckte er ihn. Jemand hatte ihn an einem Pflock neben einem Zelt angebunden.

»Mikion!«

Als ihn der Hund erkannte, sprang er auf und bellte, zerrte an seiner Leine und versuchte, sich loszumachen. Dareg lief zu ihm und kniete neben ihm nieder.

»Mein Guter, hab ich dich wieder. Warum bist du auch weggelaufen?«

Er umschlang ihn mit beiden Armen und drückte ihn an sich. Mikion bellte wie verrückt, schleckte ihm die Hände und sprang an ihm hoch. Da trat ein Mann aus dem Zelt. Auch er trug das Haar und den Bart nach Sitte der Griechen, aber er war älter als die meisten Männer ringsum. Auf Dareg wirkte er wie ein vornehmer Mann. Bekleidet war er wie alle Krieger mit einem Lederwams, doch er trug keinen Brustpanzer. Aber er war Soldat, denn er trug ein Schwert an seinem Gürtel.

»Wer bist du?«, fragte er nicht unfreundlich.

»Ich heiße Dareg und das ist mein Hund.«

»Dein Hund?«, fragte der Mann, »Ich hab ihn auf der anderen Seite der Schlucht gefunden. Er war in einen Dorn getreten und konnte nicht mehr weiter.«

»Er lag unter einem Busch, nicht wahr?«, fragte Dareg und drückte Mikion dabei an sich.

»Ja, ganz richtig«, antwortete der Mann.

»Du warst zu Pferd und bist nicht abgestiegen, sondern hast dich heruntergebeugt und ihn in den Sattel gehoben.«

»Stimmt genau«, entgegnete der Mann erstaunt.

»Und du hast einen Helm aufgehabt. Mit einem Kopfschmuck aus langen schwarzen Pferdehaaren, die du mit etwas Olivenöl einreibst, damit sie immer schön glänzen.«

»Beim Hades, woher weißt du das alles, Junge?«

»Du hast gedacht, keine Spuren zu hinterlassen, aber trotzdem.«

Dareg strahlte den Mann an. Der verschränkte seine braunen Arme und blickte Dareg aufmerksam an.

»Muss schon sagen, nicht schlecht. Nein, gar nicht schlecht. Es ist genau so gewesen, wie du gesagt hast, und wenn du behauptest, das ist dein Hund, dann will ich dir das auch glauben. Nimm ihn mit, er gehört wieder dir.«

Dareg strahlte. Der Mann war ihm sympathisch.

»Danke, edler Herr.«

»Ich heiße Mikail und bin der Hauptmann von Alexanders Leibgarde.«

Er bückte sich und löste die Leine. Mikion sprang bellend an Dareg hoch und war so voller Freude, dass er ihn beinahe umgeworfen hätte. Der vornehme Krieger musste lachen.

»Zwei Freunde haben sich wieder.«

Allmählich beruhigte sich Mikion wieder und zum Schluss blieb er still neben Dareg sitzen.

»Hör zu, Junge«, begann der Hauptmann auf einmal, »ich will zu Alexander. Willst du mich auf dem Weg zu seinem Zelt begleiten?«

Dareg nickte und Mikion neben sich gingen er und Mikail den breiten Weg durch das Lager. Sie kamen an ein großes und prächtiges Zelt im Schatten besonders hoher Bäume. Sie traten ein und sofort kam ihnen ein Diener entgegen. Höflich grüßte er den Älteren.

»Sei gegrüßt, Mikail.«

»Sei auch du gegrüßt, Ilias. Alexander erwartet mich.«

Der Diener nickte und führte sie an einem Vorhang vorbei in den hinteren großen, prächtig ausgestatteten Teil des Zeltes. Erstaunt sah sich Dareg um. Da lagen dicke Teppiche auf dem Boden und eine fein geschnitzte Bank, mit dunkler Seide bespannt, stand als Bett und Sessel zugleich neben einer großen Räucherschale, aus der duftender Rauch aufstieg. An einem Holzgestell hing eine prächtige Rüstung, ein silberner Helm mit langen weißen Federn darauf, ein reich verziertes Schwert und eine Reihe besonders sorgfältig gearbeiteter Wurflanzen. Dazu ein großer Bogen mit einem Köcher voller Pfeile.

»Die Götter schützen dich, Mikail!«

Hinter einem weiteren Vorhang erschien Alexander, der dort wohl ein wenig geruht hatte. Herzlich begrüßte der Jüngere den älteren Soldaten und blickte dann auf Dareg.

»Ah, der Spurenleser. Und, hast du deinen Hund gefunden?«

»Ja, Herr.«

»Sehr gut.«

»Alexander«, begann Mikail, »höre dir an, wie dieser Junge die Spur seines Hundes gefunden hat.«

Alexander blickte ein wenig erstaunt. Warum sollte er sich anhören, was ein einfacher Hirte berichten wollte. Doch etwas in Mikails Blick machte ihn neugierig.

»Nimm da Platz und erzähle.«

Mikail und zwei weitere Männer, wohl ebenfalls Offiziere, nahmen auf bereitgestellten Schemeln Platz. Alexander ließ sich auf dem Diwan nieder und griff nach einem goldenen Becher. Ilias goss ein und trat dann zu den übrigen Männern, um auch deren Becher zu füllen. Dareg blickte sich vorsichtig um. Der Mittag war vorbei, und es würde lange dauern, bis er wieder zu seiner Herde zurückkam. Zumindest würde es bis dahin längst dunkel sein.

»Dareg, erzähle noch einmal, wie du Mikions Spur gefolgt bist«, forderte ihn Mikail auf.

Noch einmal berichtete Dareg, wie er seinen Hund wiedergefunden hatte. Als er mit seinem Bericht zu Ende war, schwiegen alle und blickten auf Alexander.

»Welche Spuren kannst du lesen?«, wollte der wissen.

»Nun, alle Herr.«

Die Männer lachten und Alexander nippte an seinem Becher.

»An Stolz mangelt es dir nicht, junger Freund. Was macht dich so sicher?«

»Ich bin der Hirte unseres Dorfes. Zusammen mit meinem Vetter. Wir treiben unsere Herden durch das Land, damit sie genug fressen können. Aber oft verlaufen sich die Tiere und dann müssen wir sie suchen.«

»Und du findest sie wieder?«, fragte Alexander, und Dareg nickte.

»Alles, was ist, hinterlässt eine Spur, hat mir der weise Polemos, unser Nachbar, gesagt. Nur die Götter können sich fortbewegen, ohne eine Spur zu hinterlassen.«

»Ja, nur die Götter. Und die Menschen? Wie ist es mit Menschen? Kannst du ihre Spuren auch lesen?«, wollte Alexander wissen.

Alle Männer blickten ihn an und er fühlte sich ein wenig unbehaglich. Besonders Alexanders graue Augen ruhten auf ihm, und Dareg wusste nun genau, dass er nicht flunkern durfte, denn das würde der junge Heerführer sicher merken.

»Ja«, hauchte Dareg, »von Menschen kann ich auch Spuren lesen.«

Er war durstig und hätte gerne was zu Trinken gehabt. Ilias, der bereits den übrigen Männern Wein eingegossen hatte, schien dies gemerkt zu haben. Freundlich reichte er ihm einen Becher und Dareg nahm einen großen Schluck. Es war kühles Quellwasser und schmeckte herrlich.

»Ich denke, wir sollten uns von deinem Können überzeugen«, meinte Alexander und stand auf.

Auch die übrigen Männer erhoben sich.

»Lasst uns ausreiten!«, befahl Alexander.

Dareg trank hastig aus und folgte den Männern. Wenig später saßen sie im Sattel und ritten los. Dareg saß hinter Mikail und langsam trabten sie durch das große Heerlager. Immer da wo Alexander vorbeiritt, senkten die Krieger respektvoll die Köpfe und grüßten ihn. Die Reiter folgten der Lagerstraße, ließen die letzten Zelte hinter sich und ritten dann einen schmalen Weg durch lichten Buschwald entlang. Dann hielten sie vor der steilen Felswand, die das Tal fast wie eine hohe Mauer ringsum abschirmte. Alexander wandte sich zu den übrigen Reitern, sagte aber nichts, sondern nickte Mikail zu. Der wandte sich an Dareg und sagte:

»Jetzt zeig, was du kannst, Junge.«

Dareg verstand und rutschte aus dem Sattel. Alexander lenkte sein Pferd zu ihm. »Hör zu: Ich will wissen, ob uns der Feind entdeckt hat, denn nur so weiß ich, ob das Lager bereits ausgekundschaftet wird.«

Dareg nickte und blickte sich um. Die Gegend war steinig und einsam. Sie waren vom Lager so weit entfernt, dass sie es nicht mehr sehen, dafür aber die Rufe der Soldaten, das Klirren der Waffen und Geräte und die Laute der Menschen und Tiere gerade noch hören konnten.

»Ein Späher wird sicher von den Felsen herunter alles beobachten. Aber von dort kann er nicht viel sehen, das Lager liegt zu weit weg zwischen den Bäumen«, bemerkte Alexander, ohne seinen Blick von Dareg zu wenden.

Die übrigen Männer schwiegen.

Die Pferde begannen, auf dem trockenen Boden nach Gras zu suchen. Dabei wedelten sie mit dem Schweif, um die lästigen Fliegen zu verscheuchen. Alexander sprach weiter. »Also müsste ein feindlicher Späher von dort oben herabsteigen und sich an das Lager heranschleichen, nicht wahr?«

»Ja, Herr«, entgegnete Dareg und nickte dabei zum Zeichen, dass er verstanden hatte.

Der junge König sah ihn noch immer eindringlich an.

»Aber unsere Späher haben nichts gefunden«, fuhr Alexander fort. »Also, entweder hat der Feind jegliche Spur sorgfältig verwischt oder es war noch niemand hier. Was meinst du?«

»Herr, wenn jemand hier war«, antwortete Dareg, »dann hat er eine Spur hinterlassen und sei sie noch so winzig.«

»Wenn es so ist, wie du sagst, müsstest du sie doch finden, nicht wahr?«

»Ja, Herr«, antwortete Dareg überzeugt.

»Gut, wir werden hier warten und du machst dich auf die Suche.«

Dareg stand nur da, während die Männer von den Pferden stiegen. Sie zogen sich in den Schatten der Felswand zurück. Mikail hatte einen Bogen samt Pfeilen dabei. Damit postierte er sich als Wache, während die Übrigen es sich auf den Felsblöcken bequem machten. Alexander aß Weintrauben. Alle blickten auf Dareg, der noch ein wenig unschlüssig dastand. Aber er wusste, was er zu tun hatte. Er war sich sicher, eine Spur zu finden. Wenn es denn eine gab.

Er sah sich um. Wo sollte er mit seiner Suche beginnen? Links und rechts neben dem Weg zog sich dichtes Gestrüpp hin, nur ab und zu wuchs ein Baum. Das Gestrüpp war dornig und undurchdringlich. Ein feindlicher Späher würde da nicht hineinlaufen. Also blieb Dareg auf dem schmalen Weg und begann, ihn rasch entlangzugehen, seinen Blick ständig auf den Boden gerichtet. Es war ihm, als suche er eines seiner jungen Schafe. Neben dem Weg teilte sich das Gebüsch ein wenig und ein weiterer schmaler Pfad führte zu einem dicht belaubten Baum. Dareg folgte dem Weg und erst vor dem Baum blieb er stehen. Ein guter Platz, um sich zu verstecken. Der Boden war mit Sand und feiner Erde bedeckt. Er ging in die Hocke und blickte sich langsam und sorgfältig um. Jeden Stein, jeden Zweig, jedes Grasbüschel betrachtete er ganz aufmerksam. Da, tatsächlich! Er konnte etwas erkennen. Sein Herz klopfte, und er kniete sich vorsichtig auf den Boden, um die Spur genau zu untersuchen. Dann rief er halblaut nach Mikail. Wenig später kamen alle vier Männer zu ihm. Mikail führte die Pferde, während Alexander mit seinen beiden Begleitern näher trat. Der Hauptmann der Leibgarde band die Tiere neben dem Weg an einen großen Dornbusch und kam ebenfalls näher. Dareg kauerte unter dem Baum und deutete mit der Hand auf einen Abdruck neben einem Steinblock.

»Dort, ihr Herren, hat ein Mann gesessen. Ein Fuß war

nackt, die Ferse ist noch zu erkennen. Am anderen Fuß hatte er noch seine Sandale an. Vielleicht hat er sich einen Dorn eingetreten oder sich beim Laufen die Zehen an einem Stein angeschlagen. Das passiert mir auch manchmal. Ich hab zwar Sandalen, aber ich lauf nicht gern damit.«

Er sah auf seine eigenen staubigen, nackten Füße und die Männer grinsten.

»Sprich weiter!«, befahl Alexander.

»Der Mann hat sich unter diesen Baum gesetzt und seinen Fuß untersucht. Darum dieser Fersenabdruck ganz nahe an dem Stein da. Obwohl der Boden sandig ist, ist das die einzige Spur hier. Er hat wohl all seine anderen Spuren verwischt, aber diese hier übersehen.«

Dareg deutete wieder auf die Vertiefung im Boden.

»Seine Ferse ist im Sand noch gut zu sehen, obwohl hier immer ein wenig Wind durchstreicht und den Sand wieder verweht. Das bedeutet ...«

»Dass es noch nicht lange her ist, seit der Mann da war«, beendete Alexander den Satz, und Dareg nickte zustimmend.

»Trotzdem kann es einer unserer Leute gewesen sein«, meinte Mikail, mit einem Seitenblick auf Alexander, »ein Hirte oder Knecht.«

»Herr«, begann Dareg, den Blick auf den Mann gerichtet, »kein Hirte treibt seine Herde in dichtes Gestrüpp, wenn es überall gutes Gras gibt. Außerdem ist neben dem Stein auf der Erde ein kleines Loch.«

Dareg deutete mit dem Finger darauf. »Es ist möglich, dass der Mann ein Schwert trug und sich die Spitze in den Boden gebohrt hat, während er hier saß und seinen Fuß untersuchte. Aber nur Krieger tragen ein Schwert.«

»Es könnte ja auch einer von unseren Kriegern gewesen sein«, warf Mikail ein.

»Aber warum sollte der seine Spuren in der Nähe des eigenen Lagers verwischen?«

Jetzt schwiegen alle und sahen auf Alexander, der nun leise lächelte.

»Ich muss schon sagen, Dareg, du hast ein scharfes Auge und einen genauso scharfen Verstand. Ich möchte dir einen Vorschlag machen. Aber dafür lasst uns erst zurückreiten.«

Dareg stieg wieder hinter Mikail auf das Pferd und gemeinsam ritten sie zurück. Vor Alexanders Zelt sollte Dareg warten. Ein Sklave brachte ihm etwas zum Essen und Dareg verschlang hungrig das große Fladenbrot, einige Oliven und zwei ganze Zwiebeln. Er spülte alles mit Wasser nach, in das Essig gegeben worden war, damit es etwas Geschmack bekam. Obwohl Dareg das Wasser lieber so trank, wie er es gewohnt war, nämlich pur.

Er bemerkte, wie weitere Offiziere inzwischen das Zelt des Königs betraten. Es waren die Offiziere der Bogenschützen und der Reiterei und natürlich die Anführer der Phalangiten. Sie alle befehligten die zahlreichen makedonischen und griechischen Krieger, die Alexander um sich geschart hatte. Viele von ihnen waren keine Bauern, sondern ehemalige Sklaven, die darauf hofften, wenn sie nur tapfer genug waren, freie Männer werden zu können. Dareg hatte in seinem kleinen Heimatdorf davon gehört: Alexander versprach, jeder Kämpfer könne das Bürgerrecht erlangen, also athenischer Bürger werden. Das war ein großer Anreiz und von überall her kamen Freiwillige und meldeten sich zu Alexanders Heer. Mikail trat aus dem Zelt und winkte Dareg zu sich.

»Alexander will dich sprechen.«

Er sagte nicht König, obwohl Dareg inzwischen wusste, dass der Sohn des einstigen Königs Philipp von Makedonien nun der neue König aller Griechen war. An der Seite von Mikail trat

Dareg in das prächtige Zelt und blieb vor dem jungen Herrscher stehen. Er beugte den Kopf zum Gruß. Alexander trat auf ihn zu und ergriff ihn an beiden Schultern.

»Du hast scharfe Augen und einen guten Verstand. Ich bin sicher, Zeus selbst hat dich zu uns geschickt. Möchtest du Kundschafter werden?«

Das war eine Überraschung! Dareg blickte Alexander nur mit großen Augen an, sodass der lachen musste.

»Jetzt schaust du wie eine Kuh, der man die Milch gestohlen hat.«

Die übrigen Offiziere im Zelt lachten ebenfalls.

»Was ist Junge, wie entscheidest du dich?«, wollte Alexander wissen.

Dareg fühlte sich unbehaglich. Was sollte er sagen? Das kam alles sehr schnell. Er war doch nur ein Hirtenjunge. Die meisten Männer seines Dorfes waren Bauern, aber zugleich nach alter Sitte auch Krieger. Aber sie waren es nicht mehr gerne, denn sie hatten in den vielen Kriegen der letzten zwanzig Jahre nicht für ihr eigenes Land gekämpft, sondern für Philipp und jetzt für seinen Sohn Alexander. Und er, Dareg, der Hirte aus dem Hochland, war gerade erst zwölf Jahre alt. Aber wie dem auch sei, das Leben hier im Heerlager war aufregend, und es schien so, als führte ihn dieser neue Feldzug gegen die Perser in Gegenden, die er nie zuvor gesehen hatte. Er hatte weder Vater noch Mutter noch Geschwister. Nur sein Onkel würde ihn vermissen. Auf die Herde konnte auch sein Vetter Kiros aufpassen.

»Ich … ja, Herr«, stammelte Dareg.

»Was ja?«, fragte Alexander belustigt.

»Ich möchte dir dienen, aber …«

Er zögerte ein wenig.

»Ich möchte lieber Krieger in deinem Heer werden.«

»Du musst wenigstes achtzehn Sommer alt sein und das bist du nicht«, antwortete Alexander, »jetzt bist du noch zu jung. Aber du wirst trotzdem ein Krieger werden, allerdings von einer anderen Art, als die Griechen sie bisher kannten. Du wirst Kundschafter und spähst aus, wie stark der Feind ist, was er tut und wohin er sich bewegt. Alles, was du beobachten kannst, meldest du mir und meinen Hauptleuten, verstanden?«

»Ja, Herr.«

»Kannst du lesen und schreiben? Verstehst du etwas von Zahlen?«

»Nein, Herr«, antwortete Dareg ein wenig kleinlaut.

Er dachte daran, dass sein Onkel kein Geld hatte, um ihn zu einem guten Lehrer zu schicken.

»Du wirst alles lernen«, bestimmte Alexander, »als Lehrer bestimme ich Mikail. Er wird dir alles beibringen. Aber du musst schnell lernen.«

»Ja, Herr«, antwortete Dareg.

Da lächelte Alexander das erste Mal.

»Wenn du tüchtig bist, wirst du eines Tages ein Kundschafter in meinem Heer. Kundschafter des Königs.«

Dieses Mal musste Dareg schlucken, und dann nickte er nur, nicht fähig, darauf zu antworten.

3

Lea«, sagte Mikail, »hier hast du noch einen, den du füttern musst.«

Die Frau sah auf und Mikail schob Dareg vor sie hin.

»Einen Augenblick, wie stellst du dir das vor? Ich hab doch kein Gasthaus, in das jeder kommen kann, wie er will. Du weißt genau, ich habe mit Melissa schon genug zu tun. Und jetzt noch ein Esser mehr …«

»Der König will es so«, antwortete der Soldat, wandte sich um und verließ das Zelt.

»Jaja, der König will es so«, maulte sie leise für sich.

Dareg betrachtete sie. Er fand sie gar nicht so alt, wie Mikail gesagt hatte. Sie trug ein dunkles Gewand, das nicht mehr sonderlich neu, aber sauber war. Ihr Haar war dünn und dunkelbraun. Als ihr der Schleier auf dem Kopf verrutschte, erkannte Dareg, dass sie es ziemlich kurz trug. Wie ungewöhnlich für eine Frau, fand er. Zumindest für die Frauen aus seinem Heimatdorf, die er bisher kannte. Noch immer hatte sie nichts zu ihm gesagt. Dareg stand da, neben dem Eingang des Zeltes, und kam sich ein wenig komisch vor. Lea betrachtete ihn.

»Wie heißt du?«, wollte sie wissen.

Die Frage war nicht unfreundlich. Er antwortete ihr und nannte seinen Namen.

»Hast du Hunger?«, wollte sie wissen und Dareg fand, dass es nicht schaden könnte, noch einmal etwas zu essen.

»Ja«, antwortete er.

Sie wandte sich um und rief in den hinteren, dunkleren Teil der Behausung:

»Melissa!«

Nichts geschah und sie rief den Namen noch einmal.

»Melissa!«

Sie erhob sich.

»Wo, bei allen Göttern, ist dieses Mädchen wieder?«, brummelte sie und schlurfte in den hinteren Teil des Zeltes.

Dareg hörte sie dort reden. Er beugte sich ein wenig vor und lauschte. Dann reckte er den Kopf, um etwas sehen zu können, aber er sah nur Lea, die mit dem Rücken zu ihm stand. Dann wandte sie sich um, trat vor ihn hin, eine Tonschale in der Hand. Darin befanden sich ein Stück Käse und ein Kanten Brot. Dies stellte sie vor ihm auf den Boden.

»Da, setz dich und iss! Mehr hab ich nicht, muss erst wieder Wolle spinnen und dann eintauschen.«

Er nickte gehorsam, nahm auf dem Boden Platz und begann zu essen. Lea blieb weiter vor ihm stehen und sah ihm dabei zu.

»Hast ja einen gesunden Appetit«, stellte sie fest, und ihre Stimme klang zufrieden.

Dareg kaute mit vollen Backen.

»Du bist also Kundschafter?«, wollte sie wissen.

Er schluckte den letzten Bissen Brot hinunter und entgegnete: »Noch nicht, aber ich kann einer werden.«

Lea nickte nur, und Dareg glaubte, so etwas wie ein leises Lächeln in ihrem Gesicht zu erkennen. Vielleicht war sie doch nicht so streng, wie sie tat? Er schob sich das letzte Eckchen Käse in den Mund. Es stimmte schon, er aß nun schon das zweite Mal an diesem Tag. Aber kein Wunder, bei den Erlebnissen bekam er dauernd Hunger.

»Du hast wirklich großen Appetit«, stellte sie erneut fest, »wenn du immer so viel isst, dann kommen schwere Zeiten auf mich zu. Wie soll ich dich satt kriegen?«

»Mach dir keine Sorgen, ich werde ja...«

»Jaja, Kundschafter«, unterbrach ihn Lea.

Sie sagte das aber in einem Ton, dass Dareg die Vorstellung immer besser gefiel.

»Als Kundschafter unterstehst du dem jungen Nestor. Er ist der Anführer aller Späher. Dass Mikail selbst deine Ausbildung übernehmen wird, ist eine große Ehre. Du kannst bleiben.«

Dareg lächelte zufrieden, aber sie schwieg und zog sich dabei ihren Schleier fester.

»Melissa«, sagte sie auf einmal, »die hab ich ganz vergessen.«

»Wer ist Melissa?«, wollte Dareg wissen.

»Ein Mädchen, das den Mund nicht aufkriegt.«

»Ist sie deine Tochter?«, wollte Dareg wissen, und Lea lachte plötzlich auf.

»Meine Tochter? Beim Zeus, du hast vielleicht Einfälle. Das stumme Ding. Ein Fisch ist geschwätziger als sie.«

Lea trat an den Eingang des Zeltes und sah hinaus. Dann wandte sie sich wieder zu ihm.

»Sag, musst du gar nicht nach Hause, zu deinen Leuten?«

»Nein. Erst im Herbst ziehen mein Vetter und ich mit der Herde ins Hochland zurück. Ich habe keine Eltern mehr, lebe bei meinem Onkel. Mein Vetter, er heißt Kiros, hütet die Herde und weiß, dass ich manchmal eine Weile fort bin, um verloren gegangene Tiere zu suchen. Aber es wäre gut, wenn ich ihm sagen könnte, dass ich nicht so bald wieder zurückkehre.«

»Wenn du hier bleibst, wirst du lange nicht mehr heimkehren.«

Dareg blickte sie an. Was sie gesagt hatte, verwirrte ihn. Er wusste nur, dass er jemanden finden musste, der in sein Heimatdorf kam. Dem würde er eine Nachricht an seinen Onkel mitgeben.

Lea blickte ihn an, dann richtete sie ihren Blick an Dareg vorbei nach draußen.

»Melissa!«, rief sie plötzlich.

Sie zeigte mit dem Finger hinaus.

»Da ist sie ja. Hockt da und pflückt wieder ihre Blumen.«

Dareg blickte in die angegebene Richtung. Er konnte niemanden entdecken, doch das war nicht weiter verwunderlich. Ständig liefen Gruppen bepackter Krieger an dem Zelt vorbei und dazwischen immer wieder Ochsen und Esel, manchmal auch Reiter, und sie alle nahmen ihm die Sicht auf den Bachlauf auf der anderen Seite des Lagerplatzes.

»Wie sieht sie denn aus?«

Lea lachte laut.

»Du wirst sie schon erkennen, Junge, glaub mir.«

»Dareg«, entgegnete er freundlich, »ich heiße Dareg. Und wenn du willst, gehe ich und hole sie.«

Lea seufzte tief und dann nickte sie nur.

»Gut«, sagte sie, »tu das, Dareg, tu das.«

Er verließ das Zelt und sogleich war Mikion neben ihm. Seit er ihn wiedergefunden hatte, schien sein Hund wie ausgewechselt zu sein. Mikion wich ihm keinen Schritt mehr von der Seite, ließ sich brav nieder, selbst wenn er es ihm gar nicht befohlen hatte, und wartete geduldig, was passieren würde. Jetzt war Dareg doch froh, dass er ihn nicht eingetauscht hatte. Er bahnte sich einen Weg durch die Menge der Krieger. Noch nie hatte er so viele Hopliten auf einem Fleck gesehen wie hier. Sie waren alle bewaffnet und schienen zugleich von großer Ungeduld zu sein. Dareg wusste nur, dass Alexander immer noch Männer für seinen Feldzug gegen den Großkönig der Perser, Dareios, sammelte. Er musste an die Geschichten denken, die man bei ihm zu Hause darüber erzählte. Zum Beispiel, als Dareios erfuhr, dass Alexander gegen ihn zog. Der Perserkönig soll laut gelacht haben. »Was will er mit seinen Söldnern? Ich werde ihn in seine makedonischen Berge zurückjagen, wo er hingehört. Da kann er Schafe und Wölfe als Untertanen regieren.« Genau das soll er gesagt haben. Aber Alexanders Heer wurde mit jedem Tag größer. Und allmählich begann sich König Dareios Sorgen zu machen.

Dareg war durch die Kolonnen der Reiter und marschierenden Krieger hindurchgeschlüpft. Vor ihm zog sich das Bachufer entlang und da wuchsen Sträucher und Büsche. Sogar Bäume gab es hier. Auf der Erde grünte es und es war nicht so staubig wie sonst im Lager. Vor ihm wuchs ein großer Baum. Darunter saß ein Mädchen. Dareg schätzte ihr Alter auf höchstens zwölf Jahre. Sie war sehr zart und ihre Haut war kaum gebräunt. Sie trug ein langes Kleid und saß auf einem großen Wolltuch, das zugleich Umhang und Decke für die Nacht war. Ihre Füße baumelten im Wasser und in einer Hand hielt sie einen kleinen Strauß gelber Blumen. Mikion war erst stehen geblieben, dann schlich er an Dareg vorbei, auf das Mädchen zu. Sie sah auf, und als sie den Hund vor sich sah, erschrak sie. Die großen dunklen Augen weit aufgerissen, starrte sie Mikion an, ohne sich dabei zu rühren. Dareg wollte ihr sagen, dass sie keine Angst zu haben brauchte, denn Mikion war friedlich. Aber der blieb vor dem Mädchen stehen, wedelte mit dem Schwanz und bellte kurz. Dann stupste er sie sanft mit der Schnauze am Knie an und legte seinen Kopf schief. Mikion konnte dabei so treuherzig schauen, dass man ihn einfach streicheln musste. Genau das tat das Mädchen jetzt und Mikion ließ sich dies nur zu gerne gefallen. Ganz ruhig ließ er sich neben ihr nieder und genoss es, gestreichelt zu werden. Dareg musste lachen. Mikion schaffte es immer wieder, jemanden zu finden, der auf seinen treuen Blick hereinfiel.

»Du hast Glück«, sagte Dareg und trat näher, »wenn er sich streicheln lässt, heißt das, dass er dich mag.«

Und so, als müsse er seinen vierbeinigen Freund erst vorstellen, nannte er dem Mädchen ihre Namen.

»Das ist Mikion und ich heiße Dareg. Und wer bist du?«

Das Mädchen blickte ihn an. Sie hatte dunkelbraunes Haar, das sie zu einem Schopf gebunden trug. Es reichte ihr bis zu den Hüften. Und Dareg stellte für sich fest: Sie war sehr hübsch.

»Sag schon, wie heißt du?«

Sie blickte ihn nur an. Dann umschlang sie mit einem Arm Mikion und der kuschelte sich gleich noch näher an seine neue Freundin.

»Dann musst du Melissa sein«, entgegnete Dareg, und als er ihren Namen aussprach, glaubte er, ein Aufblitzen in ihren Augen zu entdecken.

Sie hieß tatsächlich Melissa und sie sprach kein Wort. Von diesem Tag an wohnte Dareg bei Lea und dem stummen Mädchen. In einem Eck ihres Zeltes gab es einen Platz für ihn und Mikion.

Lea war einmal eine Seherin gewesen. Die Griechen befragten solche Frauen, wenn sie in die Zukunft blicken wollten. Gegen eine Opfergabe, ein Huhn oder einen Korb mit Obst, kostbares Öl oder eine Amphore voll Wein, erhielten die Menschen Antwort. Sie selbst erzählte ihm später, wie sie die »Gabe« besessen hatte. Aber auf einmal war ihre Fähigkeit versiegt. Wahrscheinlich sind die Götter nicht zufrieden mit mir gewesen, meinte sie, und das war wohl der Grund, warum sie nichts mehr in der Zukunft sehen konnte. Seitdem hatte sie begonnen, Wolle zu spinnen und das Garn gegen Obst und Gemüse, manchmal etwas Fleisch und Käse einzutauschen. Die Griechen duldeten sie in ihrer Truppe, vielleicht hofften sie insgeheim, dass sie noch einmal in die Zukunft sehen konnte. Aber sie selbst glaubte nicht mehr daran, erst recht nicht, seit ihr Mann und ihr einziger Sohn im Krieg gegen die Thraker gefallen waren. Nun waren sie Helden und jeder Krieger ehrte ihr Andenken. Aber ihr wäre es lieber gewesen, beide wären keine Helden und dafür noch bei ihr. Das sagte sie natürlich nicht laut. Es war eine große Ehre, im Kampf zu fallen, und darüber betrübt zu sein, gehörte sich nicht.

Lea war zwar manchmal ein wenig mürrisch und kurz angebunden, aber sie achtete darauf, dass Dareg genug zu essen bekam und sich wusch. Wenn er sich verletzt hatte, versorgte sie seine Wunden, und dann heilten sie seiner Meinung nach schneller als je zuvor.

Seit sich Mikail um seine Ausbildung kümmerte, kam er oft als Gast in Leas Zelt. Er brachte immer etwas mit, eine Schale Wein, Trauben oder sogar einen ganzen Sack Gerste. Lea kochte dann und das konnte sie gut. Aber Dareg hatte auch bald bemerkt, wie sich Lea verändert hatte. Ihre Kleidung war jetzt immer sauber, ihr Haar sorgfältig gekämmt und das Zelt gekehrt und mit ein paar Fellen und Kissen wohnlich hergerichtet. Und es schien so, als wäre das stumme Mädchen Melissa doch etwas wie eine Tochter für sie. Lea war zwar manchmal ein wenig streng mit ihr, aber zugleich auch stolz. Doch, Dareg mochte Lea gut leiden und Melissa mochte er ganz besonders.

4

Mehr als ein Monat war vergangen, seit Dareg in das Heerlager der Griechen gekommen war. Er fand bald einen Händler, der durch sein Heimatdorf kommen würde. Der Mann versprach ihm, seinem Onkel und Kiros eine Nachricht zu überbringen. Dass er nun im Lager der Griechen sei und für sie kundschaften wolle.

Alexander befahl, das Heerlager noch nicht abzubrechen, um weiterzuziehen. Er wollte noch abwarten, was ihm seine Kundschafter mitteilten. Ob die Perser wirklich über die große Ebene am Rand der Berge kamen. So hatte Mikail genug Zeit, Dareg zu unterrichten. Jeden Tag, gleich nach dem Frühstück aus Hirsebrei und frischem Wasser, holte er ihn ab, kaum dass die Sonne über dem Tal aufgegangen war.

Dareg hatte noch nie eine Schule besucht. Das Lesen der Spuren hatten ihm die älteren Hirten beigebracht. Das hatte ihm viel Spaß gemacht und er war schnell ein sehr guter Spurenleser geworden. Diese Kunst hatte ihm bereits zu Hause Achtung und Anerkennung eingebracht. Doch immer schon war er gewohnt, alles in seiner Umgebung genau zu beobachten. Und wenn die anderen Hirten nicht mehr weiterwussten, holten sie ihn. Jedes Mal hatte er eine Spur und damit auch die verlorenen Schafe und Ziegen wiedergefunden.

Aber jetzt lernte Dareg ganz neue Dinge. Mikail lehrte ihn

Lesen und Schreiben. Das gefiel Dareg. Jetzt konnte er seine Beobachtungen in eine kleine Wachstafel einritzen. Dazu kam der Umgang mit Zahlen. Schließlich musste er die Anzahl der Feinde bestimmen können. Musste wissen, wie stark sie waren, wenn sie sich aufteilten, Truppen abzogen oder weitere Truppen zur Verstärkung erhielten. Das alles konnte man nur durch Zahlen beschreiben. Er lernte, wie lang und wie weit die Wegstrecken waren, und er sah das erste Mal in seinem Leben eine Wasseruhr. Sie stand als Kostbarkeit im Zelt des Heerführers und mit ihr konnte man angeblich die Stunden des Tages zählen. Darüber war Dareg am meisten erstaunt, denn dass jemand Zeit zählen wollte, bis ein Tag voll und damit zu Ende war, kam ihm komisch vor. Warum sollte man das tun? Jeder wusste doch, dass am Morgen der Tag begann, sich am Mittag, wenn die Sonne am höchsten stand, teilte, um dann langsam auf den Abend zuzugehen. Und dann, wenn die Sonne verschwunden war, war auch der Tag zu Ende. Das war doch ganz einfach, dazu brauchte man keine Uhr.

Aber bald merkte er, wie sehr er all dieses Wissen gebrauchen konnte. So lernte er eifrig und unermüdlich. Mikail blieb dabei: Dareg durfte erst mit den übrigen Kundschaftern aufbrechen, wenn er dieses ganze Wissen beherrschte. Zugleich flogen die Tage nur so dahin, schneller, als es die seltsame Wasseruhr je hätte anzeigen können.

Jeden Tag, immer am frühen Mittag, suchte Mikail für sie beide einen Platz im Schatten. Da begannen sie dann, mit dem Schwert und dem Schild zu üben. Mikail zeigte ihm alles. Zum Beispiel, worauf zu achten war, wenn man vom Waffenschmied ein gutes Schwert erhalten wollte, wie man es richtig hielt und vor allem, wie man es pflegt. Alexander war der Meinung, dass ein Grieche sein Schwert nicht nur tragen, sondern es auch benutzen musste, wenn es darauf ankam. Bisher kämpften die

Griechen wenig mit ihren Schwertern. Warum auch? Wenn die Hopliten im engen Verband, der gefürchteten Phalanx, gegen ihre Feinde marschierten, brauchten sie kein Schwert. Außerdem hätten sie dafür auch gar keine Hand frei gehabt. Sie trugen schließlich den schweren Schild in der einen und die lange Sarisse in der anderen Hand. Und wenn eine Phalanx mal über einen Gegner hinweggewalzt war, brauchte man auch kein Schwert mehr. Mikail lachte bei diesen Erklärungen, aber Dareg lachte nicht, denn es fröstelte ihn ein wenig.

In seinem kleinen Dorf hatte er von den Kriegen der Griechen gegen ihre Feinde gehört. Aber das waren nur Erzählungen. Jetzt aber erklärte ihm ein altgedienter Soldat das erste Mal, wie es in einer Schlacht wirklich zuging. Mikail begann, ihm viele Kniffe und Finten zu zeigen, wie er sich notfalls verteidigen konnte, wenn er von einem Feind angegriffen würde. Wie man sich duckt, ausweicht und zugleich bewegt, wie man das Schwert fest umfasst, damit bei einem Schlag des Gegners die Waffe nicht aus der Hand fällt. Dareg lernte auch das Speerwerfen. Für viele Krieger war der Speer immer noch die wichtigste Waffe überhaupt. Aber Alexander hatte befohlen, dass seine Krieger mit jeder Waffe umgehen können mussten, und so lernte Dareg jeden Tag ein wenig mehr dazu. Lernte, den Schild zu nutzen, und stellte fest, wie mühevoll es war, ihn richtig zu gebrauchen. Sein Schild war zwar kleiner als die großen runden Eichenschilder der erwachsenen Krieger, aber trotzdem.

»Schneller!«, schrie ihm Mikail zu oder: »Höher, Dareg! Junge halt den Schild höher! Schütz deinen Kopf!«

Dareg keuchte. In der Sommerhitze mit Schwert und Schild zu üben, war mühsam und schweißtreibend. Doch Mikail war unerbittlich. Er wollte ihm so schnell wie möglich alles beibringen.

Heute sollte Dareg die Schlange kennen lernen. So nannten die Krieger eine seltsame Strecke, auf der sie oftmals übten. Die alten Veteranen hatten sie aufgebaut. In einer Höhe von etwa drei Metern waren zwei Taue gespannt, die so eine Gasse von wenigstens dreißig Schritten Länge ergaben. An beiden Tauen waren viele Säcke aufgehängt. Die waren schwer mit Sand oder Kieseln gefüllt, andere wieder ganz leicht, voll Hühnerfedern oder Stroh. Sie hingen in unterschiedlichen Höhen dicht aufgereiht an beiden Seiten der Gasse entlang. Dazwischen hingen dicke Äste oder in einem Netz sogar Felsbrocken, so groß wie Mikions Kopf. Daregs Aufgabe schien einfach zu sein: Er sollte seinen Schild und sein Schwert nehmen und so schnell wie möglich durch die Gasse rennen. Das sah einfach aus. Doch auf jeder Seite der Gasse nahm ein Krieger Aufstellung und wartete nur noch auf ein Zeichen des Ausbilders.

Dieser Ausbilder, ein großer, breitschultriger Grieche mit einem dichten schwarzen Bart schrie einen Befehl und Dareg lief los. Doch kaum hatte er die ersten Schritte in die Gasse hinein gemacht, schwangen die Krieger die Säcke gegen ihn. Dareg musste ihnen ausweichen oder sie mit dem Schild oder Schwert abwehren. Das erste Mal fiel Dareg gleich auf den Boden, denn ein schwerer, mit Erde gefüllter Sack sauste auf ihn zu und warf ihn einfach um. Mikail trat zu ihm und half ihm wieder auf die Beine. Dareg rieb sich die Ellenbogen und das Knie.

»Wenn das ein Feind gewesen wäre, wärst du schon tot. Er hätte dich mit seinem Schild umgeworfen und dann mit seinem Speer getötet. Merk dir, niemals darfst du dich von einem Gegner zu Boden werfen lassen. Auf der Erde krauchen nur Schlangen und Würmer, aber keine Griechen. Also auf, probier's nochmal.«

Dareg gehorchte, und den ganzen Vormittag über versuchte er, durch die Gasse zu gelangen. Aber vergeblich. Irgendein schwerer Sack warf ihn immer zu Boden, bevor er das Ende des Weges erreicht hatte. Oder er stolperte über einen der Steine oder über an Riemen aufgehängte Äste, die besonders niedrig über dem Boden hingen. Die Sonne brannte heiß und Mikail reichte ihm einen Krug Wasser. Das war frisch und kühl. Dareg schwitzte.

»Hat es schon mal jemand geschafft?«, wollte er wissen, als er lange getrunken hatte, und zeigte auf die Gasse mit den schaukelnden Säcken.

»Jeder muss es üben«, begann Mikail.

Dareg sah ihn an.

»Sag, Mikail, hat es schon mal einer geschafft?«

»Natürlich, ja.«

Er lächelte und strich sich über seinen Bart.

»Aber noch nie ein Kundschafter.«

Dareg verstand.

»Ich werd es noch einmal probieren.«

Mikail nickte und Dareg erhob sich, nahm den Schild in die Linke, sein Schwert in die Rechte und versuchte, ein entschlossenes, ja grimmiges Gesicht zu machen. Die beiden Krieger links und rechts der Gasse hatten sich erneut aufgestellt. Sie lachten, als sie ihn sahen, winkten ihm und dann spuckten beide in die Hände und griffen an die ersten Säcke. Dareg sah an sich herab. Sein linkes Knie blutete ein wenig und die Ellbogen waren aufgeschrammt und brannten. Er hatte sich einen Zeh an einem Stein angeschlagen und es tat ziemlich weh. Aber trotzdem machte ihm das alles nichts aus. Noch nie hatte ein Kundschafter die Schlange besiegt, hatte ihm Mikail gesagt. Höchste Zeit, dachte er, dass sich das einmal änderte. Er schwitzte noch immer und sein Herz klopfte heftig.

»Zeigs ihnen, Junge!«, rief Mikail, und Dareg rannte los.

Kaum hatte er den Eingang der Gasse hinter sich gelassen, sauste ihm der erste schwere Sack entgegen. Aber Dareg wich ihm aus. Ein weiterer Sack schwang von der Seite auf seinen rechten Arm zu. Aber der war ganz leicht und Dareg konnte ihn mit der Schulter einfach zur Seite rempeln. Dann sah er, wie ein weiterer Sack direkt vor seine Füße schwang und er gleich drüberstolpern würde, wie viele Male zuvor. Er sprang zur Seite und wich gleich noch dem nächsten Sack von der anderen Seite aus. Die beiden hatte er geschafft. Der Sack dahinter war ziemlich schwer, aber er stieß ihn mit seinem Schild zur Seite. Ja!, rief etwas in ihm, er würde es ihnen schon zeigen, und er stieß und sprang, hüpfte und glitt wie ein Aal durch die Gasse, ohne dass ihm ein Sack oder ein Stein gefährlich werden konnte. Als er das Ende der Gasse erreicht hatte, drehte er sich um und riss Schild und Schwert in die Höhe. Er hatte es geschafft, er war durch! Er schrie vor Erleichterung. Mikail klatschte und winkte. Viele weitere Hopliten, die seinem Lauf zugesehen hatten, klatschten ebenfalls und lachten. Dareg ließ beide Arme sinken und atmete schwer. Auch die beiden Krieger schwitzten, aber sie lachten und nickten ihm anerkennend zu. Dieses Mal hatten sie ihn nicht zu Fall gebracht.

Als er spät am Nachmittag zu Lea zurückkehrte, war er todmüde, und seine Arme und Beine waren schwer. Aber er fühlte sich trotzdem großartig. Mikail hatte ihn vor allen Kriegern und den übrigen Kundschaftern gelobt. Dareg erzählte Lea alles ganz genau und sie hörte ihm zu. Er bemerkte Melissa neben sich, Mikion brav zu ihren Füßen. Sie hörte auch zu und sah ihn mit ihren großen dunklen Augen an, so wie immer, wenn er in das Zelt zurückkehrte. Aber heute war große Bewunderung in ihrem Blick. Als er fertig erzählt hatte, lächelte sie sogar, und darüber freute er sich ganz besonders. Lea stellte ihm eine Schale mit extra großen frischen Oliven hin, dazu ein Stück Brot, noch ganz warm, und der Duft stieg ihm verführerisch in die Nase. Dareg war wirklich zufrieden in diesem Moment und begann zu essen. Jetzt drängte sich auch Mikion neben ihn, ließ sich streicheln und im Nacken kraulen, was er immer besonders gern mochte. Und als er dann mit hungrigem Blick auf das letzte Stückchen Brot blickte, konnte Dareg nicht anders und gab es ihm. Mikion schnappte nach dem Brotkanten und futterte ihn auf, wobei er sich genüsslich das Maul leckte. Da musste Melissa auf einmal lachen, so hell und fröhlich, dass Lea von der Feuerstelle aufblickte, sich zu ihnen umdrehte und dann alle drei nur verwundert ansah. Dareg zuckte nur mit den Schultern und sah erneut auf das Mädchen. Sie lächelte ihn wieder an, und jetzt war Dareg wirklich stolz darauf, die Schlange besiegt zu haben.

5

Menelos ordnete sein Gewand, während er wartete. Es war heiß, und er hatte sich beeilt, hierher zu kommen. Wie kühl es im Königspalast war, eine richtige Wohltat. Aber er wollte an diesem Platz nicht länger warten. Immer wieder kamen Sklaven vorbei, die im Palast beschäftigt waren. Sie grüßten ihn zwar alle ehrerbietig, aber Menelos wusste, dass sie untereinander klatschten. Und spätestens in der Palastküche würden sie sich die Mäuler zerreißen, dass sie ihn hier gesehen hatten. Er sah sich um und lauschte. Wo blieb Archibides nur? Sie waren hier verabredet. Er hatte doch gesagt, an den roten Säulen vor dem großen Tor der jungen Königin, der Witwe des alten Königs. Das allein war schon verräterisch genug. Was hatte er hier im Bereich der Königin zu schaffen? Philipp, ihr König, war immer misstrauisch gewesen und er blieb es bis zu seinem Tod. Und sein Sohn, der junge Alexander, war genauso. Er mochte das Haus seines Vaters nicht. Er lebte lieber bei seinem Heer und zog sein prächtiges Zelt dem steinernen Palast vor.

Ein Geräusch ließ Menelos zusammenfahren. Archibides trat zwischen zwei Säulen aus dem Schatten der hoch aufragenden Wände.

»Hast du dich erschrocken, edler Menelos?«, fragte der Mann und grinste dabei.

»Ja, das habe ich. Dich möchte ich sehen, wenn jemand wie ein Geist vor dich hintritt«, zischte Menelos ungehalten.

»Geister sind unsichtbar, also kann ich keiner sein, denn mich kannst du ja sehen.«

»Bitte verschone mich mit deinen Weisheiten, ja.«

Archibides lachte leise.

»Bevor deine Laune noch schlechter wird«, sagte er und lachte noch immer, »komm mit!«

Zielsicher schritt er an den Säulen vorbei, so als ob er in diesem Teil des Königspalastes zu Hause wäre. Am Ende des endlos scheinenden Ganges gelangten sie an ein hohes Tor. Davor stand keine Wache. Archibides hob den Riegel an und drückte das Tor auf. Beide Männer traten ein. Hier begann ein weiterer Gang und als sie an seinem Ende angelangt waren, öffnete Archibides eine weitere Tür. Der Raum dahinter war groß und fast quadratisch. Vier mächtige Säulen stützten die hohe Decke. Genau in der Mitte fiel durch eine quadratische Öffnung helles Sonnenlicht herein und erhellte den glatten Steinboden vor ihnen. Menelos erkannte einen mächtigen Steinblock, der wie ein Tisch in der Mitte des Raumes ruhte. Darauf lagen Schriftrollen, eine flache Tonschale mit Bronzefedern und einige Bögen Papyrus. Ein grauhaariger Mann stand darüber gebeugt und zeichnete. Als die beiden Männer eintraten, sah er auf.

»Ihr kommt spät«, bemerkte er nur.

»Zurzeit sind die Straßen immer so verstopft. Der ganze Pöbel treibt sich herum, nur um auf den Markt zu gehen. Ich frage dich, was haben schwatzende Weiber und faule Sklaven auf der Straße verloren?«, sagte Archibides.

»Wieder ein Grund mehr, griechische Tugenden nicht immer nur anzumahnen, sondern sie zu leben«, meinte der Grauhaarige.

Die beiden Männer blieben nun vor dem steinernen Tisch stehen.

»Unser Freund will etwas wissen«, begann Archibides und zeigte grinsend auf seinen Begleiter.

Der Mann vor ihnen nahm ein kleines Stück Schwamm und putzte damit die Schreibfeder. Er legte sie behutsam auf ein kleines Tablett, auf dem noch eine ganze Reihe Federn lagen. Der Mann hatte an einer Karte gearbeitet, die den Grundriss des Palastes zeigte.

»Ich weiß, was du wissen willst«, begann der grauhaarige Mann und stützte sich auf dem massiven Stein auf, während er Menelos aufmerksam ansah.

Menelos und Archibides schwiegen.

»Ob wir unseren Plan ausführen? Das willst du doch wissen, nicht wahr, mein lieber Menelos?«

Der nickte nur. Archibides wollte etwas sagen, doch es schien ihm nichts einfallen zu wollen. Der Mann vor ihnen lächelte jetzt.

»Sei unbesorgt, unser Plan ist perfekt. Ich habe die Götter befragt, und sie werden zu uns sprechen, wenn der Tag gekommen ist. Der Tag, an dem Alexander von Griechenland sterben wird.«

Wieder lächelte der Mann und alle schwiegen.

»Was ist noch, Menelos?«

»Dein Plan ist nicht edel«, antwortete der.

Wieder lächelte der Mann.

»Mein Plan? *Unser* Plan, Menelos, vergiss das nicht. Dass er edel sei, hat auch niemand behauptet. Frag dich selbst, ob du dabei bist, bei dem, was wir vorhaben. Aber vergiss nicht, du hast darauf geschworen.«

»Ich habe nichts vergessen und ich bin dabei«, antwortete Menelos eilig, »wenn du nicht vergessen hast, dass ich erhalte, was man mir versprochen hat.«

»Das wirst du«, sagte der Mann schnell, »ein Landhaus und alles, was dazugehört: sein Vieh, seine Sklaven und die Ländereien. Das alles bekommst du.«

Menelos schwieg. Wieder sprach keiner von ihnen. Irgendwoher war eine Melodie zu hören, die jemand auf einer Flöte spielte. Sie schien aus den Gärten hinter den Mauern des Palastes zu kommen. Dann verstummte sie.

»An welchem Tag wir es tun, werdet ihr erst erfahren, wenn es so weit ist. Niemand darf alles wissen. So kann er nichts verraten, sollte unser Plan entdeckt werden.«

Menelos nickte und dann antwortete er:

»Weise gedacht. Wir werden jetzt besser wieder gehen, und du kannst uns wieder rufen lassen, wenn es so weit ist.«

Der Mann nickte. Dann nahm er einen neuen Federkiel, tauchte ihn in die dunkle Flüssigkeit und beugte sich wieder über seinen Plan. Die beiden Männer wandten sich um und verließen dann den Raum. Wortlos schritten sie den Gang zurück, den sie kurz zuvor gekommen waren. Menelos wusste den Namen dieses Mannes nicht, aber dafür wusste er nun genau, dass der junge König Alexander nicht mehr lange zu leben hatte. Sie würden ihn töten lassen, genau wie zuvor seinen Vater Philipp.

6

Während das Heer durch die Ebene weiterzog, kleinere Bäche und Flüsse durchquerte, durch Täler und Schluchten marschierte und jeden Tag ein großes Stück Weg zurücklegte, waren Alexanders Kundschafter weit voraus. Sie waren es, die den Strategen des Königs alles übermittelten, was sie beobachten konnten. Kein Grieche wusste bisher ganz genau, wo und wie weit die Perser noch vor ihnen waren. Hielten sie sich irgendwo verborgen oder rückten sie bereits im Eilmarsch auf sie zu?

Jetzt war es bereits später Nachmittag, als die Spitze des Heeres ein Dorf erreichte. Es bestand aus etwa zwanzig Häusern, alle weiß verputzt, die Dächer mit Reisig oder Schilf gedeckt. Die Siedlung lag, wie die meisten Dörfer dieser Gegend, in einer grünen Senke. Alexander ließ das Heer anhalten, und im Nu lagerten auf den Hängen ringsum viele Tausend Krieger, bereit weiterzumarschieren, wenn ihr König es befahl. Mehrere Dutzend Bogenschützen postierten sich zum Schutz von Alexander und seinen Generälen. Dareg war der Spitze der Männer gefolgt und hielt sich in Mikails Nähe auf. Die Leibgarde des Königs machte Platz, als Alexander auf die Dorfstraße zu ritt. Jetzt hielt er sein Pferd an, blieb aber im Sattel sitzen. Mikail trat vor den König und berichtete ihm leise. Alexander nickte nur und blickte den Weg hinunter, an dessen Ende das Dorf begann.

Dann kamen sie.

Ein Dutzend Männer schritten ihnen entgegen, alle älter, wie Dareg fand, und sie ähnelten ein wenig seinem Onkel. Männer, mit braun gebrannten Gesichtern, Haar und Bart kurz geschnitten, eine Tunika über die Schulter geschlungen, wie die Vornehmen von Athen. Alle trugen Sandalen an ihren Füßen, einige hatten große, aus Stroh geflochtene Sonnenhüte aufgesetzt. Ihr Anführer, ein großer schlanker Mann, blieb vor den Griechen stehen. Die Übrigen warteten höflich.

»Gegrüßt seiest du, König Alexander«, begann ein Mann in griechischer Sprache.

»Ich heiße Ariphanes«, sprach der Mann weiter und deutete auf einen der Männer neben sich, »und das ist mein Vetter Tasslo.«

»Sei auch du gegrüßt«, erwiderte Alexander höflich. »Ich kannte einen Dichter mit dem Namen Ariphanes. Als wir Theben eroberten, war es sein Haus, das ich verschonte, denn ich mochte seine Geschichten.«

»Ich bin kein Dichter und mein Name ist nur ein Name«, erwiderte der Mann hastig. »Ich bin der Älteste meines Dorfes, und es ist so klein, dass es sich nicht lohnt, es zu erobern. Aber du bist unser König und die Götter sollen dich dafür segnen.«

Alexander nickte zufrieden. »Du hast darum gebeten, mit mir zu sprechen. Nun, ich bin hier. Sprich: Was wollt ihr?«

»Wir haben die mächtigen Götter befragt, großer König. Es wurde uns geweissagt, dass ein großer Mann kommen würde, um ein Rätsel zu lösen, dass noch nie jemand gelöst hat. Selbst die Götter haben es nie versucht, aus Furcht sich zum Gespött zu machen.«

Alexander lachte.

»Was ist das für eine Geschichte?«, wollte Alexander wissen.

»Der Knoten des Gordius«, begann Ariphanes und fing an zu

erzählen, »Vor langer Zeit weissagte uns ein Orakel, dass der Mann, der als Erster in seinem Karren auf den Marktplatz unseres Dorfes fahren, König dieses Landes werden würde. Gordius, ein einfacher Bauer, war dieser Mann und so wurde er König dieses Landes. Aus Dankbarkeit weihte er seinen Karren dem Zeus, stellte ihn in ein Wäldchen im heiligen Tempelbezirk und band mit einem Seil die Deichsel des Karrens an das Joch. Dabei machte er einen Knoten, der noch niemals aufgeknotet worden ist, weil es niemand bisher vermochte. Das ist lange her und unsere Väter haben einen Tempel über diesem Ort errichtet. Willst du ihn sehen, großer König aller Griechen?«

»Natürlich«, lachte Alexander vergnügt und blickte sich um.

Da drängte sein Jugendfreund Hephaistion sein Pferd neben ihn und beugte sich zu ihm.

»Geh nicht, Alexander! Das kann eine Falle sein. Wer weiß, ob sie nicht mit den Persern im Bunde stehen.«

Alexander beugte sich ein wenig von seinem Pferd und blickte auf die kleine Gruppe vor sich.

»Hephaistion glaubt, dies sei eine Falle.«

»Die Götter sind unser Zeuge, dass ich die Wahrheit sage. Wir sind nur einfache Leute und hüten das Geheimnis von Gordon. Mehr nicht. Sei uns willkommen, Alexander, und dabei so sicher wie im Schoß der Götter.«

»Ich glaube dir, Ariphanes.«

»Dann folge uns bitte.«

Genau das taten sie.

Die Bewohner des Dorfes führten Alexander und einen Teil der übrigen Hauptleute, darunter auch Mikail und Dareg in ihr Dorf. Die Häuser drängten sich so nahe an die breiteste Gasse hin, dass es dort schattig und angenehm kühl war. Alle Bewohner standen vor ihren Häusern und riefen ein höfliches Willkommen. Aber sie waren nicht so aufgeregt, wie man annehmen konnte. Diese Leute waren höflich, aber stolz. Oft schon waren mächtige Männer gekommen, um den wundersamen Knoten zu betrachten oder gar den Versuch zu machen, ihn zu lösen. Bisher immer vergeblich.

Am Ende des Dorfes führte sie der Weg zu einem kleinen Wald. Darin stand auf einem kleinen Hügel ein Tempel. Er war von einer Reihe Säulen flankiert, genau so wie überall in Griechenland die Tempel gebaut waren. Ein paar breite Stufen führten zum Eingang hinauf. Am Fuß der Treppe angekommen, sprangen die Reiter aus dem Sattel, und Alexander schritt, eine Hand am Griff seines Schwertes, hinauf. Er war ungeduldig und zugleich neugierig. Im Augenblick interessierte es ihn nicht sonderlich, ob Ariphanes und die übrigen Ältesten des Dorfes ihm folgten. Zusammen mit Hephaistion und seinen Strategen betrat Alexander den geheimnisvollen Tempel.

Da stand der Karren, oder zumindest der Rest, der von ihm noch übrig war. Das Holz war morsch und längst verfault, von zahlreichen Würmern zerfressen. Das unglaubliche Gewirr eines kunstvoll geschlungenen Seils, in vielen hundert Knoten, ohne erkennbares Ende und ohne sichtbaren Anfang war jedoch deutlich zu sehen.

»Was ist das?«, fragte Alexander, als er den seltsamen Knoten eine Weile betrachtet hatte.

»Das ist der Knoten von Gordon. Wer ihn auflöst, wird ein Eroberer und Herrscher sein, dem sich nichts und niemand in dieser Welt entgegenstellt. Sein Name wird niemals vergessen und im selben Atemzug genannt werden, wie die der berühmtesten Götter.«

Als Ariphanes das gesagt hatte, blickten alle Augen auf den jungen König.

»Ist das die Weissagung des Orakels?«, wollte Alexander wissen.

»Ja, großer König«, antwortete Ariphanes. »Viele haben es schon versucht, Bettler und Fürsten, Bauern und Könige. Nie ist es jemandem gelungen. Niemals.«

Alexander lächelte erst, dann lachte er laut und zuletzt zog er sein Schwert.

»Dann seht her, wie ich, Alexander von Griechenland, das Rätsel löse.«

Er trat vor, holte aus und hieb das dicke Knotenwerk in der Mitte einfach auseinander. Alexander wandte sich um.

»Höret! Es gibt kein Rätsel von Gordon mehr, denn ich habe es gelöst, für alle Zeit. Zeus selbst ist mein Zeuge.«

Er riss sein Schwert in die Höhe und Hephaistion ballte die Faust und reckte sie ihm entgegen.

»Die Götter lieben dich, Alexander!«

»Alexander!«, jubelten die Menschen in dem Tempel und hoben die rechte Hand zur Faust, und sie riefen seinen Namen wieder und immer wieder.

Und der Ruf schallte fort, weiter, immer weiter bis zu den Hügeln hinauf und den dort wartenden Kriegern. Alexander bückte sich zu den Resten des Knotens vor ihm auf dem Boden, hob ein Stück Seil auf, hielt es in die Höhe und strahlte zufrieden über das ganze Gesicht. Auch Dareg reckte die Faust und huldigte seinem König. Doch dann sah er, wie Alexander zu Ariphanes hintrat, ihm den Rest des Seils vor die Füße warf und dabei wieder lachte, dieses Mal sehr spöttisch. Da ließ Dareg seinen Arm sinken und sah Alexander verwundert nach, wie er den Tempel verließ.

II

Issos

»Zu Beginn des Sommers,
wenn die heißen Tage beginnen und die Luft
sich auch in der Nacht kaum mehr abkühlt,
ernten wir Griechen das Getreide.
Dann holen wir unsere Rüstung,
Helm und Schild, Schwert und Lanze hervor.
Unsere Frauen und Sklaven polieren die
Bronze und packen Gerstengrütze, Käse, Oliven,
Zwiebeln und Wein in einen Sack.
Gemeinsam marschieren wir los.
Brüder, Freunde, Nachbarn.
Das Vaterland ruft und wir ziehen in den Krieg.
So haben wir es seit Jahrhunderten getan.
Aber es ist an der Zeit, nachzudenken,
ob dies immer noch gut und gerecht ist.«

DIOGENES

1

Die vier Reiter kamen im frühen Morgengrauen in das Dorf. Unbekümmert ritten sie auf die Agora, den kleinen Marktplatz, zu und hielten dort an. Sie sprangen aus dem Sattel und ließen ihre Pferde am Dorfbrunnen saufen, während sie selbst nach ihren Wasserbeuteln aus Ziegenhäuten griffen.

»Spiel die Flöte!«, befahl einer der Reiter, nachdem er getrunken hatte, »dann kommen diese Schlafmützen schon.«

Der Angesprochene griff in ein Futteral, das er am Sattel trug, und zog eine Flöte heraus. Er holte Luft und begann, ein klagendes Lied zu spielen, welches die Griechen seit Menschengedenken anstimmten, wenn sie gegen einen Feind zogen. Bereits nach kurzer Zeit kamen die ersten Bürger und versammelten sich unweit des Brunnens und es waren nicht wenige verschlafene Gesichter darunter.

»Was ist los?«, riefen sie durcheinander. »Die Götter schützen uns vor Lärm am frühen Morgen.«

»Seid ihr betrunken?«, giftete einer der Männer aufgebracht. »Wir haben Erntezeit und arbeiten bis spät in die Nacht! Der Schlaf ist uns heilig.«

Immer mehr Männer umstanden den Flötenspieler und seine Begleiter. Ihr Anführer, ein noch junger Krieger, blickte die Menge vor sich ein wenig belustigt an. Nach einem Wink von ihm schwieg der Flötenspieler.

»Hört mit dem Gejammer auf. Uns schickt Alexander, der König aller Griechen.«

Jetzt schwiegen alle.

»Es geht gegen die Perser«, sagte der Reiter feierlich.

Augenblicklich begann ein Raunen unter den Wartenden, aber bevor der Sprecher noch etwas sagen konnte, rief einer der Männer spöttisch:

»Gegen die Perser? Ach was, die wagen sich doch nicht wieder auf griechischen Boden.«

»So, und woher weißt du das so genau, Theter?«

»Nenn mich keinen Theter!«, schrie der Mann aufgebracht. »Ich bin Hellene und ein freier Mann, und wenn es dir an Respekt fehlt, dann nur weil man versäumt hat, dir beizeiten mit dem Stock das Fell zu streicheln.«

Der junge Mann griff nach seinem Schwert, und es schien für einen Moment so, dass er sich gleich auf den Mann vor ihm stürzen wollte. Aber er beherrschte sich und stellte sich auf den Rand des Dorfbrunnens.

»Hört mir alle zu! Alexander zieht erneut gegen sie. Er hat sie am Granikos bereits geschlagen, aber sie sind nicht geflohen, sondern umgekehrt. Die Perser sind erneut im Anmarsch. Jetzt braucht er euch. Wenn ihr Griechen seid und frei bleiben wollt, dann holt eure Waffen und kommt mit.«

»Alexander hat doch seine Söldner«, maulte jemand halblaut.

»Willst du ihnen die ganze Verteidigung überlassen?«, schnaubte der junge Krieger auf einmal und sah sich im Kreise um.

Dann rief er plötzlich laut. »Seid ihr nicht immer dem Ruf des Vaterlands gefolgt? Ist der Krieg nicht Teil unserer Sitten? Alexander wird euch in eine neue Zeit führen und jeder, der sich ihm anschließt, wird Ruhm ernten. Der König aller Griechen führt uns an. Kriegsbeute wartet auf uns, so viel, wie ihr es euch nicht vorstellen könnt. Und bis zur Olivenernte seid ihr längst wieder daheim. Wir werden gegen die Perser ziehen und die Götter werden mit uns sein!«

»Gegen die Perser! Für Alexander!«, rief einer der Männer, und auf einmal riefen sie alle: »Gegen die Perser! Für Alexander!«

»Holt eure Waffen!«, rief ihnen der junge Krieger zu, und alles eilte auseinander.

Im Nu war der Marktplatz leer, während in der ersten Morgendämmerung Öllichter und Fackeln in den kleinen Gassen und hinter den Fenstern der Häuser zu sehen waren. Bald roch es nach heißer Gerstengrütze und gebackenem Brot.

»So geht das«, sagte der junge Krieger und sprang lachend von der Brunnenbrüstung.

»Ich weiß nicht«, begann einer seiner Begleiter und schüttelte den Kopf dabei, »wollen wir wirklich mit diesen Schafhirten und Bauern gegen die Perser ziehen?«

»So wie ihre Väter und Vorväter können sie kämpfen, und das ist es, was Alexander braucht. Krieger!«, beruhigte ihn der andere. »Vergiss niemals, diese Bauern und Hirten haben die Perser schon einmal besiegt.«

»Marathon«, nickte der Mann, »ich weiß. Aber das ist lange her.«

Der erste Sprecher trat zu seinem Pferd und klopfte ihm den Hals.

»Um die Perser zu schlagen, braucht Alexander jeden Mann. Und jeder griechische Mann ist ein Krieger.«

Das ganze Dorf war in Aufruhr. Nur Euphiletos blieb gelassen. Vom Versammlungsplatz kehrte er in sein Haus zurück und gab dort ruhig seine Anordnungen.

»Marius, nimm meine Rüstung und putze sie, bis sie glänzt!«

»Ja, Herr.«

Der Sklave begann, Schwert und Schild von der Wand über dem Herd zu nehmen. Demarete, Euphiletos' Ehefrau, war ebenfalls auf und stellte ein Frühstück auf den Tisch.

»Putz meinen Panzer, Demarete«, befahl er, aber sie blickte ihn nur traurig an.

»Nun mach schon«, drängte er sanft, und sein Gesicht war alles andere als fröhlich, »Hast du nicht gehört? Die Perser kommen.«

»Oh, göttliche Athene, schütze uns«, murmelte Demarete.

Euphiletos hörte nicht weiter zu, sondern ging zum Herd und stocherte mit einem Stock in der Glut herum. Es gab Krieg und niemand sollte seine Furcht sehen.

»Vater«, ertönte eine leise Stimme hinter ihm.

Er wandte sich um. Andata, seine jüngste Tochter, stand vor ihm. Er lächelte und sie sprang auf ihn zu, fiel ihm um den Hals. Er drückte sie fest an sich. Ihre ältere Schwester Kalliste war ebenfalls auf. Sie trat näher und auch sie umarmte ihren Vater.

»Wirst du mitgehen«, fragte sie leise, und Euphiletos nickte.

»Natürlich, ein griechischer Krieger geht, wenn er gerufen wird. Aber sei unbesorgt, bis zum Frühjahr bin ich wieder zurück.«

Kalliste nickte und nahm nun ihre Schwester in die Arme.

»Onkel!«, rief es plötzlich an der Tür. »Onkel Euphiletos!«

Er sah auf. In der Eingangstür stand sein Neffe Kallimachos, der älteste Sohn seines Bruders.

»Hast du gehört, Onkel? Wir ziehen gegen die Perser.«

Die Augen des Jungen leuchteten.

»Ja, hab es gehört«, antwortete Euphiletos knapp.

Kallimachos war achtzehn Sommer alt geworden und seine

Ausbildung als Krieger lag gerade hinter ihm. Er konnte kämpfen, wusste mit dem Schild umzugehen und wie man den Speer hielt. Er schien keine Angst zu haben. Aber Euphiletos hatte welche.

»Sieh her, was mir Vater geschenkt hat«, sagte Kallimachos eifrig.

Er zog den Helm eines Kriegers aus seinem Leinensack. Euphiletos betrachtete ihn. Wie unheimlich der blanke Bronzehelm in dem fahlen Morgenlicht aussah, musste er denken. Die beiden Öffnungen für die Augen und der schmale Spalt für den Mund. Das sah dunkel und bedrohlich aus. Es war ein griechischer Helm, aber Euphiletos fand ihn Furcht einflößend.

»Der Helm«, flüsterte er.

Er war arm und einen Helm konnten sich nur wohlhabende Bürger leisten. Dieser Bronzehelm war uralt und ein Heiligtum seiner Familie seit Generationen. Ihr Urahn hatte einst unter Perikles als Hoplit gekämpft und diesen Helm einem gefallenen Spartaner abgenommen. Seit der Zeit vererbte sich dieser Kopfschutz immer auf den Ältesten in der Familie. In diesem Fall war es Euphiletos älterer Bruder.

»Onkel, Vater kann nicht mit. Du weißt, er ist krank. Aber ich komme mit«, sprudelte es aus dem Jungen heraus.

»Wir gehen zusammen«, beschied Euphiletos, und sein Neffe strahlte übers ganze Gesicht.

Euphiletos blickte sich nach seiner Frau um. Sie hatte den Brustpanzer gesäubert und dann mit Öl eingerieben, bis die Bronze glänzte. Jetzt packte sie ihm Gerstengrütze, Käse, Oliven und Zwiebeln in einen Sack. Dazu legte sie zwei prall gefüllte Weinschläuche. Marius, ihr etruskischer Sklave, hatte den schweren Eichenschild, das Schwert und die Lanze von der Wand über dem Herd herabgenommen, mit einem Schwamm voll Essig gesäubert und dann eingeölt. Auch die Waffen glänzten nun wieder. Euphiletos lächelte für sich. Doch er hatte keinen Helm und würde sehen müssen, dass ihm irgendjemand einen borgte. Vielleicht Polemos? Der war schon alt und konnte nicht mehr mit, aber er war sein Nachbar und guter Freund. Er würde ihn gleich fragen. Marius packte alles in zwei Ledertaschen.

»Stell den Schild nie auf die blanke Erde«, ermahnte ihn Euphiletos, »das Holz zieht Wasser, dann dehnt es sich und springt im Kampf auseinander.«

Der Sklave nickte. Er breitete ein großes Stück Leder aus und legte den schweren Schild darauf, schlug die losen Enden zusammen und schnürte den Schild ein. Auf einmal schluchzte Demarete leise und zog die Nase hoch. Andata und Kalliste traten zu ihrer Mutter und umarmten sie still. Kallimachos blickte betreten drein. Euphiletos schnürte sich den schweren Waffenrock aus Leder über der Brust zu. Er war ihm eng geworden. Sollte er seit dem letzten Krieg so viel dicker geworden sein? Da trat seine Frau vor ihn hin und half ihm. Euphiletos sah, wie Tränen in ihren dunklen Augen schimmerten. Da überkam ihn eine plötzliche Zärtlichkeit. Er nahm sie in beide Arme und drückte sie an sich. Auch sie drückte ihn fest und wollte ihn nicht mehr loslassen.

»Die Götter mögen dich beschützen, Euphiletos, mein Gemahl«, schluchzte sie leise.

»Ich komme wieder nach Hause zurück«, sagte er.

Er küsste sie auf die Stirn, strich ihr übers Haar und dann machte er sich frei von ihr und trat aus dem Haus. Demarete und ihre beiden Töchter umarmten Kallimachos und auch den Sklaven Marius. Dann folgten sie ihm. In der kleinen Gasse eilten Freunde und Nachbarn vorbei, gefolgt von ihren Familien. Manche Krieger verabschiedeten sich vor den Eingangstüren von ihren Familien. Auch Euphiletos wandte sich noch einmal um. Seine Frau stand in der Tür, seine beiden Töchter neben ihr.

»Bleibt hier!«, befahl er, denn er hatte Angst, wenn sie auf den Marktplatz mitkamen, dass er dann weinen musste. »Bleibt hier, und Demarete, gib auf alles Acht!«

Ein Krieger, der in die Schlacht zieht, weint nicht, schon gar nicht vor allen anderen. Er hob noch einmal die Hand, grüßte und dann ging er los. Kallimachos war sogleich neben ihm.

»Onkel!«, rief er aufgeregt. »Du kannst mir nicht ein paar Beinschienen borgen, was?«

»Nein«, antwortete Euphiletos, »ich hab gar keine.«

Der Junge schwieg verblüfft. Sie besaßen alle nicht viel, und das, was sie an Kriegsrüstung hatten, war einfach und ohne Schmuck. Aber Beinschienen waren doch keine Kostbarkeit. Andererseits, sein Vater hatte ja auch keine. Kallimachos setzte sich den Helm auf den Kopf, aber nur so weit, dass der Rand auf seiner Stirn zu liegen kam, so wie er es als Soldat gelernt hatte. Erst im letzten Augenblick vor dem Angriff würde er den Helm über den Kopf ziehen.

»Er wird dir schwer werden«, bemerkte Euphiletos, während sie nebeneinander herschritten, »ich würde ihn lieber in dem Sack lassen. Marius kann ihn tragen.«

»Nein, jeder soll sehen, dass ich ein Hoplit bin«, lachte Kallimachos.

Auf dem Dorfplatz hatte sich fast der gesamte Ort versammelt. Das Morgenlicht spitzte schon über die umliegenden Berge und erneut würde es ein warmer, sonniger Tag werden. Die vier jungen Reiter warteten neben ihren Pferden am Brunnen. Euphiletos entdeckte bei ihnen seinen Nachbarn, auf einen Stock gestützt.

»Mögen die Götter dich segnen, lieber Polemos«, begrüßte er seinen Nachbarn höflich, und der nickte freundlich.

»Das ist auch mein Wunsch, mein Freund«, meinte der Alte, und nach einer kleinen Pause sprach er weiter, »dieses Mal ist es nicht das Vaterland, das uns zu den Waffen ruft, nicht wahr?«

Euphiletos schüttelte nur den Kopf, doch Kallimachos neben ihm platzte fast vor lauter Eifer.

»Weiser Polemos, es geht gegen die Perser.«

»Was du nicht sagst, junger Krieger. Aber vielleicht sind die Perser dieses Mal nur zu Besuch gekommen?«, sagte Polemos laut, und die übrigen Männer ringsum schwiegen respektvoll. »Dagegen hätten wir ja nichts einzuwenden, oder? Wir Griechen freuen uns immer über Gäste.«

Polemos war alt, aber klug und weise. In seiner Jugend war er ein tapferer Krieger gewesen.

Die vier Reiter am Dorfbrunnen standen da, die Arme vor der Brust verschränkt, und hörten zu.

»Doch ich glaube, dieses Mal sind die Perser keine Gäste«, meinte Polemos, »denn ein Gast bringt keine Waffen mit, um sie zu benutzen«, bemerkte er.

»Weise gesprochen«, antwortete Euphiletos und musste lächeln.

»Wir werden sie schlagen!«, rief Kallimachos übermütig, »Alexander führt uns. Er ist ein großer Anführer und ein Liebling der Götter.«

Ringsum nickten alle zustimmend mit den Köpfen, nur die beiden älteren Männer schwiegen.

»Polemos, mein Freund«, begann Euphiletos, »leihst du mir deinen Helm?«

»Sicher.«

»Du weißt aber, dass ich nicht sagen kann, ob du ihn wiederbekommst. Sollte ich in der Schlacht fallen, dann …«

»Dann bringt ihn mir Kallimachos wieder, nicht wahr?«, entgegnete Polemos schnell und blickte auf den jungen Krieger vor sich.

Der nickte erneut eifrig.

»Gut, dann geh, lauf und hol den Helm. Wir warten hier«, bat Polemos, und der Junge lehnte seine Lanze an eine Hauswand, gab seinen Schild und seinen Beutel dem Sklaven und eilte davon.

»Jugend«, lächelte Polemos und blickte Euphiletos an, »wir waren genauso, wenn es gegen den Feind ging.«

»Ja«, entgegnete Euphiletos, »aber dieses Mal ist alles anders. Wenn wir verlieren, ist es das Ende für alle Griechen.«

»Ist wirklich immer alles aus, weil es zu Ende ist?«, fragte Polemos. Mehr sagte er nicht und erwartete auf diese Frage auch gar keine Antwort.

Die übrigen Einwohner des kleinen Dorfes umstanden die vier jungen Reiter auf dem Marktplatz. Aufmerksam hörten sie zu, wie ihr Sprecher erklärte, was weiter geschehen solle. Aus allen Dörfern in der Umgebung sammelten sich Krieger, um sich der Armee Alexanders anzuschließen, die in der Ebene marschierte.

Kallimachos kam zurück. Er strahlte übers ganze Gesicht und reichte seinem Onkel den Helm. Der nahm ihn und drehte ihn in beiden Händen. Zuletzt reichte er ihn an Marius weiter, der ihn in seinem großen Leinensack verstaute.

»Ich bring ihn dir persönlich wieder«, sagte er mit fester Stimme, zu Polemos gewandt.

»Mögen euch die Götter schützen«, entgegnete Polemos feierlich.

Jetzt drängten die Reiter zum Aufbruch und wenig später zogen die Krieger des kleinen Ortes hinter ihnen her. Zurück blieben die Alten und Kranken, die Frauen und Kinder. Auch wenn sie es nicht zeigten, fürchteten sie sich davor, dass ihre

Väter und Onkel, ihre Söhne und Brüder nicht mehr zurückkehren würden.

Als es Tag wurde, konnten alle in der Ferne eine große Staubwolke sehen. Das Heer des Alexander war auf dem Marsch. Kallimachos strahlte vor lauter Aufregung übers ganze Gesicht und tat es noch, als sie sich hinter den Makedonischen Reitern aufmachten, um in den Krieg zu ziehen.

2

Die Landschaft vor ihnen war eine weite, sanfte Ebene. Zahllose kleine Felder breiteten sich aus, einige noch voll verbranntem Gras, andere bereits frisch gepflügt, nach der langen Sommersonne trocken wie ein Fels. Es war Herbst, aber noch immer flimmerte die Luft in der Hitze.

In einer langen Reihe marschierten die Krieger den Weg entlang. Immer öfter wölbten sich kleine Hügel vor ihnen auf. Wenn sie einen solchen überquerten, setzte sich Alexander im Sattel auf und blickte sich um. Das Heer war gewaltig.

Gegen die Perser hatte er fast 35 000 Mann unter Waffen. Der Großteil der Truppen bestand aus gut gedrillten Makedonen. Diese Krieger hatte bereits sein Vater ausbilden lassen. Zu ihnen zählten mehr als 1200 Hetairenreiter. Das waren Krieger, die nur aus jungen, adeligen Männern des Königreichs rekrutiert wurden, Hetairen oder »Gefährten des Königs« genannt. Sie waren ausgezeichnete Reiter. Jeder trug nur einen leichten Harnisch aus Leder, selten aus Metall, dazu ein Kurzschwert und eine Lanze. Sie unterstützten die »Gefährten zu Fuß«, wie die Hopliten genannt wurden. Das waren die Männer, die jene berühmte Phalanx bildeten, mit deren Hilfe die Griechen seit jeher ihre Kriege führten. Nun lichtete sich der Staub und Alexander erkannte seine Angriffstruppe. Die Männer marschierten in kleinen Gruppen vorbei. Sie nannte man

Hypaspisten. Sie trugen kleinere Schilde als die Hopliten, dazu leichte Stoßlanzen, und sie kämpften in kleinen Gruppen immer dort, wo der Feind besonders viel Widerstand leistete.

Der Reiterei und den Hopliten folgten die Bogenschützen. Alexander hatte sie ausbilden lassen. Auch wenn seine griechischen Offiziere noch immer die Nase über diese unmännliche Art des Kampfes rümpften, waren die Bogenschützen ein fester Bestandteil des Heeres geworden. Unter den Griechen herrschte noch immer eine Meinung vor: Ein Krieger muss seinem Gegner von Angesicht zu Angesicht gegenüberstehen und ihn im offenen Kampf besiegen. Ein Bogenschütze aber stand ja weit ab vom Feind und schoss von fern auf ihn. Das tat er so lange, bis er keine Pfeile mehr hatte. Dann rannte er weg. Das war doch kein ehrlicher Kampf! Alexander kümmerten diese Einwände nicht. In diesem Krieg würde er seine Schützen so einsetzen, dass sie eine ständige Gefahr für den Feind darstellten. Außerdem war er überzeugt, dass ein großes Heer treffsicherer Bogenschützen einen Feind genauso gut schlagen konnte wie eine ganze Phalanx.

Sein Heer bestand aber nicht nur aus Makedonen und Griechen. Viele Krieger waren Verbündete und stammten aus den zahlreichen Stämmen der Balkanländer. Da gab es Thessalier und Thraker, Agrianen, Illyrer und viele mehr. Diesen Kriegern folgte ein gewaltiger Tross: Geschütz- und Ballistikexperten, Schreiber und Kanzleibeamte der griechischen Verwaltung, Kartografen und Waffenschmiede, Köche, Pferdeknechte und die große Schar der Sklaven und Leibdiener. Nicht zu vergessen waren die zahllosen Ärzte und Künstler, Seher und Priester, die sich dem Heer anschlossen. Den Feind aufzuspüren und alles über ihn zu berichten, war Aufgabe der Kundschafter. Alexander hoffte, dass er bald Nachricht von ihnen bekam.

Die Krieger durchquerten eine lange, schmale Senke. Hier

gab es sicher noch keine Perser. So wie er Dareios einschätzte, waren sie noch nicht weiter vorgedrungen. Der Perserkönig war sich der Überlegenheit seiner Truppen sicher. Ob er ebenfalls Späher einsetzen ließ, um festzustellen, wo sich die Griechen befanden, wusste niemand. Aber wegen der von Dareg unmittelbar beim Lager gefundenen Spuren blieb Alexander vorsichtig. Er ließ ständig die Flanken seiner marschierenden Krieger sichern. Hypaspisten wie Bogenschützen schritten im Abstand von höchstens einem halben Dutzend Schritten links und rechts der Streitmacht entlang. So konnte kein Feind überraschend von der Seite her angreifen und kein Perser würde unentdeckt bleiben.

Das Heer marschierte stetig nach Süden. Wenn sie anhielten, um zu lagern, dann zog Dareg mit weiteren Spähern rund um das Lager. Auch das gehörte zu seiner Ausbildung und dies mochte er am liebsten. Sie pirschten sich in kleinen Gruppen durch dichtes Gesträuch, kletterten auf Bäume oder drangen in die zahlreichen Schluchten ein. Ständig suchten sie nach Spuren der persischen Kundschafter, doch fanden sie nichts, was auf sie hindeutete. Alexander hatte befohlen, jede Beobachtung sofort zu melden, und sei sie noch so unscheinbar.

Die Gegend war felsig geworden. Als Dareg an diesem Mittag den höchsten Fels erklettert hatte, waren die übrigen Späher nicht mit ihm gekommen. Sie blieben lieber im Schatten sitzen und nutzten die Pause, um zu essen und zu trinken. Dareg als Jüngster sollte aufpassen. So blieb er, hinter einen Felsblock gekauert, sitzen. Hier war es schattig, aber wenn er die Gegend ringsum betrachtete, musste er die Augen in der sengenden Sonne zusammenkneifen. Außer einem Adler ließ sich nichts entdecken. Dareg begann, den mächtigen Raubvogel dabei zu beobachten, wie er ruhig und majestätisch seine Kreise in der Luft zog. Wieder musste er daran denken, wie herrlich es wäre, als Vogel dort oben in der Luft zu schweben. Er stellte sich vor, was ein Späher alles anstellen konnte, wenn er sich in einen Vogel verwandeln könnte. Dareg würde weit oben in der Luft kreisen, gleichzeitig mit seinen scharfen Augen alles beobachtend, was dort unten auf der Erde geschah. Und er würde still sein. Nicht wie die Falken, die sich mit ihrem heiseren Geschrei verständigten.

Morgen würde das Heer im Lauf des Tages eine weitere, immer flacher werdende Ebene erreichen. Bis zum Tauros, einem breiten, kalten Fluss, der aus einem fernen Gebirge kam, konnte es dann nicht mehr weit sein. Dareg kniff die Augen ein wenig zusammen. Jetzt glaubte er, etwas zu sehen. Es sah aus wie ein Sturm oder eine heraufziehende Regenwand. Aber der Himmel war weithin blau und fast wolkenlos. Dann stellte er fest, dass es Staub war, der in dichten Schwaden in der Luft hing. Er beobachtete diese Erscheinung eine ganze Weile und beobachtete, dass sie sich bewegte. Ja, diese unglaublich große Staubmenge kam ihnen entgegen. Dies geschah sehr, sehr langsam, viel langsamer als jeder Sturm. Doch diese Staubwolke bewegte sich. Konnten das die Perser sein? Aber dann kamen sie ja alle auf dem Landweg, nicht wie dreihundert Jahre zuvor zu Zeiten des berühmten Perikles mit ihren Schiffen.

»Kommt schnell her!«, rief Dareg aufgeregt, und im Nu waren die anderen Gefährten bei ihm.

»Beim Zeus, was schreist du so?«, wollte Nestor wissen.

Er war der Anführer der Späher und überragte fast alle um zwei Köpfe. Angestrengt blickte er in die Richtung, in die Dareg zeigte.

»Tatsächlich, da bewegt sich was und es kommt auf uns zu. Wir müssen uns neue Befehle holen.«

Dareg und die übrigen Kundschafter begannen, den schmalen, steilen Weg zwischen den hohen Felsen hinunterzueilen, so schnell es ging. Dabei bemühten sie sich, so zu laufen, dass sie keine Steine lostraten, die in die Tiefe fallen und sie verraten konnten. Wichtigstes Gebot: Ein Kundschafter muss sich ohne das geringste Geräusch bewegen. Am Fuß der Felswand angekommen, eilten sie hastig durch die Schlucht. Doch dann hörten sie Stimmen. Menschen! Da kam ihnen jemand entgegen. Nestor winkte und blitzschnell verschwanden alle Kundschafter hinter einer Felsengruppe. Bevor Dareg überlegen konnte, in welcher Richtung er sich verstecken sollte, hatte ihn Nestor am Arm gepackt und zog ihn hinter sich her. Hinter einem mächtigen Felsblock kauerten sie sich beide nieder.

»Still«, zischte Nestor und lugte vorsichtig aus seinem Versteck.

Dareg wollte auch was sehen, aber Nestor drückte sich an den Fels und Dareg tat es ihm nach. Aber so viel konnte er hören: Nur ein paar Schritte entfernt von ihnen trabten Reiter vorbei. Nach einer Weile schienen sie vorbei zu sein.

»Perser?«, flüsterte Dareg, und Nestor nickte nur.

»Ja, aber sie scheinen uns noch nicht entdeckt zu haben, so gemütlich wie sie hier entlangreiten.«

Er sah Dareg an.

»Du musst zurück, den König warnen. Die Perser sind bereits näher, als wir geglaubt haben.«

Nestor legte den Kopf in den Nacken und sah die Felswand hinauf.

»Ganz schön steil. Glaubst du, du kannst da hinaufsteigen?«

Auch Dareg legte nun den Kopf in den Nacken und sah hinauf. Die Felswand war wirklich hoch und recht steil, aber rau genug, dass man hinaufklettern konnte.

»Ja«, er nickte, »das schaffe ich.«

»Gut«, meinte Nestor, »dann steigst du da hinauf. Dort oben

kann dir kein Reiter folgen. Du wirst laufen müssen, eine ganze Weile, bis du das Lager erreichst, aber du hältst nicht an, hörst du? Bevor die Sonne untergegangen ist, musst du bei Alexander sein und meldest ihm, was du gesehen hast.«

Dareg nickte, schob sich seinen Wassersack auf den Rücken, seinen kurzen Speer an einer Schnur dazu und begann zu klettern. Stück für Stück stieg er hinauf. Er achtete darauf, nicht auf lose Steine zu treten. Das Poltern hätte man in der dunklen, schattigen Schlucht weit gehört. Auch vermied er es, sich an Gesträuch oder Gras festzuhalten. Aber klettern konnte Dareg gut, schließlich stammte er aus den Bergen. Es ging sogar einfacher, als er dachte, und fast oben angelangt, konnte er sogar einigermaßen bequem hinaufsteigen. Oben waren die Felsen mit Bäumen bewachsen. Dort, im Schatten, blieb Dareg für einen Moment stehen, um sich auszuruhen und nach unten zu blicken. Er war wirklich ziemlich hoch geklettert. Der Grund der Schlucht unter ihm war kaum noch zu sehen. Auch die geheimnisvollen Reiter konnte er nirgends entdecken. Dann eilte er so schnell wie möglich weiter. Die Bäume standen nicht so dicht, sodass er schnell laufen konnte. Immer wieder einmal blieb er stehen und lauschte, ob ihm nicht irgendjemand folgte. Doch nur das Rauschen des Windes in den Zweigen und das Singen der Vögel war zu hören. Er rannte weiter, doch musste er immer wieder kurz stehen bleiben, um zu lauschen, aber auch um die Richtung zu bestimmen.

Als er endlich in der Abenddämmerung das Lager erreichte, herrschte dort dieselbe Aufregung wie jeden Abend, wenn das Heer lagerte. Die Krieger, müde vom täglichen Marsch, suchten sich einen Platz zum Schlafen oder scharten sich um die Lagerfeuer, wo auf großen Rosten oder heißen Steinen gekocht wurde. Die zahlreichen Reit- und Tragtiere wurden gefüttert und dann für die Nacht angebunden. Dareg rannte an den Lagernden vorbei, wich manchmal bellenden Hunden oder einem Lasttier aus und blieb erst vor Mikails Zelt stehen, an das ein paar Sklaven noch letzte Hand anlegten. Mikail saß auf einem Schemel vor dem Eingang, so als ob er gewusst hätte, dass nicht Nestor oder sonst ein altgedienter Kundschafter, sondern ausgerechnet der Jüngste zu ihm kommen würde. Er sah Dareg an, sah seine staubigen, zerkratzten Füße, das verschwitzte Gesicht.

»Habt ihr sie entdeckt?«, fragte er nur, und Dareg nickte.

Er erzählte, was er gesehen hatte. Mikail hörte genau zu, dachte einen Moment lang nach und begab sich dann zu seinem König. Und während Daregs pochendes Herz sich allmählich beruhigte, machte er sich auf die Suche nach Lea und Melissa. Zwischen zwei großen Bäumen hatten sie ihr Zelt für die Nacht aufgeschlagen. Dareg pfiff kurz und sogleich schoss Mikion heraus und begrüßte ihn freudig. Er streichelte ihn und trat in das kleine Zelt ein. Da kauerte Lea neben Melissa auf dem Boden. Sie hatte ihren Schleier über den Kopf gezogen und sang leise vor sich hin. Sie schien ihn nicht zu bemerken. Als Dareg neben Melissa niederkniete, sah die ihn nur an.

»Hab keine Angst«, sagte er.

Er strich ihr über den Arm, und sie zuckte nicht zurück, wie sie es sonst immer tat, wenn jemand sie berührte.

»Hab keine Angst«, sagte er noch einmal, und Melissa schüttelte ein wenig den Kopf.

Sie nahm seine Hand und drückte sie. Dareg wurde ein wenig verlegen.

»Mikion.«

Dareg sah sich um und der Hund schlich näher.

»Bleib bei Melissa und Lea und pass auf beide auf, hörst du!«

Der Hirtenhund legte sich ganz nah neben die beiden nieder und zeigte damit, dass er genau verstanden hatte. Dareg ließ seinen Vesperbeutel und das Ziegenfell mit dem Wasser zurück und eilte auf den Hauptplatz. An dessen Ende unter ein paar mächtigen Bäumen stand das große Zelt des Königs. Seine Leibgarde bewachte ihn. Es war davor bereits eine große Anzahl Krieger versammelt, die meisten stumm wartend, einige leise tuschelnd. Dareg bahnte sich einen Weg. Auf einmal traten drei vornehm aussehende Männer aus dem Zelt, und die Wartenden grüßten höflich, indem sie sich verneigten. Die Vornehmen blickten nur über die Menge und grüßten dann ein wenig hochnäsig zurück, bevor sie in einem prächtigen Zelt verschwanden. Dareg erkannte Mikail, der diesen Männern gefolgt war. Als der Hauptmann den Kundschafter in der ersten Reihe zwischen den Kriegern stehen sah, trat er auf ihn zu und legte ihm den Arm um die Schultern.

»Komm mit, ich habe Hunger. Hoffentlich hat Lea etwas für uns gekocht.«

Zusammen wanderten sie den Weg durch das Heerlager zurück. Mikail hatte, wie Dareg auch, entdeckt, dass Lea eine gute Köchin war. Seitdem aß er fast jeden Abend bei ihr.

»Wer waren die Männer in den feinen Gewändern?«, wollte Dareg wissen.

Mikail zögerte einen Moment.

»Das waren Feistos, Menelos und Archibides. Sie sind vornehme Athener und waren die Vertrauten Philipps von Makedonien. Feistos hat einst den toten König als Erster gefunden. Doch er konnte ihm nicht mehr helfen, denn Philipp war schon in der Unterwelt angekommen.«

Dareg schwieg. Den alten König, Alexanders Vater, hatte er nie gesehen, außer auf einem Relief aus Stein. Es hieß, Philipp sei ein stolzer Herrscher gewesen und diesen Stolz hatte er seinem Sohn vererbt. Über seinen Tod hatte ein Geschichtenerzähler sogar in seinem Dorf berichtet. Doch immer wurde gemunkelt, dass der alte König vergiftet worden war.

»Was geschieht mit ihnen?«, wollte Dareg wissen.

»Mit den Getreuen des alten Königs?«, fragte Mikail zurück, und Dareg nickte.

»Ich weiß es nicht«, antwortete der alte Hauptmann, »Alexander ist ein Krieger und diese Männer sind schon lange keine Krieger mehr. Er wird sie aus ihren Ämtern entlassen und sie werden sich in ihr Oikos zurückziehen, um dort zu leben. Vielleicht werden sie auch als Lehrer tätig sein. Ich weiß es nicht.«

»Aber sie sind weise und erfahren«, gab Dareg zu bedenken, »sie haben doch Alexanders Vater gut beraten, oder?«

Mikail antwortete nicht und schritt eine Weile schweigend neben Dareg her. Dann, sie waren fast an Leas Zelt angekommen, antwortete Mikail plötzlich.

»Alexander mag diese Männer nicht. Er traut ihnen nicht und will sie nicht um sich haben. Er hat sie fortgeschickt.«

Sie traten beide in das Zelt. Das Lager ringsum kam langsam zur Ruhe, aber trotzdem waren noch immer zahlreiche Geräusche zu hören. Das leise Schnauben der Pferde, immer wieder einmal das Blöken der Schafe oder das helle Meckern der Ziegen. Dazu das Geräusch des Windes, der in der kühlen Herbstnacht die Äste der Bäume bewegte. Mikail begrüßte Lea und Melissa und ließ sich dann neben dem Feuer auf einem weichen Kissen nieder. Lea sah heute ernster drein als sonst, aber sie sagte nichts, sondern kümmerte sich um das Abendessen. Dareg nahm ebenfalls Platz und Mikion drängte sich gleich neben ihn.

»Was jetzt kommt, ist der Anfang einer neuen Zeit«, erklärte Mikail, »aber wir müssen uns nicht fürchten, denn die Götter sind mit uns. Alexander ist von Zeus auserwählt.«

Dareg nickte und Mikail blickte durch das offene Zelt in die klare Nacht hinaus. Heute war kein Lachen und Singen wie sonst zu hören. Nur die Blätter raschelten im kühlen Wind.

»Morgen«, sagte er nur noch, »morgen wird ein großer Tag.«
Mehr sagte er nicht. Schweigend aßen sie und krochen dann unter ihre Decken. Dareg war müde und wusste zugleich, Nestor und die übrigen Kundschafter würden die Perser weiter beobachten.

3

Am nächsten Morgen, lange bevor die Sonne aufging, setzte sich das Heer erneut in Bewegung. Nur marschierte dieses Mal ein großer Teil kampfbereiter Hopliten an der Spitze. Nach einer Stunde näherten sie sich einer sanften Hügelkette. Noch bevor die ersten Abteilungen diese erreichten, kündigte ein heller Lichtschein am Himmel die aufgehende Sonne an. Darauf freuten sie sich alle, denn es war ziemlich kühl, und wenn der Tag erst begann, hofften sie auf die wärmende Sonne. Auf einmal kam ein Reiter herangejagt. Er parierte sein Pferd vor Alexander, lenkte es dann neben den König und berichtete.

»Die Kundschafter warten vor uns«, fügte er hinzu.

Der Reiter zeigte dann mit der Hand auf die sanfte, baumbestandene Höhe vor ihnen.

»Sie warten auf euch, mein König. Dort oben, bei den Felsen.«

Alexander nickte und der Reiter wendete sein Pferd und jagte zurück, gefolgt von Alexander und seinen Hauptleuten. Auch sie ritten in scharfem Galopp die höchste Hügelkuppe hinauf. Kaum dort angekommen, sprang Alexander aus dem Sattel und eilte zu Dareg und seinen Gefährten. Die übrigen Kundschafter kauerten hinter einem großen Felsen.

»Zeus sei mit dir, Alexander!«, grüßten sie respektvoll, und er nickte ihnen zu.

Nestor führte ihn zu einer geschützten Stelle. Von dort aus hatte man einen guten Überblick über die weite Ebene. Die Morgenluft war klar, und weit in der Ferne wirbelte der Staub in die Höhe, als ob der Wind ihn vor sich her blies. Doch es war kein Wind, sondern tausende von Persern, die sich dort bewegten. Kein Zweifel, die Perser brachen ihr Nachtlager ab und machten sich kampfbereit.

Die Hauptleute kauerten nun ebenfalls nieder und blickten angestrengt die Ebene hinunter. Mikail ließ zur Sicherheit die Leibgarde ausschwärmen, wusste man doch nicht, ob persische Bogenschützen nicht längst auf Alexander und seine Strategen angelegt hatten. Jetzt stand die Sonne am Himmel und es wurde allmählich warm. Alexander beschirmte mit einer Hand seine Augen.

»Wie viele sind es?«, wollte er wissen.

»Mindestens 45 000 Mann«, antwortete Nestor.

»Du lügst, Bursche, oder kannst nicht zählen!«, entgegnete Hephaistion heftig.

Aber Alexander unterbrach ihn. »Still, mein Freund, ich will erst alles hören. Sprich weiter, Nestor!«

»Es sind wenigstens so viele, denn ich habe sie gezählt. Dabei ist das ganze Heer der Perser noch gar nicht da. Dareios Zeichen ist noch nirgends zu sehen.«

»Was ist hinter diesen Hügeln?«, wollte Alexander von seinem obersten Kundschafter wissen.

»Eine kleine Stadt, Herr. Sie heißt Issos und hat dich als König anerkannt«, antwortete Nestor.

»Issos«, murmelte Alexander leise und nickte dabei.

Noch immer beobachtete er den Gegner. Das persische Heer begann mit seiner Aufstellung.

»Kommt mit!«, befahl er seinen Hauptleuten, und geduckt eilte er dahin zurück, wo ihre Pferde warteten.

Er sprang auf, und noch ehe alle seine Hauptleute im Sattel saßen, jagte er zu seiner Truppe zurück. Dort angelangt ließ er den Zeichenführer eine Lanze mit einem Wimpel daran schwenken. Dazu ertönte der laute Ton eines Bronzehorns. Dies war das Signal für alle Anführer und Hauptleute, sich sofort um den jungen König zu versammeln, während das übrige Heer weiterzog. Alexander sprang vom Pferd und trat zu seinem Zelt, das man ihm rasch neben dem Weg errichtet hatte. Er blieb unter dem Vordach stehen und nahm einen tiefen Zug aus einem Wasserkrug. Jetzt wurde es angenehm warm. Die drei großen Generäle Parmenion, Seleukos und Ptolemäus, begleitet von ihren Hauptleuten, dazu Alexanders Jugendfreunde Hephaistion, Nearchos und Krateros versammelten sich um ihn.

»Wir greifen an«, sagte Alexander, kaum dass er seine Vertrauten alle wahrgenommen hatte.

Er beugte sich über einen Tisch. Eine von Hand gemalte Landkarte lag darauf und er fuhr mit der Fingerspitze darüber.

»Angreifen? Aber, aber … Alexander«, begann Hephaistion und kam ins Stottern.

Die übrigen Männer raunten leise, sahen sich gegenseitig an und zuckten die Schultern. Hephaistion fasste sich wieder und sprach mit fester Stimme.

»Alexander, unsere Phalangiten sind noch nicht alle in Schlachtordnung angetreten und der Tross ist viel zu weit hinter uns, mit all unseren Vorräten, neuen Waffen, frischen Pferden und …«

Hephaistion kam erneut ins Stottern. Alexander sah ihn belustigt an und zog sich die Riemen an seinem prächtigen Brustpanzer fest. Ein paar Mal beugte er den Oberkörper nach vorne, dann wieder zurück. Dann streckte er sich und schien mit dem Sitz seiner Panzerung zufrieden zu sein. Damit würde er sich gut zu Pferd bewegen können. Jetzt lächelte er auch seine übrigen Hauptleute an, sagte aber noch immer nichts.

»Und?«, fragte er belustigt. »Was noch? Sprich doch weiter.«

»Alexander«, begann Hephaistion zu sprechen, »wenn es stimmt, was die Kundschafter sagen, dann sind uns die Perser zahlenmäßig weit überlegen.«

»Eben deshalb rechnen sie nicht damit, dass wir sie zuerst angreifen«, entgegnete Alexander, »aber genau das werde ich tun. Ich greife an. Und zwar jetzt. Jetzt gleich.«

Er beugte sich über seinen Feldtisch und nahm ein Stück Holzkohle. Damit begann er, mit schnellen Strichen auf der Karte zu zeichnen. Seine Generäle traten näher und sahen ihm dabei zu. Als er fertig war, erkannten sie die sanften Hügel ringsum, die Äcker und Felder, die kleinen Feldwege und die lichten Wälder am Rande der Ebene. In einer hübschen Schatulle lagen unzählige winzige Figuren aus gebranntem Ton. Da gab es Thessalische Reiter, die Krieger der Phalanx, Makedonische Reiter, Bogenschützen und sogar Streitwagen. Alexander griff hinein und stellte die kleinen Figuren auf dem Plan auf.

»Seht her, so werden sich die Perser aufstellen«, erklärte er, während er weitere Figuren aus dem Behältnis nahm und sie weiter aufstellte, »aber so lange werden wir gar nicht warten. Wir greifen an, bevor sie ihre Angriffsstellungen eingenommen haben. Unsere Reiter schützen uns vor ihren Bogenschützen. Parmenion, Seleukos! Ihr beide bildet mit eurer Phalanx die erste Angriffswelle und kommt über diese Hügel hier. Ihr marschiert geradewegs auf sie zu. Nur wenn ihr anhalten sollt, lasse ich euch ein Zeichen geben. Sonst marschiert ihr immer weiter, verstanden?«

»Wenn sie uns sehen, werden sie eine Angriffslinie bilden«, bemerkte Parmenion. »Dann werden sie versuchen, uns zum Halten zu bringen.«

»Dann müsst ihr eben auf sie zulaufen. Brecht mit aller Kraft in ihre Reihen hinein. Parmenion, du führst den linken Flügel auf sie zu. Ich übernehme mit den Reitern die rechte Seite. Hier und hier, verstanden?«

Der kampferprobte General nickte.

»Aber unsere Krieger werden durch das Laufen müde«, bemerkte Seleukos. »Es wird heute sehr heiß werden.«

»Sie müssen laufen!«, unterbrach ihn Alexander. »Ich weiß, in voller Rüstung, mit Schild und Lanze ist das mühselig. Aber ihr müsst in ihren Reihen sein, bevor sie sich formieren können. Ihr dürft nicht anhalten und ihr senkt die Speere und führt den Angriff. Ihr müsst sie daran hindern, sich zu formieren, habt ihr verstanden?«

Er sah auf seine getreuen Generäle und alle nickten.

»Ja, Alexander.«

Alexander richtete sich auf und sog die Luft tief ein.

»Denkt daran: Niemand kann sich einer griechischen Phalanx entgegenstellen. An ihr werden sie scheitern. Die Götter werden mit uns sein.«

Parmenion war auf sein Pferd gestiegen und jagte bereits davon. Weitere Hauptleute folgten ihm.

4

»Lauft! Schneller! *Schneller!*«

Euphiletos protestierte leise. Waren die Hauptleute verrückt geworden? Laufen, bei dieser Hitze? Über den steinigen Boden? Mit der schweren Ausrüstung?

»Schneller!«

Beim Zeus, er war doch kein Gott. Außerdem war er nicht mehr der Jüngste. Natürlich konnte er in voller Rüstung marschieren, konnte kämpfen, ja, aber er konnte nicht erst vorher auch noch laufen. Aber genau das sollten sie tun.

»Lauft!«

Er keuchte unter seinem Helm, hörte nur das lauter werdende Geräusch vieler schwer atmender Männer. Die Abteilung seiner Phalanx war achthundert Mann stark, genauso wie die Nachbarabteilungen links und rechts von ihnen. Lederrüstungen schlugen auf blanke Haut. Es klang, als triebe sie jemand mit der Peitsche an. Dazu das Klirren der Waffen, das dumpfe Geräusch, wenn der Rand eines Schilds an ein Stück Metall schlug. All das war jetzt unter seinem Helm zu hören, und der Lärm schwang darin, dass es in seinen Ohren dröhnte. Er glaubte beinahe, taub zu werden. »Autsch«, entfuhr es ihm, als er mit einem Fuß falsch aufgetreten war. Er war auf eine Beinschiene getreten, die da vor ihm auf dem Boden gelegen hatte. Das fehlte noch! Beinahe hätte er sich den Fuß vertreten. Diesen Schutz hatte wahrscheinlich ein Kamerad in der Reihe vor ihm verloren. Nun, bis der letzte Hoplit darüber gelaufen war, würde sie platt getreten sein, nur noch ein unförmiges Stück Bronze. Jetzt ging es leicht bergauf. Kallimachos neben ihm stöhnte leise.

»Weiter«, keuchte Euphiletos, »bleib bloß nicht stehen.«

Sein Neffe antwortete etwas, was wie Grunzen klang. Sie eilten jetzt noch immer in gleichmäßigem Lauf einen Hang hinauf. Sie mussten im Takt bleiben, sonst kamen sie mit den übrigen Gefährten durcheinander. Jeder Schritt war schwerer als der zuvor und mit jedem Atemzug schmerzten die Lungen. Euphiletos spürte sein Herz immer schneller schlagen und beide Seiten über der Hüfte taten ihm weh. Doch er konnte nicht anhalten, um sich auszuruhen.

Dann endlich, waren sie oben. Ein Ruf tönte und die ganze Phalanx blieb stehen. Euphiletos stand eingekeilt in dem Heer der übrigen Gefährten. Hinter sich spürte er den Schild eines weiteren Kriegers. Euphiletos keuchte und stützte sich, so gut es ging, auf seine Sarisse. Noch einen Augenblick länger, musste er denken, noch einen einzigen Schritt und ich falle tot um und mache mich auf die Reise zu den Göttern. Er atmete stoßweise und hoffte, dass sich sein Herzschlag beruhigen würde. Inzwischen schwitzte er am ganzen Leib. Da ihm Schweiß in die Augen gelaufen war, konnte er nichts sehen. Es brannte. Aber auch jetzt konnte er sich nicht den Helm vom Kopf reißen, um seine Augen zu reiben, denn er hatte keine Hand frei. In der Linken trug er den Schild, mit der Rechten umklammerte er die lange Sarisse. Er senkte den Kopf ein wenig und hoffte, der Schweiß würde ihm so herauslaufen. Aber es brannte noch immer. Er kniff die Augen fest zu und versuchte, sie wieder zu öffnen. Es wurde besser, wenn es auch immer noch ein wenig brannte. Irgendwer neben ihm ächzte leise. Das konnte Kallimachos oder auch ein anderer Krieger sein. Erschöpfung zu zeigen, ziemte sich nicht für einen Griechen, genauso wenig wie er Schmerz oder Angst zeigte. Erneut wandte Euphiletos den Kopf ein wenig zur Seite. Kallimachos war neben ihm, und er sah, wie sich sein Neffe ebenfalls auf seinen langen Speer stützte und heftig atmete. Da musste Euphiletos für sich lächeln. Der junge, kräftige Krieger war genauso außer Atem wie er selbst. Eigentlich hatte er sich als alter Knochen ganz gut geschlagen! Allmählich konnte er wieder klarer sehen und sein pochendes Herz beruhigte sich. Er blickte nach vorn. Viel erkennen konnte er nicht. Mit diesem Helm war das nicht ganz einfach. Es standen noch drei Reihen Krieger vor ihm. Aber wenn er sich ein wenig auf die Zehenspitzen stellte, erkannte er vor ihnen den sanften Abhang. Und am Ende dieses Abhangs, unten, in der großen, weiten Senke, bewegten sich viele Menschen. Kein Zweifel, das mussten die Perser sein. Sie waren vor ihnen und versuchten, sich zu formieren, doch es herrschte ein unglaubliches Durcheinander. Erneut begann sein Herz, schneller zu schlagen, dieses Mal aber vor Aufregung.

»Phalanx!« ertönte das Kommando, und er hörte dasselbe Kommando ganz schwach noch einige Male.

Unter dem Helm klang der Ruf nur schwach, aber es schwang jedes Geräusch in seinem Inneren, als säße sein Kopf in einer Glocke. Euphiletos senkte den langen Speer und nahm ihn fest in seine Armbeuge. Den Schild am linken Arm schob er so weit nach oben, bis der Rand auf seiner Schulter zu liegen kam. So drückte ihm das Gewicht nicht so sehr auf den Arm. Er schwitzte noch immer, und als er den Kopf wandte, sah er nur die Kameraden neben sich. Es roch nach Schweiß, Fett und Leder. Und nach Knoblauch und Zwiebeln. Aber noch stärker war ein anderer Geruch: der nach Angst. Das würde natürlich keiner zugeben, das wusste er. Ein griechischer Hoplit fürchtet nur die Götter und sonst niemanden. So standen sie und so verteidigten sie seit vielen hundert Jahren ihre Heimat. Aber kein Mensch kann ohne Angst sein, hatte Polemos einmal gesagt, und wer keine Angst mehr hat, ist kein Mensch mehr. Euphiletos fand, dass sein alter Freund wie immer Recht hatte.

So warteten sie noch einige Augenblicke lang. Vor ihnen stand der Feind, wenn auch noch immer in einem großem Durcheinander. Euphiletos fiel plötzlich ein, was sich Gefährten am Lagerfeuer erzählt hatten. Der Großkönig des persischen Reiches sollte angeblich mit einem Dutzend Frauen verheiratet sein und dazu einen riesigen Harem an schönen Frauen besitzen. Seine Lieblingsfrau war jedoch mit ihrer ganzen Familie immer bei ihm. Ein Dutzend Frauen! Euphiletos musste bei dem Gedanken leise für sich lachen. Ob das wirklich stimmte? Was würden Demarete und seine beiden Töchter sagen, wenn er sich noch ein paar persische Sklavinnen aus diesem Feldzug mitbrächte?

Er schwitzte noch immer und sein Mund war trocken. Gerne hätte er einen Schluck getrunken. Als er sich erneut umsah, stellte er fest, dass sie längst wieder in gleichmäßiger Reihe marschierten. Das hatte er während seines Nachdenkens gar nicht bemerkt. Aber verdammt, warum hielten sie denn nicht an? War das nicht die Taktik ihrer Väter? Phalanx bilden, warten, bis der Feind sich in Bewegung setzte und auf sie zustürmte. Wenn die ersten Angreifer auf sie trafen, die Schilde fest halten, dagegenstemmen und stetig weitergehen, die Kraft der Männer samt Speeren und Schilden nutzen. Es war schon seltsam genug, dass sie sich nicht wie früher in einer Schlachtreihe acht Mann tief aufstellten und ihre langen Lanzen dem Feind entgegenstreckten. Philipp von Makedonien, Alexanders Vater, war es gewesen, der die Phalangiten von acht auf sechzehn Mann verdoppelt hatte. Seitdem nannte man sie die Makedonische Phalanx. So weit war es schon gekommen. Nicht mehr griechische, sondern makedonische Phalanx. Jetzt ertönte ein neuer Ruf.

»Phalanx geht schneller! Voran, voran!«, schrie eine Stimme.

Er hörte den Ruf noch öfter und wusste, die Hauptleute gaben den Befehl zum Vorrücken. Er griff seinen Schild, umklammerte seinen Speer noch ein wenig fester und dann hörte er ihn. Den Ruf aus tausenden von Kehlen. Seine Kampfgefährten ringsum schrien laut. Sie machten sich Mut mit dem lauten Gebrüll und hofften so, die Perser zu ängstigen. Euphiletos schrie mit und seine Stimme dröhnte in seinem Helm.

»Alexander!«

Und sie gingen gleichmäßig in gemäßigtem Tempo immer den sanften Hang hinunter. Nach einer Weile wurden sie alle etwas schneller. Bei den Göttern, geht das schon wieder los, musste Euphiletos denken. Ewig diese Rennerei! Dann ertönte ein dumpfes Krachen, lautes Schmerzgeschrei und wütende Stimmen brüllten in einer fremden Sprache. Die Reihen vor ihm waren als Erste auf den Feind gestoßen.

»Dareios!«, schrien die Perser, aber bei ihnen klang es eher zaghaft.

Sie hatten wohl nicht damit gerechnet, dass eine so starke Phalanx der Griechen über die letzten Hügel voller Steine gelaufen kam, um sie anzugreifen. Wo sie doch noch damit beschäftigt waren, sich aufzustellen und zum Angriff zu formieren.

Die Speere der Griechen fuhren, Schild an Schild, Mann neben Mann, immer weiter in das Durcheinander der Perser hinein. Es gab erneut ein lang anhaltendes, krachendes Geräusch, als die Mauer der Schilde auf die leicht gepanzerten Perser traf. Alles, was nicht schnell genug auswich, räumten Euphiletos und seine Kameraden einfach zur Seite. Er sah keinen Gegner, sondern spürte nur, wie die Phalanx auf einmal ins Stocken geriet und wie die Krieger, die hinter ihm standen, auf einmal zu schieben begannen. Um nicht zerdrückt zu werden, gab es nur eine Möglichkeit. Beide Beine fest gegen den Boden stemmen, den Schild eng an den Körper halten und ebenfalls schieben. Genau das taten sie. Sie stemmten sich in die Erde, senkten den Kopf ein wenig und begannen, die Speere fest umklammernd, wie eine Wand, sich den Persern entgegenzustemmen.

»Schiebt!«, brüllte jemand, und da schrien sie alle: »Schiebt!«

Sie schoben, ächzten und stöhnten dabei.

Die Perser versuchten verzweifelt, mit ihren Schwertern die erste Reihe aufzubrechen, doch es gelang ihnen nicht. Die großen Eichenschilde waren wie eine Mauer und die Schläge der persischen Schwerter krachten nutzlos dagegen.

Nicht allzu weit von ihnen entfernt saß Alexander zu Pferd. Von einem der letzten Hügel ringsum beobachtete er den Verlauf der Schlacht. Um ihn herum waren noch einige seiner Hauptleute und Strategen versammelt, dazu die Signalmänner, mit langen Wimpeln, Bronzehörnern und Trommeln auf seine Befehle wartend.

Angesichts der unglaublich großen Zahl Perser schien klar, die Griechen hatten kaum eine Chance. Zwar waren die Perser im Augenblick im Nachteil, denn noch immer rannten sie wie ein riesiger Ameisenhaufen durcheinander und versuchten, ihre Plätze in der Schlachtordnung einzunehmen. Aber sobald sie sich aufgestellt und ihre Reihen geschlossen hatten, würden sie wie eine Wand vorrücken, unterstützt von ihrer schweren gepanzerten Reiterei, ihren Bogenschützen und ihren Speerwerfern. Dann, in der zweiten Welle, kamen sicher ihre Elefanten zum Einsatz. Von deren Rücken würden sich die besten Bogenschützen ihre Ziele suchen. Doch noch geschah von alledem gar nichts. Einzig die gefürchteten Bogenschützen des Dareios begannen, sich zu formieren. Sie stellten sich in langen Reihen nebeneinander auf, jeder Mann mit einem vollem Köcher Pfeile. Zahlreiche Knechte begannen in ihrem Rücken heranzulaufen. Jeder mit fünf, sechs, ja bis zu zehn Köchern voller Pfeile behängt. Der Bogenschütze, der seinen Köcher leer geschossen hatte, würde von den Hilfsknechten einen neuen erhalten.

Alexander wusste was dies bedeutete. Sollte gleich ein Pfeilregen auf seine Truppen niedergehen, würden die Griechen nicht länger vorrücken können.

»Philotas!«, rief er.

»Ja, Alexander?«

»Siehst du da unten die Bogenschützen? Auf dich und deine Reiterei kommt es nun an.«

»Aber Herr, wir sollten doch die Phalanx unterstützen.«

»Tu, was ich dir sage!«

Jetzt schien der Reiteroffizier zu verstehen. Er sprengte mit seinem Pferd den Hang hinunter, schrie den wartenden Reitern etwas zu und zog dabei sein Schwert. Sogleich taten es ihm die Übrigen gleich und sie jagten auf die Bogenschützen zu. Dabei ritten sie von der Seite heran, und bevor die ersten Schützen sich umwenden konnten, ritten sie in die Reihen hinein. Wer nicht gleich niedergeritten wurde, wandte sich um und rannte zurück, gefolgt von den Knechten mit ihren vollen Pfeilköchern. Immer wieder blieben einzelne Bogenschützen stehen. Sie versuchten zu schießen, aber meist trafen sie nicht. Die angreifenden Reiter schienen überall zu sein.

Alexander sah dies von seinem Hügel aus und war erleichtert. Die erste Hürde schien geschafft. Philotas zog mit seiner Reiterei eine Schneise durch die Reihen der Bogenschützen. Dann wendeten sie und griffen die Speerkämpfer mit ihren blanken Schwertern an. Keine der persischen Abteilungen kam dazu, auf die vorrückenden Griechen zu werfen. Stattdessen rannten sie zurück und versuchten, sich neu aufzustellen, doch die Reiter setzten ihnen immer wieder nach. Von dieser Seite drohte im Moment keine Gefahr.

»Wir marschieren weiter! Immer weiter auf ihr Lager zu«, beschied Alexander.

Seine Offiziere nickten und gaben die Befehle an die Fußtruppen weiter. Es gab kein Zurück mehr. Die Perser waren ihnen zwar nach wie vor zahlenmäßig weit überlegen, aber die wenigsten waren bereits bewaffnet. Viele waren gerade erst aufgestanden, andere wussten noch gar nicht, dass die Schlacht bereits begonnen hatte. Die Perser auch noch in ihrem riesigen Heerlager zu überraschen, war ein gewagtes Spiel, denn wenn sie die Griechen dabei einkesselten, konnte ihnen auch Alexanders schnelle Reiterei nicht mehr helfen.

Die nächste Phalanx traf auf neue Reihen der Perser. Aber auch sie wurden niedergewalzt, so wie sie alles niederwalzten, was sich ihnen in den Weg stellte.

»Schiebt!«, brüllte wieder einer der Hauptleute. Erneut schrien alle: »Schiebt an!«

Wieder schoben die Griechen die schweren Eichenschilde vor sich her. Dieses Mal ging es leichter. Euphiletos schien es, als sei niemand mehr vor ihnen. Das war beinahe richtig so. Als er einmal den Kopf senkte und nach unten auf seine Füße blickte, erkannte er, wie sie über am Boden liegende Perser einfach hinwegtrampelten. Männer, Zelte, Vorräte, Feuerstellen, Waffen. Seine Phalanx hatte sie einfach überrannt. Euphiletos wollte lieber nicht darüber nachdenken, wie schlimm das für die Feinde war. Und noch immer waren er und seine Kampfgefährten in Bewegung. Nun hob er den Kopf, und es gelang ihm, schnell zur Seite zu blicken. Es staubte gewaltig, weil zahlreiche Reiter an ihnen vorbei auf die letzten zurückweichenden Perser zustürmten. Aber Kallimachos war noch neben ihm und keiner seiner Kameraden war bis jetzt ernsthaft verwundet worden. Da war er beruhigt.

»Sarisse!«, tönte ein Kommando.

Wie einstudiert hoben die Krieger ihre fast sechs Meter langen Stoßlanzen in die Höhe, bis sie senkrecht standen. Wie ein Wald. Lange, harte Hölzer, immer mit einer Bronzespitze daran, so funkelten die Lanzen der Griechen in der Sonne. Aber sie hielten noch immer nicht an. Erneut gingen sie in raschem Tempo vor. Die Schritte vieler tausend Hopliten machten ein Geräusch wie ein mächtiges Untier, das direkt dem Hades entstiegen war.

Euphiletos wusste nicht, wie lange und wie weit sie schon marschiert waren, aber seine Füße und seine Waden schmerzten, und er konnte sich an keinen früheren Krieg gegen die Nachbarstädte erinnern, bei der sie mehr als tausend Schritte in der Schlacht gegangen waren. Als er erneut den Kopf hob, erkannte er am Horizont die persische Zeltstadt. Und noch immer rückten sie vor. Aber wo, bei allen Göttern, war die Hauptstreitmacht? Wo war das Heer der Perser mit ihrem König und unerbittlichen Heerführer Dareios?

Alexander hielt es nicht länger auf seinem Beobachtungsposten.

Die riesigen Blöcke der Griechen schoben sich wie ein großer, mit zahlreichen Stacheln bewehrter Igel in die Reihen der Perser. Diesen gelang es einfach nicht, die Griechen wenigstens zum Halten zu bringen. Im Gegenteil, die Geschwindigkeit und zugleich die Wucht der Phalangiten war unheimlich. Sie walzten alles, was vor ihnen lag, einfach nieder: Krieger, Zelte, Vorratslager.

Jetzt stoben die Perser plötzlich auseinander und bildeten eine breite Gasse. Alexander erkannte gleich, warum sie das taten. Dareios' gefürchtete Lanzenreiter jagten heran. Sie waren nur leicht bewaffnet, ohne einen Schild und ohne Harnisch. Dafür waren diese Perser exzellente Reiter und die langen, schlanken Lanzen gefährliche Waffen. Sie ritten nahe an einen Gegner heran und stießen damit blitzschnell zu. Tatsächlich schafften sie einen breiten Korridor, in dem kein Grieche mehr auf den Beinen war. Ihnen folgte ein prächtiger Streitwagen aus Bronze, an den Seiten mit goldenen Löwen verziert. Darin stand ein Mann mit dunkelbrauner Haut. Statt einem Helm war ein seidenes Tuch um die schulterlangen schwarzen Haare gebunden, um seine Schultern war das Fell eines Leoparden geschlungen. Den Streitwagen lenkte er selbst. In einer Hand hielt er die Zügel der drei Pferde, die den leichten Wagen zogen, in der anderen Hand trug er einen Wurfspeer mit langer, blitzender Spitze.

»Dareios«, rief Mikail und deutete mit der Hand auf den Streitwagen.

Alexander nickte grimmig. Ja, das war Dareios, der Großkönig aller Perser, der sich anmaßte, mit seinen Barbaren aus dem fernen Reich zu kommen, um ihn zu besiegen. Als der Streitwagen auf die Phalanx der Griechen zurollte, schloss sich hinter ihm das Heer der Perser. Mit ihrem Herrscher vorneweg, glaubten sie unbesiegbar zu sein.

»Dareios«, schrien tausende von Kehlen jetzt, und es klang unheimlich und zugleich siegesgewiss.

Alexander wandte sich um. Das, was er hatte vermeiden wollen, war passiert: Die Perser hatten sich gesammelt und rückten nun in Schlachtordnung gegen sein Heer vor. Er musste handeln. Vor ihm stand sein Streitwagen, aber den mochte er nicht. Er saß lieber im Sattel von Bukephalos, seinem treuen schwarzen Schlachtross. Ein Krieger seiner Leibgarde reichte ihm seinen Schild, aber Alexander schüttelte den Kopf.

»Mein Helm«, rief er, und der Helfer reichte ihm den prächtigen goldverzierten Helm und Alexander stülpte ihn sich über.

»Alexander!«, rief Mikail, »Was hast du vor?«

»Ich will Dareios begrüßen!«, entgegnete er grimmig.

Ehe Mikail antworten konnte, stob Alexander los. Er legte ein Tempo vor, dass ihm seine Leibgarde und die übrigen Hauptleute seines Stabes kaum folgen konnten.

Alexander zügelte sein Pferd keinen Augenblick lang. Ringsum prallten Perser und Griechen aufeinander. Die Perser versuchten, die Mauer aus schweren Schilden aufzubrechen, doch meist vergeblich. Nur selten gelang es einem kühnen Angreifer, einen Griechen in der schildbewehrten Phalanx zu Fall zu bringen. Meist, indem er seinen Speer gegen die ungeschützten Beine der Krieger stieß. Dann fiel der Hoplit zu Boden und für einen Moment entstand eine Lücke. Doch aus der Reihe dahinter trat sogleich ein Grieche nach vorne und schloss die Lücke wieder. Keinem der Perser gelang es, in eine Phalanx einzudringen. Die Schlacht tobte nun hin und her. Einmal gelang es den Griechen, ihren Gegner zurückzudrängen, dann wieder drehten die Perser das Glück und hielten alle griechischen Abteilungen auf.

Eine neue Gefahr tat sich plötzlich auf: Die Perser versuchten, einzelne Einheiten einzukesseln. Nur die griechische Reiterei verhinderte dies. Alexander aber hatte im Augenblick nur ein Ziel: Dareios. Er entdeckte dessen Streitwagen in dem Augenblick, in dem ihn auch der Perserkönig auf seinem Pferd erkannte. Für einen Augenblick standen sie sich gegenüber, keine fünf Schritte auseinander. Dareios lachte höhnisch, holte aus und schleuderte seinen Speer. Es war ein guter Wurf. Alexander sah das Geschoss beinahe zu spät, und einen Schild, um ihn abzulenken, hatte er nicht. So konnte er sich gerade noch hinter dem Hals seines Pferdes ducken. Trotzdem streifte die Speerspitze seinen Helm mit einem hässlichen Geräusch. Alexander hob wieder den Kopf, richtete sich im Sattel auf und ritt weiter, immer auf den Streitwagen dort im Getümmel zu. Mit einer Hand griff er nach dem Helm. Da wo ihn die Spitze getroffen hatte, war die Bronze ganz verbeult. Er riss sich den Helm herunter, schüttelte den Kopf, dass seine schweißnassen Locken nach allen Seiten flogen. Als Dareios sah, wie sein Gegner immer näher kam, schrie er einen Befehl an seine Reiterei und wendete zugleich seinen Streitwagen.

Zwei von Dareios Hauptleuten stellten sich Alexander mit ihren Pferden in den Weg. Er prallte mit einem der Reiter zusammen. Die Wucht war so groß, dass sein Hengst Bukephalos das Pferd des Gegners einfach umwarf. Alexander zog sein Schwert und schlug dem zweiten Angreifer die Lanze aus der Hand. Mit der anderen Hand bückte er sich, packte den überraschten Perser einfach am Fuß und warf ihn aus dem Sattel. Samt seinem Schild fiel er zu Boden und blieb dort liegen. Dann wandte Alexander sein Pferd, riss sein Schwert in die Höhe und brüllte, so laut er konnte:

»Mir nach, Griechen!«

Und genau das taten sie.

Die Reiterei folgte Alexander dichtauf und er jagte in schnellem Galopp auf die umliegenden Hügel zu. Die Perser stoben davon. Manche versuchten vergeblich, die Reiter aufzuhalten. Auf der Hügelkuppe angekommen, hielt Alexander sein Pferd an und blickte sich um. Die Perser gaben ihre Versuche, die Griechen einzukesseln, auf und liefen in Scharen zurück, die sanften Hügel hinunter. Sie blieben zwar immer wieder stehen, wandten sich um und versuchten dann, sich den Griechen entgegenzustellen. Doch ohne Erfolg. Irgendein persischer

Offizier schrie einen Befehl und alle Perser liefen jetzt, so rasch sie konnten, zurück.

Alexander wandte sein Pferd und ritt auf den linken Flügel seines Heeres zu. Dort kämpfte unter Parmenions Führung eine breite Front Hopliten in geschlossener Phalanx. Die Front, Schild an Schild, Mann neben Mann, war an einigen Stellen unterbrochen. Todesmutige Perser waren in die Lücken eingedrungen und versuchten, mit dem blanken Schwert von der Seite aus in die Reihen der Griechen zu gelangen. Alexander erkannte die Gefahr. Seinen Reitern gelang es, die Perser zu vertreiben. Nun stand ein Großteil der Phalanx in einem breiten Flussbett, das nicht weit von hier ins Meer mündete.

»Fall nur nicht hin!«, schrie Euphiletos und wandte seinen Kopf schnell zur Seite.

Seine Sorge war unbegründet. Noch war sein Neffe Kallimachos neben ihm. Sie standen bis fast zum Bauch im Wasser. Etliche Kameraden ringsum waren gestürzt und hatten große Mühe, mit ihrer schweren Ausrüstung und ihren Schilden den Kopf wieder über Wasser zu bekommen. Euphiletos und Kallimachos wussten beide, wer jetzt stolperte oder von einem persischen Pfeil getroffen wurde und nicht gleich wieder auf die Beine kam, war verloren. Die nachdrängenden Krieger würden einfach über sie hinwegtrampeln. Und hinter ihm waren wenigstens eintausend Phalangiten, die alle weiterdrängten.

»Pass auf, Kallimachos!«

O mächtiger Zeus, hilf mir!, hämmerte es in Euphiletos' Kopf. Er hatte Angst. Weniger vor den Feinden und auch nicht vor dem weiteren Verlauf der Schlacht. Mehr um Kallimachos, seinen Neffen, dass der ja nicht stürzte. Immer wieder fiel einer der Männer vor ihnen in die Knie und ging sogleich unter. Aber er konnte ihnen nicht helfen. Er musste weiter.

Endlich waren sie am anderen Ufer. Der Boden war aufgewühlt und voller Schlamm. Tausende von Füßen und Pferdehufen hatten ihn aufgeweicht und zertrampelt. Sie standen bis über die Knie in dem feuchten, zähen Brei aus Erde, Wasser und Blut. Erneut tauchten persische Fußsoldaten mit ihren langen, schlanken Lanzen vor ihnen auf und stießen damit nach ihnen. Sie zielten auf jedes Fleckchen nackte Haut. Füße, Schienbeine, Hände, Arme und sogar das Gesicht eines Kriegers.

»Schiebt!«, brüllte eine Stimme, und Euphiletos zog seinen Schild etwas näher an den Körper heran. In seinem linken Arm hatte er kaum noch ein Gefühl, der Schild war schwer wie Blei.

»Schiebt, ihr Griechen, schiebt!«, dröhnte eine laute Stimme.

Das war Parmenios. Der alte Stratege bahnte sich auf seinem Pferd einen Weg zwischen ihnen hindurch und ging dann mit blankem Schwert auf die Perser los.

Euphiletos keuchte und riskierte noch einmal einen raschen Blick zur Seite. Kallimachos war noch neben ihm, aber irgendetwas war nicht in Ordnung. Sein Arm!, durchfuhr es Euphiletos. Was ist mit seinem Arm? Aber er konnte ihn nicht fragen, denn auf einmal ertönten Jubelschreie. Sie wurden immer lauter und er hob den Kopf. Alle schrien ringsumher. Und er schrie mit und dann sah er es auch: Die Perser flüchteten. Zu tausenden rannten sie davon, warfen ihre Schilde und Schwerter weg und liefen dabei, so schnell sie konnten.

Die Phalanx stand. Kein Grieche marschierte mehr. Die Krieger blieben erschöpft stehen, ließen ihre Schilde von den Schultern rutschen, die langen Stoßlanzen fielen reihenweise zu Boden. Neben ihm sank Kallimachos langsam in die Knie. Er konnte nicht mehr. Auch Euphiletos ließ seinen Schild zur Erde gleiten. Seine Sarisse ließ er fallen und dann sah er nach seinem Neffen.

»Sieg«, murmelte er leise und zog dem Jungen vorsichtig den Helm vom Kopf.

Kallimachos schwitzte, sein Arm war voller Blut und beide waren sie über und über von Schlamm bedeckt. Doch sie lächelten sich an. Euphiletos drückte ihn an sich und so hielten sie sich eine Weile lang ganz fest.

»Ja, Athene sei Dank, wir haben gesiegt«, keuchte Kallimachos.

»Und wir sind beide am Leben«, sagte Euphiletos. »Wir leben, Kallimachos, wir leben!«

Ein Reiter jagte auf Alexander zu. Es war ein berittener Melder und Mikail schickte ihn.

»Alexander!«, keuchte er atemlos.

Der Mann parierte sein Pferd vor dem Griechenkönig.

»Sprich«, lachte der und fuhr sich mit dem Ellbogen über seine schwitzende Stirn.

»Reiche Beute, Alexander! Die Perser laufen wie die Hasen. Sie haben alles zurückgelassen. Aber das Beste ist das: Dareios Familie. Wir haben alle gefangen. Seine Frau, seine Kinder, ja sogar seine Mutter ist dabei.«

Alexanders Miene wurde augenblicklich ernst. Der Reiter wandte sich um und zeigte auf das Durcheinander vor ihnen.

»Philotas!«, schrie Alexander und sah sich um, »Philotas!«

Der Anführer der Reiterei bahnte sich einen Weg durch das Gewimmel der Griechen und ritt auf ihn zu.

»Mein König?«

»Mach mir den Weg in das Perserlager frei!«, befahl er, und Philotas nickte.

»Platz für den König, Platz für Alexander!«, schrie er.

Immer mehr Reiter sammelten sich um den König, und wer nicht gleich zur Seite stob, den drängten sie mit dem Schild zur

Seite. Wenig später hielten sie vor einem großen Zelt mitten im Heerlager des Feindes. Ringsumher herrschte ein unglaubliches Chaos. Es sah aus, als wäre gerade ein heftiger Sturm durch die Lagergassen gefegt und hätte alles durcheinander geworfen. Zahlreiche Krieger wühlten in Bergen kostbarer Stoffe herum, rissen Kleider aus goldbeschlagenen Truhen und stopften sich Seidentücher unter ihren Harnisch. Andere füllten ihre Helme mit Schmuck. Überall lagen die Schilde der Hopliten auf dem Boden, gefüllt mit allem, was schön und kostbar aussah. Als die Krieger Alexander sahen, riefen sie Sieg und winkten und johlten.

Alexander hielt sein Pferd an und schwenkte sein Schwert.

Allmählich hörten die Hochrufe auf, und die Männer hörten ihren König sprechen: »Legt alles zurück! Das ist Kriegsbeute für alle Griechen. Ich lasse jeden hinrichten, der mit Beute erwischt wird, bevor wir alles aufgeteilt haben.«

Das war eine Drohung, die alle verstanden. Alle wussten, Alexander tat, was er angedroht hatte. In Theben hatte er zweitausend Feinde hinrichten lassen. Eilig warfen die Krieger alles weg oder legten es sorgsam auf große Haufen zurück. Die Hauptleute der Reiter befahlen, sich in Gruppen zusammenzuschließen und den fliehenden Persern zu folgen. Alexander aber sprang von seinem Pferd. Es hing noch immer Staub in der Luft, den die Kämpfenden aufgewirbelt hatten. Vor Alexander standen Frauen, Kinder, ein paar ältere Männer. Sie drängten sich eng zusammen. Hopliten der Leibgarde bewachten sie.

»Wer ist das?«, wollte Alexander wissen.

Sein Jugendfreund Hephaistion war auf ihn zugetreten.

»Das ist die Familie des Großkönigs. Seine Gemahlin Stateira, seine Kinder, seine Mutter, die Hofdamen und deren Ehemänner.«

Alexander trat näher und verbeugte sich höflich.

»Ich weiß nicht, ob du mich verstehen kannst, edle Stateira«, begann Alexander zu sprechen. »Aber solange dein Gemahl sich nicht um euch alle kümmern kann, erlaubt, dass ich euch Schutz gewähre. Kein Haar soll dir und deiner Familie gekrümmt werden.«

Er wandte sich an Hephaistion.

»Du bist mein ältester Freund und deshalb vertrau ich sie dir an, Hephaistion. Sorge dafür, dass es ihnen an nichts fehlt. Sie sind meine Gäste, und alles, was man ihnen weggenommen hat, sollen sie wiederbekommen.«

»Ja, Alexander.«

Der Griechenkönig verbeugte sich höflich vor Stateira und ihren Angehörigen. Dann wandte er sich um und schritt durch die ungeheuren Mengen an erbeuteten Waren, Pferden, Waffen, Schmuck, Getreide. Unweit des königlichen Lagers stand verlassen ein prächtiger Streitwagen. Er war ohne Pferde und Plünderer hatten einen wundervollen Umhang achtlos darüber geworfen. Auf dem Boden lag noch ein Pfeilköcher, mit purem Gold verziert. Die sorgsam gefertigten Pfeile waren überall auf dem Boden verstreut. Alexander fuhr mit der Hand langsam über den kostbaren Stoff. Mikail trat leise neben ihn, und als ihn Alexander bemerkte, wandte er seinen Kopf nach ihm.

»Er gehörte Dareios«, bemerkte Mikail, »er hat ihn auf seiner Flucht zurückgelassen.«

Alexander nickte.

»Mikail, sorg dafür, dass dieser Kampfwagen, Bogen und Köcher und dieser Mantel in mein Zelt geschafft werden.«

Mikail gehorchte.

5

Als sich die Dämmerung über das Schlachtfeld senkte, verschwand allmählich auch der Staub in der Luft. Dareg schlich langsam umher und sah sich um. Was er sah, war entsetzlich.

So viele tote Krieger, Perser und Griechen, lagen da. Es stank furchtbar, und er musste aufpassen, wohin er trat, denn überall waren große Blutlachen. Er sah Frauen und Sklaven der Perser, die hastig nach Verwundeten suchten. Dareg sah auch zahlreiche Griechen, die genauso nach ihren Gefährten und Freunden suchten. Wenn sie einen Toten fanden, knieten sie nieder und schämten sich nicht, um ihn zu weinen. Dann hüllten sie den Leichnam in Leinentücher, um ihn in das Lager zurückzutragen.

Dareg verspürte auf einmal großen Durst. Sein Wasserbeutel war leer und er wollte ins Lager zurück, zu Mikion und Lea. Und zu Melissa. Ringsum lagen griechische Schilde auf dem Boden, dazwischen zahlreiche Sarissen, die meisten abgebrochen oder zersplittert. Unter einem uralten Olivenbaum lagerten eine Reihe verletzter Hopliten. Als er näher kam, winkten sie ihm und streckten ihre Hände nach ihm aus.

»Durst«, baten sie. »Wir haben Durst, bitte, bring uns zu trinken.«

Dareg schüttelte den Kopf.

»Aber ich hab selbst kein Wasser«, murmelte er, doch die Männer bettelten weiter.

»Junge, bitte, bring uns zu trinken.«

Einige der Hopliten hatten schlimme Wunden. Meist an den Beinen, wo die Perser sie mit ihren Pfeilen oder Speeren getroffen hatten. Dareg sah einen Griechen, dessen ganzer Arm in einen Umhang gewickelt war. Das Blut durchtränkte bereits den Stoff. Er sah blass und elend aus und sein schwarzes Haar war nass geschwitzt. Er und weitere Krieger waren über und über mit Schlamm bedeckt. Als Dareg näher trat, war er sich sicher, dieses Gesicht zu kennen. Ein weiterer Krieger neben ihm, schon älter, tupfte dem Jüngeren mit einem Tuch die schweißnasse Stirn. Auch er war schmutzbedeckt. Als Dareg stehen blieb, blickte er auf.

»Dareg, der Sohn des Euklid!«, murmelte der Hoplit erstaunt.

»Euphiletos«, stammelte Dareg, »aber… aber was machst du hier? Und das ist ja Kallimachos!«

Jetzt erinnerte er sich an den Namen des Kriegers. Ja, er kannte den jungen Mann vor sich. Kallimachos. Bis sein Vater gestorben war, waren sie fast Nachbarn gewesen. Dareg trat näher und Euphiletos erhob sich und legte ihm die Hand auf die Schulter.

»Was machst du hier, Junge?«

»Ich diene als Kundschafter. Heute Morgen haben wir die Perser entdeckt.«

Euphiletos nickte nur.

»Die Götter haben es gut mit uns gemeint«, begann Euphiletos, nachdem er sich von der ersten Überraschung erholt hatte, »aber in einer Schlacht werden immer Wunden geschlagen.«

Er sah auf den jungen Kallimachos neben sich, der blass auf dem Boden kauerte.

»Ja, wir haben gesiegt, aber jetzt haben wir Durst«, sagte ein weiterer Krieger.

Dareg verstand.

»Haltet noch ein wenig aus, ich komme gleich wieder«, versprach er. »Ich bringe euch Wasser.«

Er sammelte so viele Wasserbeutel ein, wie er tragen konnte, und dann eilte er los. Hier am Rand des Schlachtfelds war der Boden voller Löcher, in denen sich schlammbraunes Wasser gesammelt hatte. Aber das war schmutzig und Dareg blickte sich um. Dort drüben stieg der Boden etwas an. Er sah eine Menge Spuren vor sich auf dem Boden. Pferde waren hier in einer Gruppe gegangen. Ob Perser oder Griechen darauf gesessen hatten, ließ sich im Moment nicht feststellen. Als Dareg diesen Spuren vorsichtig folgte, sah er vor sich eine Gruppe Pferde weiden. Tatsächlich hatten die durstigen Tiere Wasser entdeckt. Da lag ein kleiner Teich. Dareg trat ans Ufer und blickte sich um. Es war niemand zu sehen. Nur große Schwärme von Raben kreisten über ihm, so wie sie es schon den ganzen Tag über dem Schlachtfeld getan hatten. Ihr Geschrei war laut. Dareg kniete nieder und schöpfte mit einer Hand Wasser. Er schnupperte dran. Es stank nicht. Da probierte er einen Schluck. Das Wasser schmeckte kühl und frisch. Er legte sich auf den Bauch und trank, bis er genug hatte. Dann nahm er die Wasserbeutel und füllte sie alle der Reihe nach. Hier am Boden lagen noch weitere. Sie waren alle leer. Er sammelte auch diese ein und füllte sie. Die Rabenschwärme kreisten nun weiter nördlich und das Geschrei wurde allmählich leiser.

Und da hörte er ein Geräusch.

Ein Stöhnen, ganz leise nur. Dareg griff nach seiner Schleuder und hob einen Stein vom Boden auf, so groß wie eine Walnuss. Dann, ganz langsam und vorsichtig, schlich er näher an ein dichtes Gebüsch, von dem er glaubte, dass von hier das Geräusch kam. Er musste um das Grün herumschleichen. Da sah er ihn. Es war ein Perser. Er lag auf dem Rücken unter einem Baum und schien verletzt zu sein. Als der Krieger ihn sah, richtete er sich auf und griff nach seinem Schwert. Dareg blieb stehen und hob drohend seine Schleuder. Wenn er mich angreift, werde ich ihm den Stein aufs Knie schleudern. So standen sie sich eine Weile stumm gegenüber. Dareg, seine Schleuder in der Hand, der Perser mit zerrissenem Gewand, beide Beine blutig und schmutzig, die Füße nackt. Seine Hand, mit der er das Schwert fest hielt, zitterte.

Da machte der Krieger Zeichen und Dareg verstand. Auch er hatte Durst und war so schwer verletzt, dass er nicht bis zu dem kleinen Teich kriechen konnte. Dareg stellte fest, wie jung der Mann war. Kaum älter als Kallimachos. Hatte er zu Hause auch eine Familie, eine Mutter, die sich Sorgen um ihn machte, einen Vater oder Onkel, Geschwister, vielleicht eine Braut? Der Mann tat ihm auf einmal Leid und darüber wunderte er sich. War er nicht einer der vielen Feinde, die sie aufgespürt und in einer gewaltigen Schlacht besiegt hatten?

»Ich bring dir was zu trinken«, sagte Dareg.

Er wusste nicht, ob ihn der Perser verstand. Als er seine Schleuder sinken ließ, fiel der Stein darin auf den Boden, und das sah der Perser. Da lächelte er auf einmal und ließ sein Schwert auf den Boden sinken. Erschöpft sank er zurück und schloss seine Augen. Dareg griff nach einem Wasserbeutel und trat vorsichtig näher. Eigentlich brauchte er sich nicht zu fürchten, denn der Krieger vor ihm machte ihm keine Angst. Er kniete neben ihm nieder und reichte ihm das Wasser. Der junge Krieger schlug die Augen auf, griff zitternd nach dem Wasser. Er trank lang und gierig und das meiste verschüttete er. Dann wollte er Dareg den Beutel wiedergeben, aber der schüttelte nur den Kopf.

»Behalt ihn.«

Wieder wusste er nicht, ob der Perser ihn verstehen konnte. Dann wandte er sich um und lief mit den anderen Beuteln zurück, den Hang hinunter zu den Bäumen. Zuerst gab er Euphiletos und Kallimachos. Die anderen Beutel verteilte er unter den übrigen verwundeten Griechen. Sie nickten ihm dankend zu und tranken dann das kühle Wasser, als sei es der köstlichste Wein. Dareg trat zu Kallimachos und Euphiletos zurück.

»Ich hol noch neues Wasser und dann machen wir uns auf den Heimweg.«

Die Männer nickten und Dareg lief erneut den Weg zu dem kleinen Teich zurück. Die letzten Schritte ging er langsam und vorsichtig. Erneut holte er seine Schleuder hervor. Was, wenn ihm der Perser jetzt auflauerte? Vorsichtig schlich er näher. Der Platz unter dem Baum war leer. Auf dem sandigen Boden schimmerten noch ein paar Blutflecken. Dareg ließ seine Schleuder sinken. Dann sah er auf einem Felsblock das Schwert des Feindes liegen. Er lächelte, ging hin und nahm es in die Hand.

»Mögen die Götter dich auf deinem Weg nach Hause beschützen, so wie sie dich auch in der Schlacht beschützt haben«, murmelte er.

Er füllte alle Wasserbeutel neu, steckte sich zuletzt das Schwert des Persers in den Gürtel. Dann half er Euphiletos und zusammen mit den erschöpften Griechen machten sie sich gemeinsam auf den Weg zurück ins Lager.

6

Die Freude über den gewaltigen Sieg war groß, obwohl Dareios entkommen war. Mutige Krieger seiner Leibgarde, genannt die »Unsterblichen«, hatten sich dem verfolgenden Alexander in den Weg gestellt. Wie die Löwen hatten sie den Rückzug ihres Großkönigs verteidigt. Für Alexander wäre es beinahe schlimm ausgegangen, wäre nicht Parmenios seinem König gefolgt. Als die Perser den griechischen Strategen und seine Reiter erkannten, flüchteten sie endgültig. Alexander war voller Zorn darüber, dass er den Perserkönig nicht zum Kampf fordern konnte, während er an der Spitze seiner Reiter ins Lager zurückkehrte.

Seine siegreichen Griechen bereiteten ihm einen großen Empfang. Sie jubelten und schrien dabei seinen Namen immer wieder. Alexander befahl ein großes Dankopfer anlässlich ihres Sieges. Er ritt zu seinem Zelt zurück, badete und ließ sich die schmerzenden Knochen massieren. Dann, spät am Abend, kam eine persische Delegation zu ihm. Sie waren unbewaffnet und baten darum, alle Toten und Verwundeten bergen zu dürfen. Dies erlaubte ihnen Alexander. Zugleich wollten sie im Namen ihres Königs um ein Ende des Krieges verhandeln. Das jedoch lehnte Alexander ab.

»Sie wollen um einen Frieden zwischen Griechenland und dem Persischen Reich verhandeln«, meinte Mikail, als sie alle spät in der Nacht in Leas Zelt um ein Feuer versammelt waren.

Er erzählte, dass Alexander den fliehenden Persern nachsetzen wollte, um sie endgültig zu schlagen. Sobald die Griechen sich von der Schlacht erholt hatten, wollte er weiter. Lea war ärgerlich gewesen, als Dareg die beiden Hopliten aus seinem Dorf mitbrachte. Sie fürchtete, nicht genug Platz zum Schlafen und zu wenig Essbares zu haben.

Dann hatte sie Kallimachos Wunde gesehen. Ein Schwerthieb hatte ihn getroffen. Das Fleisch war vom Ellenbogen bis fast zum Handgelenk aufgeschlitzt, aber die Wunde war nicht sehr tief. Trotzdem hatte Kallimachos stark geblutet. Lea reinigte den langen Schnitt, goss erst Essig, dann Wein darauf und begann zuletzt, mit einem feinen Seidenfaden und einer Fischgräte, die sie als Nadel benutzte, die Wunde wieder zuzunähen. Dann schmierte sie eine grüne, aromatisch duftende Paste darauf und umwickelte alles mit einem Streifen aus Leinenstoff. Gemeinsam trugen sie den Verletzten auf einer Decke unter die Bäume. Sie hofften, dass er kein Fieber bekam. Euphiletos wollte bei ihm bleiben und sich um ihn kümmern. Melissa holte derweil Wasser vom Fluss und half Lea beim Kochen.

Dareg wollte sich ein wenig ausruhen. Zumindest versuchte er es, aber er war zu aufgeregt. Er hatte die ganze Schlacht von ihrem Platz oben auf der Anhöhe beobachtet und mehr als einmal geglaubt, dass die Perser sie entdecken und mit ihren berittenen Bogenschützen angreifen würden. Doch die hatten mit sich und den Griechen genug zu tun. Er hätte gern über alles geredet, aber alle waren zu sehr beschäftigt.

»Alexander will dich sehen«, sagte Mikail und trat in das Zelt.

Er sagte ihm weiter, dass er sich waschen solle, denn Alexander mochte kein Blut sehen, wenn eine Schlacht vorüber war.

Dareg lief zum Fluss hinunter. Überall an den Ufern brannten große Feuer und beleuchteten das Wasser. Es war kalt, dafür aber glasklar. Die Strömung hatte die leichten Schilde der Perser und ihre Kleider davongeschwemmt. Die Griechen hatten alle Toten aus dem Fluss geborgen. Dareg merkte erst jetzt, dass seine Beine und Arme, ja selbst die Hände voll getrocknetem Blut waren. Er selbst war unverletzt geblieben. War das nun das Blut der Griechen oder auch das der Feinde?, musste er denken, während er sich mit einem rauen Stein und Sand schrubbte. Blut ist Blut, von wem es stammt, weiß ich nicht, und wenn wir gegeneinander kämpfen, haben alle dieselbe Angst und erleiden denselben Schmerz. Nachdenklich watete er wieder ans Ufer, während ringsum eine große Anzahl müder Hopliten ebenfalls ins Wasser stiegen, um sich zu waschen. Auch Euphiletos zog sich seine schlammverkrustete Rüstung aus und tauchte dann gänzlich unter. Dareg wollte ihn nicht stören.

Als er bald darauf durch das Lager auf das Zelt seines Königs zuging, konnte er bereits von weitem fröhliches Flötenspiel hören. Dazu ertönte lautes Gelächter und immer wieder die Hochrufe vieler Menschen. Kein Zweifel, Alexander feierte seinen Sieg. Es waren unglaublich viele Griechen auf den Beinen. Alle wollten Alexander huldigen. Die meisten von ihnen waren Offiziere. Unter ihnen erkannte er Mikail. Er wartete bereits vor dem Zelt auf ihn und legte ihm beide Hände auf die Schultern.

»Lass dich anschauen, wenn du vor Alexander trittst«, sagte er.

Aber er fand nichts, was ihm missfiel, und so schob er Dareg vor sich her durch den Eingang des Zeltes. Im Inneren ging es tatsächlich hoch her. Diener beeilten sich, kunstvoll angerichtete Speisen auf großen goldenen Platten herumzureichen. Wer Appetit hatte, griff zu. Da gab es die seltsamsten Leckereien und Dareg lief allein beim Anblick und den verführerischen Düften das Wasser im Mund zusammen. Überall auf dem Boden lagen prächtige Teppiche, darauf seidene Kissen, die als Sitzgelegenheiten benutzt wurden. Inmitten des Zeltes stand ein herrlicher Streitwagen. Über und über mit Gold verziert, war das ein ähnlicher Wagen wie der, mit dem Dareios die Flucht ergriffen hatte. Am Ufer des Tauros hatte er ihn zurückgelassen und war schwimmend über den Fluss gelangt. Die Perser hatten die nachrückenden Griechen mit einem dichten Pfeilhagel empfangen und daraufhin hatte Alexander die Verfolgung abgebrochen. In das Innere des Streitwagens waren viele weiche Kissen gelegt worden und darin lag Alexander ganz bequem, halb liegend, halb sitzend. Als er Dareg zusammen mit Mikail erkannte, klatschte er in die Hände und richtete sich auf. Wenige Augenblicke später war es still. Die Musik schwieg und alle blickten auf.

»Freunde!«, rief er laut.

Er deutete auf die beiden.

»Mikail, mein treuer Hauptmann und sein erfolgreicher Schüler. Dareg, der Sohn des Euklid!«

Alexander richtete sich auf seinem Platz noch ein wenig auf, bis er wie auf einem Thron saß.

»Nicht zuletzt verdanken wir diesen Sieg auch den scharfen Augen unserer Kundschafter. Und Dareg ist der Jüngste von ihnen. Komm her, komm näher!«, forderte er ihn auf, und Dareg spürte, wie ihm Mikail einen leichten Schubs gab.

Dann stand er vor dem König. Dareg fand, dass Alexander jünger denn je wirkte. Dieser Sieg war nicht sein erster, aber sicherlich sein bisher wichtigster gewesen.

»Hört, was ich zu verkünden habe«, sprach Alexander laut. »Ab heute ist der Junge mit dem Namen Dareg ein Kundschafter des Alexander.«

Ein Raunen ging durch die anwesenden Menschen. Alexander blickte ihn an, legte ihm seine Hand auf die Schulter und sprach dann erst weiter: »Du bist nun eines der vielen Augen und Ohren des Königs. Nimm das hier als Geschenk.«

Er griff mit beiden Händen an seinen Hals und streifte eine schöne goldene Kette über den Kopf, hob sie hoch, damit alle sie sehen konnten. Dann legte er sie Dareg um, nahm seinen Kopf in beide Hände und hauchte ihm einen Kuss auf die Stirn.

»Kundschafter des Alexander«, sagte er feierlich, und Dareg nickte nur, denn zum Sprechen fehlten ihm die Worte.

»Und jetzt feiere mit uns den Sieg. Iss, trink, was immer du willst. Nur vom Wein würde ich die Finger lassen, denn der ist sehr stark und ich trinke ihn heute ohne Wasser!«

Daraufhin lachten alle.

»Musik!«, rief Alexander, und augenblicklich setzten die Flötenspieler wieder ein und begannen mit ihrem Lied.

Der König wandte sich wieder seinen Offizieren zu und bald füllten sich erneut Becher und Kelche mit rotem Wein.

Nach einer Weile, das Fest war längst im Gange, trat Mikail zu Alexander. Er beugte sich zu ihm und flüsterte ihm ins Ohr. Der junge König sah auf, hob die Hand und die Musik erstarb erneut. Ein Krieger stand am Zelteingang. Er war noch jung, Dareg kannte ihn nicht.

»Komm her!«, befahl Mikail, und der Krieger gehorchte.

Er trat vor den ruhenden König und kniete vor ihm nieder.

»Wie heißt du?«, wollte Alexander wissen.

»Ursus, Herr.«

»Und woher kommst du?«

»Aus Thrakien, Herr. Ich bin Bogenschütze«, antwortete der Mann stolz.

»Ah ja, die tapferen Bogenschützen. Mikail sagte mir, du hast etwas für mich«, bemerkte Alexander.

Der Soldat nickte und legte vorsichtig ein gefaltetes Tuch vor sich und schlug es auseinander. Darauf lag ein prächtiger Helm aus vergoldeter Bronze, zusätzlich mit feinem Silber verziert. Behutsam nahm er ihn in beide Hände und legte ihn vor Alexander auf ein niedriges, kleines Tischchen.

»Woher hast du ihn?«, wollte Alexander wissen.

»Gefunden, mächtiger König.«

Der Soldat grinste wie ein Schelm übers ganze Gesicht.

»Gefunden?«

»Ja, Herr, unweit der Stelle, an der die letzten Perser sich zurückgezogen haben.«

»Das ist mein Helm. Ich glaubte ihn verloren, als ich Dareios verfolgte.«

Alexander blickte auf, hin zu Mikail.

»Das stimmt, Alexander, aber ...«, bestätigte er.

Der Offizier stockte und Alexander legte seinen Kopf ein wenig schräg.

»Was aber? Sprich, mein guter Mikail.«

»Der Kerl da hat sich euren Helm aufgesetzt und dabei habe ich ihn erwischt.«

»Aber mein König, ich wollte ihn bloß einmal aufsetzen«, versicherte der Krieger, »ich hätte ihn dir bestimmt zurückgegeben.«

Alexander blickte auf den Mann vor sich. Dann musste er auf einmal lachen und die übrigen Gäste lachten ebenfalls. Dann hob er den Arm und gebot Ruhe.

»Du hast dir also den goldenen Helm des Alexander aufs Haupt gesetzt?«

»Ja, aber bitte verzeih mir, Herr«, begann der Soldat, und er grinste noch immer ein wenig, »hab ja nicht gewusst, dass es deiner ist.«

Wieder lachten alle und auch Alexander lächelte. Er streifte sich einen Armreif von seinem Handgelenk und hielt ihn in die Höhe, sodass ihn alle sehen konnten. Der Reif war aus Gold und rundherum mit einem feinen Muster versehen.

»Der gehörte einst Dareios.«

Er sah den Soldaten an.

»Aber jetzt gehört er dir.«

Er warf dem Soldaten den Reif zu und der fing ihn geschickt auf. Ein wenig ungläubig blickte er auf seinen König. Alexander lachte über die Miene des Kriegers.

»Ja, nimm ihn nur. Ich schenk ihn dir dafür, dass du meinen Helm wieder gefunden hast.«

Der Krieger strahlte, doch Alexander schien noch nicht fertig zu sein.

»Mikail!«

»Ja, Herr?«

»Dieser Krieger hat den Helm des Alexander wieder gefunden, aber es gewagt, sich damit zu schmücken. Deshalb möchte ich, dass er bestraft wird!«

»Aber… aber…«, stammelte Ursus.

Mikail griff den Mann am Arm.

»Zehn Peitschenhiebe, Mikail! Und zwar noch heute Nacht.«

Der Hauptmann nickte und zog den Krieger mit sich aus dem Zelt. Als sie verschwunden waren, wandte sich Alexander zu seinen schweigenden Gästen.

»Was ist mit euch? Wer hat was von Traurigkeit gesagt? Musiker, spielt weiter, und du Seleukos, lass noch Wein bringen.«

7

Bald wussten es alle: Alexander wollte mit den Persern nicht um einen Frieden verhandeln. Dareios bot ihm die Hälfte des Persischen Reiches an. Alexander lehnte ab. Die Gelegenheit, seinen Feind ein für alle Mal zu schlagen, war zu günstig. Aber die Generäle um Alexander zögerten, die fliehenden Perser zu verfolgen. Das Heer würde viele Wochen und Monate unterwegs sein, und niemand wusste, ob die Griechen stark genug waren, die Feinde erneut zu schlagen. Dazu kam, dass alle Griechen für diesen Feldzug Bundesgenossen waren. So hatte Alexander sie angeworben. Er hatte es ja selbst versprochen: Wenn der Krieg gegen die Perser vorbei war, durften sie alle heimkehren. Und hatten sie Dareios etwa nicht siegreich geschlagen? War der Krieg damit nicht zu Ende? Solche Einwände machten Alexander ungeduldig. Er erinnerte in einer leidenschaftlichen Rede an Perikles, der vor langer Zeit eine Niederlage durch die Perser hinnehmen musste. Alle Griechen waren über Generationen hinweg mit dieser Schmach aufgewachsen, die der damalige Sieg der Perser hinterlassen hatte. Und jetzt, wo die Gelegenheit so günstig wie nie zuvor war, sollte man diesen Feldzug abbrechen und wieder heimkehren?

»Wohin Dareios auch geht, werde ich ihn finden und wieder schlagen, denn es kann nur einen Herrscher über die Welt geben, und das bin ich, Alexander von Griechenland.«

Als Alexander seine Rede vor seinem Heer beendet hatte, waren sie bereit, ihm zu folgen. Damit war es auch an der Zeit, es für den Weitermarsch zu rüsten. Beschädigte Waffen wurden ausgebessert und neue angefertigt. Tag und Nacht glühten die Holzkohlenfeuer und die Waffenschmiede fertigten neue Speer- und Pfeilspitzen. Im Zeltlager der Griechen entstanden über Nacht ganze Gassen, wo neue Schwerter angefertigt und geschärft, Rüstungen und Helme ausgebessert wurden. Die meisten Hopliten reparierten ihre Schilde selber oder bemalten sie neu. Jeder Krieger, der seine Beinschienen in der Schlacht verloren hatte, sollte auf Alexanders Befehl ein paar neue erhalten. Außerdem ordnete Alexander an, dass kein Krieger mehr barfuss in die Schlacht ziehen durfte, sondern Sandalen tragen sollte. Euphiletos erhielt vom Hauptmann seiner Phalanx einen neuen Helm. Ein besonders schönes Exemplar mit langen, seidigen Pferdehaaren. Er stammte von einem Gefallenen. Da nach dem Glauben der Griechen gefallene Krieger als Helden an der Seite der Götter saßen, brauchten sie keinen Helm mehr, denn ein Held war unverwundbar. Euphiletos beschloss aber, weiterhin den geborgten Helm seines Nachbarn Polemos zu tragen. Immerhin hatte er ihm bisher Glück gebracht.

Bei ihrer überstürzten Flucht hatten die Perser Herden mit Rindern, Ziegen und Schafen zurückgelassen. Dazu Kamele und Pferde in großer Zahl. Sogar Kriegselefanten, die ständig von Neugierigen umlagert waren. Alle diese vielen Tiere waren Beute der Griechen geworden und weideten nun rings um das große Lager. Alexander befahl, einen Großteil der Tiere in der nahen Stadt Issos gegen Lebensmittel einzutauschen. Für das Heer benötigten sie Olivenöl in großen Krügen, Trockenfleisch und vor allem Getreide. Das alles war leichter zu transportieren als die zahlreichen Viehherden. Zumal niemand wusste, ob sie bei ihrem weiteren Marsch genug Gras und Wasser für das Vieh finden würden. Die Pferde und Kamele und vor allem die Elefanten wollte man behalten. Sie sollten ab sofort im griechischen Heer eingesetzt werden.

Trotzdem, höchstens eine Woche wollte Alexander unweit von Issos bleiben. Wenig Zeit für die Verwundeten, gesund zu werden, genug Zeit, um einmal den Markt in der Stadt zu besuchen. Dareg wollte unbedingt dorthin. Es war lange her, seit er das letzte Mal auf einem Markt gewesen war. Mikail war bereit, ihn zu begleiten. Sehr gerne hätte Dareg auch Melissa dabei gehabt, aber Mikail wehrte lachend ab.

»Dareg, kein braves Mädchen geht auf den Markt. Merk dir, ein Grieche schickt höchstens seine Sklaven dorthin, wenn er nicht selbst gehen mag.«

Mehr sagte er dazu nicht, denn genau so war es.

So wanderten sie los. Bis zur Stadt war es nicht weit und auf dem Weg dorthin begegneten sie unzähligen Hopliten, die wie sie auch nach der Schlacht Zerstreuung suchten. Als sie durch die engen, belebten Gassen von Issos schritten, war der Lärm zahlreicher Menschen zu hören. Den größten Teil der Agora nahm der Töpfermarkt ein. An diesem Morgen gab es kaum noch ein Durchkommen, so voll war es bereits. Man sah Händler von überall her. Viele bahnten sich zusammen mit den Besuchern einen Weg. Ihre Ware hatten sie zu kunstvollen Gebilden zusammengeschnürt und trugen diese Last auf dem Kopf. Zusätzlich wimmelte es von Kriegern, die versuchten, Helme und Waffen, persische Wolle oder Seide und Schmuckstücke aus der Kriegsbeute anzubieten.

Dareg hatte nur einen Moment lang nicht aufgepasst und Mikail prompt aus den Augen verloren. Aber das machte nichts, verloren gehen konnte er hier nicht. Irgendwann würden sie sich wiederfinden und wenn nicht, der Weg aus der Stadt hinaus zurück ins Heerlager war ja nicht weit und leicht zu finden. Was ihn mehr störte, waren die zahlreichen Menschen, die ihn schubsten oder gleich anraunzten, doch besser aufzupassen, wenn er einem Lastträger oder einem Herrn mit seinem Leibsklaven im Weg stand.

Das Gedränge war unangenehm, aber die Gerüche versöhnten ihn wieder. Die Luft duftete alle paar Schritte geradezu atemberaubend: Hier nach frischem Brot, frischen Ölen oder dort gar nach Rosenwasser. Und was es dabei alles zu sehen gab! Da reihten sich Stände mit Fischen neben solchen, wo es würzigen Käse, schwarze Oliven in Salzlake oder grüne in Öl gab. Dann folgten die Weinstände, die jungen Wein zum Trinken und reifen Wein für Essig anboten. Dareg schritt weiter. Zahlreiche Obst- und Gemüsehändler hatten große Schilfmatten auf dem Boden ausgelegt und darauf türmten sich ganze Hügel aus frischen Granatäpfeln, getrocknete Trauben, frische und gedörrte Oliven und natürlich Getreide. Dazu gab es auch einen Viehmarkt mit Ochsen, Eseln, Schafen und Ziegen, Hühnern und Gänsen, Tauben und Enten. Und in all den Lärm mischten sich noch die zahlreichen Gaukler und Possenreißer, die Geschichtenerzähler und Sänger, die zahlreichen Straßenhändler, die kalten Gerstenbrei mit Minze oder Thymian gemischt in kleinen Tonschüsseln anboten oder Fischsoßen, die einen unglaublichen Geruch verbreiteten. Dazwischen immer wieder Verkäufer mit den interessantesten Waren: Frische Honigwaben, Schöpf- und Rührlöffel aus geschnitztem Olivenholz oder Feuersteine zum Anschlagen von Funken. Dareg wusste gar nicht, wohin er zuerst schauen, geschweige denn gehen sollte. Er fand alles interessant und aufregend.

Er kaufte sich eine Hand voll Rosinen und begann, sie zu knabbern. Und während er das tat, schlenderte er weiter. Dann musste er wieder einmal anhalten, weil eine dichte Menschenmenge vor ihm stand. Sie umstand einen Töpferstand. Der Händler und zugleich Handwerker war ein drahtiger, braun gebrannter Mann mit einem schwarzen Haarschopf und einem ebenso schwarzen Kinnbart. Stolz zeigte er den Neugierigen eine Besonderheit, die alle sehen wollten: Amphoren, aus besonders dickem Ton gebrannt und innen glasiert. Doch sie waren nicht sehr groß, kaum länger als ein Ellenbogen, und so schlank, dass man sie mit zwei Händen gerade umfassen konnte. Diese Amphoren, so versicherte der Händler, brauchte man einfach nur ins Wasser stecken. Der Ton saugte sich dann voll wie ein frischer Schwamm. Wenn man die Amphore dann in den Schatten stellte, begann das Wasser zu verdunsten, und was immer in dem Gefäß war, Wasser, Essig oder Wein, wurde angenehm kühl. Der Töpfer ließ die Neugierigen einen Schluck Quellwasser aus seiner Amphore kosten, und danach konnte es kaum jemand erwarten, diese Neuheit zu kaufen. Bezahlt wurde in Münzen. Fast alle Leute bewahrten kleine Geldstücke im Mund unter der Zunge auf. Wollte jemand seinen Einkauf bezahlen, spuckte er die Münzen einfach in seine Hand und gab sie dem Händler.

Dareg hielt sein Geld lieber in seiner Faust und schlenderte weiter. Auf diesem Markt gab es auch Sklaven. Er staunte, was für Gestalten angeboten wurden. Eunochios, der größte Händler weit und breit, hatte neue Sklaven, die er erstmals anbieten wollte. Es waren Barbaren! Gleich ein Dutzend von ihnen warteten an seinem Stand, jeder mit einem Strick um den Hals an einen Pfahl gebunden. Die Griechen bezeichneten alle Nichtgriechen als Barbaren. Aber diese hier waren ganz anders. Es waren nur Männer, alle sehr kräftig, mit stolzen Gesichtern, ihre Haut heller als die der Griechen oder gar der Perser, dabei nur sanft gebräunt. Ihr Haar war fast goldfarben und sie trugen es lang und glatt, meist zu Zöpfen gebunden. Es hieß, diese Männer stammten von weit her, noch weiter als die Gegenden jenseits der Berge. Sie selbst nannten sich Kelten und hausten in armseligen Hütten aus Holz und Stroh inmitten undurchdringlicher Wälder. Dareg schüttelte es bei dieser Vorstellung. In einem finsteren, kalten Land in einem ebenso finsteren Wald zu hausen, stellte er sich wahrhaftig barbarisch vor.

Dann gelangte er an einen Schmuckhändler, und dessen Stand war ebenfalls so dicht umlagert, dass er sich zwischen den Menschen durchdrängen musste. Die meisten Schaulustigen waren Männer, viele von ihnen Hopliten, die erbeuteten Schmuck tauschen wollten. Es waren aber auch ein paar junge Mädchen da, meist in Begleitung ihrer Mütter oder Haussklavinnen. Was es da alles gab! Dareg konnte nur staunen. Kämme aus gesägtem Horn, manche mit Gold oder Bronze verziert, schöne Haarreifen und Haarspangen. So eine Spange müsste in Melissas langem dunklem Haar wunderbar aussehen. Melissa! Dareg war klar, dass er nicht in das Lager zurückkehren konnte, ohne ihr etwas mitzubringen. Heute Morgen hatte er von Nestor seinen ersten Sold bekommen. Er war so stolz gewesen, aber noch stolzer war er jetzt bei dem Gedanken, für Melissa etwas zu kaufen. Je länger er darüber nachdachte, umso stärker wurde sein Herzklopfen.

Endlich war er in der ersten Reihe der Schaulustigen angekommen. Aufmerksam studierte er das Angebot. Den Preis nannte der Händler immer dann, wenn man auf das Teil zeigte. Doch jeder, der es wagte, ein Schmuckstück in die Hand zu nehmen, musste damit rechnen, einen Stockhieb auf die Finger zu bekommen. Für den Schmuckhändler war es die einzige Möglichkeit, sich vor Dieben zu schützen.

»Nun, was willst du?«, fragte der Mann ein wenig ungeduldig, und Dareg musste genau hinhören, denn sein Griechisch war nicht leicht zu verstehen.

»Die Spange da«, sagte Dareg und deutete mit dem Finger darauf.

Sogleich hob der Händler drohend seinen Stock.

»Diese?«, wollte er wissen, zeigte mit dem Stock auf die Spange und Dareg nickte.

»Ja, genau diese.«

»Hast ein gutes Auge. Das ist meine Schönste«, entgegnete der Mann und die umstehenden Interessenten begannen sogleich zu lachen.

Ein stämmiger Hoplit neben Dareg sagte: »Das hast du zu mir auch gerade gesagt!«

»Genau wie zu mir«, sagte ein anderer, und Dareg erkannte in ihm einen Bogenschützen.

»Das kommt daher«, entgegnete der Händler gleichmütig, »dass ich nur gute und schöne Ware habe.«

Wieder mussten die Menschen ringsum lachen. Der Händler kümmerte sich nicht darum, sondern blickte Dareg geradewegs ins Gesicht.

»Zehn Drachmen will ich dafür.«

Das war nicht wenig, musste Dareg denken, und es würde fast seinen ganzen Sold betragen. Die Männer ringsum protestierten leise. Einer der Hopliten beugte sich zu ihm. »Lass dich nicht übers Ohr hauen, Junge. Zehn Drachmen für eine einfache Haarspange sind viel zu viel.«

»Einfach? Diese Haarspange ist einfach, sagst du?«, schnaubte der Händler erbost. »Grieche! Mach deine Augen auf. Die Göttin Hera selbst könnte diese Spange tragen, so schön wie sie ist.«

»Wen meinst du jetzt in seiner Schönheit, Hera oder die Spange?«, fragte der stämmige Hoplit ganz treuherzig, und alle mussten lachen.

Jetzt lief das Gesicht des Händlers rot an. Er wollte etwas

antworten, aber der Krieger blaffte ihn nun an: »Lästere ja nicht über unsere Götter, mach lieber einen anständigen Preis!«

»Das ist ein anständiger Preis, Thebaner!«, schnauzte der Händler zurück und meinte dann: »Was mischt du dich überhaupt ein?«

»Weil es mir Freude macht, deshalb. Und noch was: Ich bin aus Athen und nicht aus Theben. Merk dir das!«

Der Händler wollte wenigstens darauf antworten, holte tief Luft, als eine andere Stimme laut dazwischenging.

»Halt! Dieser Junge kann selbst entscheiden, denn er ist einer der Kundschafter des Königs«, sagte eine Stimme bestimmt.

Alle schwiegen und sahen nach dem Sprecher. Da stand Mikail, die muskelbepackten Arme vor seiner Brust verschränkt, und respektvoll wichen die Leute ein wenig zurück. Fast alle kannten den Hauptmann der Leibgarde. Genauso respektvoll blickten sie nun auf Dareg, der noch immer vor dem breiten Stand des Schmuckhändlers stand. Der blickte dieses Mal neugierig und durchaus anerkennend auf ihn.

»Ist das wahr? Du bist einer von Alexanders Kundschaftern?«

»Ja«, entgegnete Dareg, ein bisschen stolz, »ja, das ist wahr.«

Die Menge ringsum raunte leise.

»Dann ist die Spange sicher für deine Schwester, nicht wahr?«, wollte der Schmuckhändler wissen.

Doch Dareg schüttelte den Kopf.

»Doch nicht etwa für deine Freundin?«

»Aber warum denn nicht?«, fragte Dareg zurück, und da begannen die Umstehenden wieder, laut zu lachen.

»Genau«, riefen sie, »warum nicht?«

Da musste auch der Händler lachen, und er hob beide Hände, als ob er sich geschlagen gebe.

»Also gut, einem Kundschafter Alexanders gebe ich die Spange zu einem Sonderpreis. Drei Drachmen.«

Dareg nickte. Das war in Ordnung und er bezahlte. Der Mann nahm die Spange und gab sie Dareg. Sie war wirklich schön. In der Form beinahe so rund wie ein Hoplitenschild, an zwei Seiten ein wenig spitz zulaufend und aus Bronze.

Er nahm sie und kehrte mit Mikail ins Heerlager zurück.

8

Der Winter rückte immer näher, aber wenn die Sonne schien, so wie an diesem Tag, war es noch immer angenehm warm.

Dareg wollte an den Fluss zum Baden. Er fragte Melissa, ob sie ihn nicht begleiten wollte. Erst zögerte sie und er ahnte warum: Melissa konnte nicht schwimmen, denn das lernte ein Mädchen in jener Zeit nicht. Warum auch? Das brauchte sie nicht. Ein Mädchen ging nur an den Fluss, um Wäsche zu waschen oder Wasser zu holen. Schwimmen war etwas für die Fische. Als Dareg ihr sagte, dass sie so lange auf seine Kleider aufpassen konnte, nickte sie zum Einverständnis.

So brachen sie auf. Mikion schien genau zu wissen, wohin sein Herr wollte, und konnte sich vor lauter Übermut kaum fassen. Er schwänzelte immer wieder um die beiden herum, stob dann eine kurzes Stück Weg davon, bremste mitten im Lauf plötzlich ab, das es um seine Pfoten herum nur so staubte und jagte dann übermütig zu Dareg und Melissa zurück. Der tätschelte seinem Gefährten das Fell, aber Mikion war immer erst zufrieden, wenn auch Melissa dies tat. Erst dann tobte er wieder davon.

Seit Dareg Melissa kannte, hatte sie noch immer kein Wort gesprochen. Lea hatte Dareg erklärt, dass Melissa keineswegs immer stumm gewesen war. Sie hatte sehr wohl einmal sprechen können. Als er wissen wollte, woher sie das so genau wusste, war Lea nur sehr ernst geworden und hatte ihn lange angeschaut.

»Zu Beginn des Feldzuges habe ich sie in einem Dorf bei Theben gefunden. Die Bewohner weigerten sich, Alexander zu huldigen. Da hat er es niederbrennen lassen und alle Bewohner verjagt oder erschlagen. Sie war die Einzige, die noch da war und niemand kümmerte sich um sie. Sie stand einfach da, inmitten der Trümmer des zerstörten Dorfes. Seitdem ist sie stumm.«

Diese Worte hatten Dareg nachdenklich gemacht. Er sah in dem jugendlichen Herrscher einen Mann, der einer Idee folgte, mit der er andere zu begeistern wusste. Deshalb folgten sie ihm. Deshalb war auch er selbst, Dareg, Teil seiner Idee. Doch der Gedanke, dass es Alexander war, der Melissas Heimat zerstört hatte und für ihren Zustand mitverantwortlich war, verwirrte Dareg. Aber was konnte er tun? War Alexander nicht ein Liebling der Götter?

Mikion gehorchte Melissa seltsamerweise. Obwohl sie kein Wort sprach, schien er alle Wünsche zu spüren. Dareg war sicher, das lag daran, wie sie lächelte. Wenn sie das tat und ihn, Dareg, dabei ansah, spürte er, wie es in seinem Bauch kribbelte. Mikail sagte, das sei nicht der Bauch, sondern das Herz, das vor Freude ein wenig hüpfte. Wenn sie sogar fröhlich lachte, musste jeder in ihrer Umgebung mitlachen. Sogar Lea lachte dann, aber das konnte auch daran liegen, das Mikail sie oft besuchte, während sie Euphiletos und Kallimachos pflegte. Der Hauptmann besuchte sie ja nur, um nach seinem Schüler Dareg zu sehen. Aber alle wussten längst, warum er wirklich fast jeden Abend mit ihnen zusammen aß und danach den Geschichten von Euphiletos lauschte. Er war dann in Leas Nähe.

9

Die gewonnene Schlacht von Issos ließ den Bewohnern der zahlreichen Städte entlang der Meeresküste keine andere Wahl: Sie ergaben sich und verhinderten damit, dass ihre Heimat besetzt und geplündert wurde. So wechselten im Laufe des folgenden Jahres die reichen Gegenden Syriens wie auch die wohlhabenden Städte Arados, Biblos und Sidon auf die Seite der Griechen.

Nachdem es tagelang heftig gestürmt hatte und der Regen nicht enden wollte, war dies der erste warme Tag seit langem. Die Luft dampfte, genauso wie die Erde, die noch schwer und feucht von den tagelangen Regengüssen war. Es war so schwül wie zu Beginn des Feldzugs im Frühsommer und sehr warm für die herbstliche Jahreszeit. Alexander ließ seit seinem großen Sieg die Seher nach dem Wetter der nächsten Tage befragen. Würde es so warm bleiben oder war der milde Herbst endgültig zu Ende? Zogen die ersten Winterstürme bereits über das Meer und brachten erneut kalte und tagelange Regengüsse? Er hoffte, dass es noch nicht so weit war. Dann würde der Weitermarsch mühsam werden. Wenn es zu regnen begann, würden die Krieger nicht mehr so schnell marschieren können. Aber es gab noch weitere Fragen: Wie lange würden ihre Vorräte reichen? Gab es auf ihrem Vormarsch Gegenden, in denen genug Menschen lebten, die das Heer der Griechen mit Vorräten versorgen konnten? Gab es da, wo sie hinwollten, überhaupt genug zu essen? Diese und weitere Fragen mussten Alexanders Generäle beantworten. So schickten sie ständig Kundschafter aus.

Alexander lag in seinem Zelt auf einer prächtigen Liege, bequeme seidene Kissen in seinem Rücken. Er dachte nach, und während er das tat, betrachtete er seine prächtige Rüstung, die vor ihm aufgebaut war. Einer der Schmiede hatte ihm seinen Helm gerichtet. Er war nun wie neu und zugleich prächtiger als vorher. Über der Bronze waren Verzierungen aus feinem Gold getrieben, an den Seiten mit je einem Löwenkopf verziert. Geschmückt war er mit einem langen Schweif aus Pferdehaaren und jedes von Alexanders kostbaren Reitpferden musste dafür das längste Haar aus seinem Schweif opfern. So kamen genau einhundert Haare als prächtiger Schmuck zusammen. Daneben hing das prächtige Fell eines Leoparden. Hephaistion hatte es ihm geschenkt. Angeblich stammte es von Dareios, der dieses Fell auf seiner Flucht verloren hatte. Der Brustpanzer, den sein Leibdiener mit etwas Öl poliert hatte, bis all die Verzierungen aus Bronze und Gold nur so glänzten, hing ebenfalls dort.

Alexander richtete sich auf seinem Lager auf und strich wie in Gedanken mit der Hand über seine prächtige Rüstung, berührte die glatte Bronze und fuhr über das lange Haar des Helms. Er hatte nachgedacht. Sollte er sich eine Frau suchen und heiraten? Es musste ja keine Prinzessin sein. Dann aber stellte er sich vor, wie er als König in seinem Palast lebte, und der Gedanke gefiel ihm gar nicht. Das würde ihm bald langweilig werden. Was ihn wirklich interessierte, war der Krieg, weitere Eroberungen, der Marsch bis nach Persien. Er nickte für sich. Ja, er wollte weiterziehen. Für alle Zeiten sollte den Persern der Appetit vergehen, jemals wieder einen anderen

Herrscher anzuerkennen als ihn, Alexander. Er würde sie nicht nur ein für alle Mal schlagen, sondern er wollte mehr. König von Asien. So nannten die Menschen die Gegend, zu der das große Perserreich genauso gehörte wie Ägypten und das ferne Indien.

Oh, beim mächtigen Zeus. Indien! Das war das Reich der Sehnsüchte. Noch nie war ein griechischer König so weit gekommen. Dabei kamen all die Zeit immer wieder Waren aus diesem fernen Land. Seide, Gewürze, Pfauenfedern und so prächtige Felle wie dieses hier, aber auch von Tigern und Löwen, Panthern und Geparden. Und all diese Länder zusammen waren um ein Vielfaches größer als ganz Griechenland, behaupteten seine Generäle. Alexander war sicher, dass sie Recht hatten. Er wollte Städte gründen, in jedem Land, dass er unterwarf. Ja, viele große, prächtige Städte. All diese Orte sollten dann seinen Namen tragen und in jedem Land sollte es nur eine Sprache und ein Gesetz geben: das der Griechen. Für diese Idee würde er kämpfen.

Alexander erhob sich von seinem bequemen Lager. Er hatte keine Lust mehr, Wein zu trinken, Trauben zu kosten und darauf zu warten, dass sich die Krieger erholten. Und er hatte auch keine Lust mehr, hier zu sitzen und zu grübeln. Er wollte Dareios nachsetzen, immer dem geschlagenen Heer der Perser nach. Er würde sie stellen und mit seinen Kriegern auch den Rest schlagen. So wie er vor kurzem auch die Stadt Tyros geschlagen und besiegt hatte. Er musste lachen, als er daran dachte. Deren Bewohner wollten Alexander zwar als Herrscher anerkennen, aber nicht in ihrer Stadt willkommen heißen. Was glaubten diese Krämerseelen eigentlich? Die Bewohner der Stadt fühlten sich sicher, denn sie lag auf einer Insel und wurde durch mächtige Verteidigungsanlagen und sogar eine Kriegsflotte geschützt. Die Bewohner verhöhnten ihn: Selbst der große König Nebukadnezar von Babylon hatte Tyros einst dreizehn Jahre lang belagert und nicht einnehmen können.

Alexander befahl, die gut befestigte Stadt anzugreifen. Die Tyrener verteidigten sich mit großem Mut. Zugleich waren sie sicher, dass ihnen die Karthager zu Hilfe kommen würden. Doch die trauten sich nicht und ließen die Stadt im Stich. Alexander ließ einen gewaltigen Steindamm aufschütten, der die Insel mit dem Festland verband. Dadurch gelang es seinen Kriegern, schwere Schleudermaschinen und Rammen heranzuschaffen, in die Stadt einzudringen und sie zu erobern.

Nein, er hatte keine Lust mehr, hier zu sitzen und nachzudenken. Jetzt wollte er schwimmen gehen. Das Wasser im nahen Fluss sah kalt aus, aber es würde ihn erfrischen.

»Ilias!«, rief er, und sogleich stand sein persönlicher Diener vor ihm. »Alexander, mein König und Herr?«

»Ich will an den Fluss zum Baden!«

»Sehr wohl, mein König. Die Leibgarde steht bereit und …«

»Lass die Leibgarde, wo sie ist, ich gehe allein«, unterbrach ihn der König.

»Aber Alexander«, stammelte der Diener, und dann fragte er, ob er seinen Herrn und König begleiten dürfe.

»Natürlich, jemand muss ja meine Kleider hüten«, lachte Alexander.

Er reckte und streckte sich, schnürte seinen Gürtel fester und wollte sich die Sandalen schnüren. Doch Ilias kniete gleich neben ihm nieder und tat es für ihn.

»Mein guter Ilias, was täte ich ohne dich«, sagte Alexander und sah auf seinen Diener herab.

Der antwortete nichts, lächelte nur und band ihm die Sandalen zu. Alexander wandte sich zum Gehen.

»Einen Mantel Herr, nach dem Bad kann es kühl werden«, erinnerte der Diener, aber wieder lachte Alexander nur.

»Ich bin doch kein Mädchen, das leicht friert. Nun mach schon!«

Ilias griff nach einer Lanze, denn ganz ohne Waffen wollte er seinen Herrn nicht begleiten. Dann traten sie aus dem Zelt. Die Leibwachen des Königs, die rund um sein Zelt lagerten, immer darauf wartend, ob Alexander sein Pferd bestieg oder seinen Streitwagen, sprangen auf. Doch Alexander winkte ab und die Männer sahen sich an. Sie zögerten. Was sollten sie tun? Auch Ilias schüttelte nur den Kopf und folgte seinem Herrn. So gingen sie allein den Weg durch das Lager, und alle, die Alexander sahen, erhoben sich und grüßten respektvoll den König der Griechen. Als die beiden nicht mehr zu sehen waren, trat einer der Unterführer der Leibgarde zu einem der Männer.

»Lauf schnell und hol Mikail. Sag ihm, der König ist allein.«

Der Hoplit nickte und rannte dann so schnell durch das große Heerlager, wie er nur konnte.

Unweit des Platzes standen weitere Zelte der Strategen und Berater des Königs. Ein besonders aufmerksames Augenpaar sah dem Geschehen nach.

»Er geht zum Fluss. Zum Schwimmen«, bemerkte Menelos ruhig.

Archibides trat neben ihn und blickte in die Richtung, in die Alexander mit seinem Diener verschwunden war.

»Und er ist allein«, bemerkte Archibides, »nur ein Diener ist bei ihm.«

Sie schwiegen beide. Dann befahlen sie ihren Sklaven, das Zelt abzubrechen und alles reisefertig zu machen. Sie wollten an die Küste, in der Hoffnung, dort auf ein Schiff zu treffen, das sie wieder nach Athen zurückbrachte.

10

Der Wind strich durch die Bäume, die trotz der Jahreszeit noch voller Blätter waren. Dabei war es Mitte November und nachts schon empfindlich kühl. Aber tagsüber, vor allem wenn die Sonne schien, war es warm, oft genug noch sehr heiß. Dareg und Melissa wanderten durch eine sanfte Senke hinunter zum Flussufer.

Plötzlich blieb Mikion stehen. Er rührte sich nicht mehr, sondern hob seine Schnauze in den Wind. Dareg wusste genau, wenn sich sein Hund so gebärdete, dann hatte er etwas gewittert. Aber was konnte das sein? Eine Schlange, ein Fuchs oder vielleicht gar ein Wolf? Dareg wollte Mikion schon rufen, da sträubte sich auf einmal dessen Fell. Jetzt knurrte er leise und zugleich bedrohlich. Er fletschte die Zähne und dann duckte er sich ein wenig. Ganz so, als wollte er jeden Augenblick mit einem Satz in das dichte Gesträuch hineinspringen. So hatte Dareg seinen Hund noch nie erlebt. Was, bei allen Göttern des Olymp, war da in dem Gebüsch? Er schlich näher. Melissa blieb an seiner Seite.

»Mikion«, rief Dareg leise, »was ist denn?«

Der Hund wendete den Blick keinen Moment lang von dem Gebüsch und knurrte stattdessen weiter.

»Ist ja gut, Mikion. Ganz ruhig.«

Aber der Hund ließ sich nicht beruhigen. Er bellte nicht.

Das hatte ihn Dareg so gelehrt, denn mit seinem Gebell konnte ein Hirtenhund junge Lämmer, die sich im Gebüsch verlaufen hatten, leicht erschrecken. Dann liefen sie vor Schreck weg und verletzten sich. Doch in diesem Gebüsch war kein Lämmchen, sondern etwas anderes. Etwas, das Mikion so viel Furcht einjagte, dass sein Fell aufrecht stand, Haar für Haar.

Jetzt merkte auch Dareg, wie sein Herz schneller schlug. Er wagte sich nicht zu rühren, genauso wie Melissa. Dann raschelte etwas in dem Gesträuch. Dareg versuchte, etwas zu sehen, und war sicher, dass sich irgendetwas zwischen den Zweigen fortbewegte. Er griff nach seiner Schleuder und wusste gleich, wie nutzlos sie war. In dem dichten Gesträuch würde er damit wenig ausrichten können. Sonstige Waffen hatte er nicht bei sich, warum auch? Er wollte ja nur zum Baden gehen. Aber ein Kundschafter ist mutig, sagte er zu sich selbst.

Melissa sah ihn mit großen Augen an, so als ob sie gehört hätte, was er da leise für sich gemurmelt hatte. Entschlossen trat er in das dichte Gebüsch hinein und bog die Zweige vorsichtig auseinander. Melissa kam nicht mit. Auch Mikion folgte ihm nicht, sondern blieb ruhig, aber immer noch in dieser gespannten Haltung stehen. Vorsichtig, Schritt für Schritt, drang Dareg tiefer in das dichte Gebüsch ein. Als Kundschafter konnte er sich natürlich gut anschleichen. Er versuchte, irgendetwas zu erkennen, aber vergeblich. Das Grün teilte sich und vor ihm lag ein kleiner, fast runder Platz, ganz mit Gras bewachsen. Auch kleine Bäume standen hier und dichtes Schilf, das vom nahen Fluss herauf das ganze Ufer entlang wuchs. Er hielt den Atem an und blickte sich um. Wie still es hier war! Nur in der Ferne war leises Rauschen zu hören, das konnte der Fluss oder der Wind sein. Dareg kniete nieder und untersuchte aufmerksam den Boden. Er entdeckte Spuren und war sich gleich sicher, dass sie von keinem Tier, sondern von einem

Menschen stammten. Kein Zweifel, jemand war hier gewesen und hatte sie beobachtet. Dareg richtete sich wieder auf. Ganz wohl war ihm nicht. Das Gebiet war in der Hand der Griechen. Trotzdem war es leicht möglich, dass sich noch versprengte Perser herumtrieben. Oder gar Räuber, die es hier angeblich geben sollte? Wer war hier gewesen und hatte sie beobachtet? Nestor, der Anführer der Kundschafter, der all seine Späher immer wieder prüfte? Oder irgendein Grieche, der hier auf jemand wartete und lieber das Weite suchte, als er sie bemerkte? Dareg untersuchte die Spuren ganz genau. Sie stammten von zwei Männern, beide mit Sandalen an den Füßen. Was wollten sie hier? Langsam schlich er weiter.

Die Spuren führten geradewegs in das dichte Schilf hinein und verschwanden dann bald im Wasser. Dareg blieb stehen und starrte angestrengt durch das Meer der dichten Schilfhalme. Plötzlich schob sich etwas Weiches, Haariges neben ihn und strich an seinem Bein entlang. Dareg erschrak furchtbar, sprang zur Seite und dann musste er lachen. Es war Mikion, der seinem Herrn doch noch gefolgt war und nun ganz dicht neben ihm stehen blieb, so wie er es bereits als Welpe gelernt hatte.

»Mikion, hast du mich vielleicht erschreckt! Wo ist Melissa?«, fragte Dareg, und Mikion drehte sich einmal um, so als wolle er sagen, die wartet noch hinter uns.

Mikion war jetzt nicht mehr so aufgeregt, blickte ebenfalls in die Richtung, wohin die Spuren führten, stieß ein kurzes Schnauben aus und blieb dann still. Dareg bemerkte, wie der Hund sich allmählich beruhigte.

»Du müsstest sprechen können, dann könntest du mir sagen, was du gewittert hast.«

Als Antwort wedelte Mikion fröhlich mit seinem Schwanz.

»Ja, freu dich nur«, lachte Dareg, »erschreckst uns hier und bleibst dann stumm. Schöner Freund bist du.«

Er streichelte seinen Hund ganz fest und ging den Weg zurück, bis er auf Melissa traf. Die stand hinter einem Baum und zitterte, als ob ihr kalt wäre. Als sie Dareg und Mikion sah, klärte sich ihr Gesicht auf und sie sprang beiden entgegen. Dann kniete sie vor Mikion nieder und drückte ihn ganz fest an sich. Dareg wurde beinahe ein wenig eifersüchtig. Dabei brauchte er das gar nicht, denn jetzt stand sie auf, lächelte wieder ihr ganz besonderes Lächeln und nahm ihn bei der Hand.

Diese Beobachtung wollte er Nestor berichten. Der hatte gesagt, dass die Späher ihm alles melden mussten. Alles und sei es noch so unscheinbar, konnte wichtig sein. Aber erst wollte er noch baden. Er nahm Melissa bei der Hand, führte sie am Fluss zu einem großen Stein und ließ sie da niedersitzen. Da saß sie und blickte ihn mit ihren großen Augen an.

»Ich habe etwas für dich.«

Ein wenig feierlich überreichte er ihr die Spange.

»Für dich.«

Mehr sagte er nicht, sondern hoffte nur, dass sie irgendetwas sagen würde, obwohl er zugleich wusste, dass sie das nicht tun würde. Melissa nahm die Spange und betrachtete sie lange. Dann strahlte sie übers ganze Gesicht. Dareg fühlte, wie er auf einmal einen ganz trockenen Hals bekam, und sein Herz klopfte dabei so stark wie lange nicht mehr. Bei allen Göttern des Olymp, was war das nur, musste er denken? Er wünschte sich, dass dieses komische, aber zugleich so herrliche Gefühl in seinem Bauch nicht so schnell wieder verschwinden würde. Melissa beugte sich vor und nahm seine Hand. Dann zog sie ihn zu sich und küsste ihn ganz sanft auf die Stirn. Er freute sich und zugleich hatte er einen Kloß im Hals.

»Ich … sie gefällt dir, ja?«, stotterte er.

Sie bewegte ihre Lippen, als wollte sie antworten. Dann aber nickte sie nur langsam, während sie ihn ansah.

»Ich geh jetzt schwimmen, Melissa. Wartest du hier, ja?«

Wieder nickte sie und Mikion bellte kurz. Er wusste nicht genau, ob er bei ihr bleiben sollte. Oder doch lieber seinem Herrn folgen? Mikion schwamm für sein Leben gern. Dareg kraulte ihn am Kopf.

»Komm mit, mein Guter.«

Gerade als er los wollte, sah er nicht weit entfernt einen Mann ins Wasser waten. Das ist Alexander, stellte Dareg verblüfft fest. Aber warum nicht? Ihr König lebte mit ihnen im Feldlager, ritt an der Spitze seiner Truppen in die Schlacht und die Krieger bewunderten ihn. Warum sollte er dann nicht einfach zum Schwimmen gehen, wenn ihm danach zumute war?

Dareg zögerte. Sollte er ihm zuwinken? Irgendwie traute er sich nicht. Durfte man dem König der Griechen so einfach winken? Er sah ihm nach, wie er kopfüber ins Wasser sprang, nach ein paar Momenten wieder auftauchte, um dann mit kräftigen Stößen auf eine Stelle hinzuschwimmen, die ganz ruhig in dunklem Grün lag. Dort war der Fluss sehr tief. Dareg glitt ebenfalls ins Wasser. Es war sehr kühl, aber das machte ihm nichts aus, denn er kannte es gar nicht anders. Nach ein paar kräftigen Schwimmzügen fand er es ganz angenehm. Trotzdem wollte er lieber im seichten Wasser in Ufernähe bleiben.

In diesem Augenblick geschah alles ganz schnell. Das dichte Schilf am Ufer teilte sich und zwei Perser stürzten hervor, jeder mit einem Speer bewaffnet. Sie liefen durch das seichte Wasser hin zu der Stelle, an der Alexander gerade ins Wasser gestiegen war.

Dareg kraulte so schnell wie möglich zurück zum Ufer. Kaum spürte er den Grund unter seinen Füßen, richtete er sich auf und sah sich um. Alexander schwamm auf dem Rücken. Mit gleichmäßigen Schwimmbewegungen glitt er zurück, genau an die Stelle, an der er gerade hineingesprungen war. Bis zum Ufer war es nicht mehr weit und eben dort lief einer der Perser heran. Er blieb stehen und hob den Speer.

»Alexander!«, schrie Dareg, so laut er konnte. »Pass auf!«

Er hatte Daregs Ruf gehört und drehte sich um. Da schleuderte der Angreifer seinen Speer. Das Geschoss sauste durch die Luft, genau auf den Kopf von Alexander zu. Mit einer schnellen Bewegung tauchte er unter. Es gab ein plumpsendes Geräusch, als der Speer nur knapp neben der Stelle ins Wasser fuhr, wo Alexander verschwunden war. Dareg lief durch das seichte Wasser, immer auf die beiden Männer zu. Der zweite Perser sah Dareg zuerst. Er hob seinen Speer und holte aus.

Und genau in diesem Augenblick schrie jemand seinen Namen.

»Dareg!«

Der Ruf war laut und zugleich so voller Furcht, dass er mitten im Laufen anhielt und sich umwandte. Es war Melissa. Sie stand am Ufer, und sie war es gewesen, die seinen Namen gerufen hatte.

»Sie spricht«, murmelte Dareg verblüfft.

Er wandte sich wieder den beiden Angreifern zu.

»Um den kümmere ich mich!«, rief der erste Perser seinem Kumpanen zu.

Er zog einen Dolch und trat Dareg in den Weg. Der zweite Perser sprang durch das Schilf auf die Sandbank und Dareg sah noch, wie Ilias, der Leibdiener, seinen Speer auf den Perser richtete.

Da sauste Mikion heran, bereit, seinen Herrn zu schützen. Wie ein Blitz schoss der Hirtenhund nach vorne und packte die Hand des Persers, in der er das Messer hielt. Der Schwung des Hundes war so groß, dass er den Mann einfach umriss. Der Angreifer schrie vor Schmerz und wohl auch vor Schreck und ließ den Dolch fallen.

Dareg wandte sich um. Neben seinen Kleidern lag seine Schleuder. Er griff danach und legte einen Stein in die Schlaufe. Der Abstand zu dem Angreifer betrug höchstens ein paar Schritte. Der Mann versuchte, sich in dem seichten Wasser aufzurichten und dabei den wütenden Hund abzuschütteln. Doch Mikion hielt eisern fest. Da holte der Mann plötzlich aus und schlug dem Hund mit der Faust auf den Kopf. Benommen ließ Mikion los und schnappte erst einmal nach Luft.

Der Perser fluchte, fischte dann blitzschnell nach dem Dolch. Dareg hob seine Schleuder und ließ sie kreisen. Als der Perser das sah, grinste er nur höhnisch. Er schien sich davor nicht zu fürchten und genau das war sein Fehler. Dareg zielte kurz und ließ dann los. Der Stein traf den Mann voll unter dem rechten Auge. Der schrie auf, ließ den Dolch erneut fallen und hielt sich mit beiden Händen das Gesicht. Der Schmerz schien groß zu sein, denn er stöhnte und fiel auf die Knie. Jetzt sah Dareg, dass der Mann im Gesicht blutete. Der Perser beugte den Kopf und tauchte sein Gesicht in das kühle Wasser. Mikion lag noch immer da und schien durch den Fausthieb ganz benommen. Aber Dareg legte einen zweiten Stein in seine Schleuder und ließ sie erneut kreisen. Als der Perser das sah, schrie er auf, hielt sich die Hände vor sein blutendes Gesicht und taumelte in das dichte Schilf hinein. Dareg sprang ihm nicht hinterher, sondern sah nach der Stelle, wo Alexander untergetaucht war. Da stand der König aller Griechen im Wasser und nur wenige Schritte vor ihm stand der zweite der Angreifer. Er hielt ein Schwert in seiner Hand. Als Dareg zurückblickte, musste er mit Entsetzen feststellen, dass Ilias reglos am Ufer lag, den Speer des Persers mitten in der Brust. Dareg zögerte nicht lange.

»He, du!«, schrie er, und als der Perser sich zu ihm umsah, schleuderte er den zweiten Stein.

Dieses Mal traf er das Knie des Mannes. Dareg hatte ihn so gut getroffen, dass der Angreifer umfiel, als ob ihn der Blitz getroffen hätte. Dabei hatte er das Schwert verloren. Jetzt lag er im Wasser, sich dabei das Knie haltend. Mit wenigen Schritten war Alexander bei ihm, sah sich suchend nach dem Schwert um, und als er es gefunden hatte, bückte er sich und hob es auf. Er sah sich noch einmal zu Dareg um und richtete dann die Spitze auf die Kehle des Persers. Der keuchte und stöhnte vor Schmerz und hielt sich sein Knie.

Hinter ihnen ertönte auf einmal Lärm. Laute Rufe waren zu hören, Pferde jagten heran. Ein Teil der königlichen Leibwache kam den Fluss heruntergeritten. Hephaistion trieb sein Pferd durch das seichte Wasser, bis er vor Alexander zum Halten kam. Bald darauf ritt auch Mikail näher.

»Alexander, bist du wohlauf?«, rief Hephaistion.

Der Griechenkönig nickte nur und seufzte tief. Mehrere Krieger richteten ihre Speere auf den Perser, der noch immer stöhnend im Wasser saß und sich sein Knie hielt. Dareg stand nur da, nass, und fror. Noch immer hielt er seine Schleuder in der Hand.

»Die Götter haben mich geschützt«, sagte Alexander. »Sie haben mir einen mutigen Wächter geschickt.«

Bei diesen Worten blickte er Dareg an. Mikail sprang am Ufer aus dem Sattel und untersuchte Ilias, der bewegungslos am Boden lag. Dann erhob er sich langsam und griff nach einem Umhang des Königs. Er ließ sein Pferd stehen und watete durch das seichte Uferwasser auf ihn zu.

»Es wird kühl, Majestät.«

Er legte Alexander das Tuch um die Schultern.

»Was ist mit Ilias?«, wollte Alexander wissen.

Mikail schüttelte nur den Kopf.

»Er ist bereits auf dem Weg zu den Göttern.«

Alexander schloss die Augen und ballte zornig seine rechte Hand zur Faust. Dann stieg er auf eines der Pferde. Er wendete das Tier und blickte noch einmal auf Dareg hinunter.

»Du hast mein Leben beschützt. Dafür danke ich dir. Höre, was ich dir sage: Solltest du jemals eine Bitte an mich richten, werde ich sie erfüllen, so wahr ich hier stehe. Die Götter sind mein Zeuge.«

Ohne eine Antwort abzuwarten, ritt er langsam das Ufer hinauf, gefolgt von Hephaistion und einigen Kriegern seiner Leibgarde. Die übrigen Reiter folgten ihnen, nachdem sie den Perser gefesselt hatten. Dareg sah, wie einige Krieger den toten Ilias in einen Umhang wickelten und auf den Rücken eines der Pferde legten. Mikail trat auf Dareg zu.

»Komm aus dem Wasser, Dareg. Es wird kühl.«

Mikion kam herangeschlichen. Er wirkte noch etwas benommen. Dareg musste ihn festhalten, während er ihn streichelte. Mikail half Dareg auf sein Pferd. Dann bückte er sich und hob auch den Hund zu ihm hinauf.

»Es wird ihm gleich wieder besser gehen«, meinte Mikail beruhigend und führte das Pferd ans Ufer.

Dareg musste über die Worte des Königs nachdenken. Noch konnte er ja nicht wissen, dass er dieses Versprechen eines Tages einlösen würde. Doch da sah er Melissa auf ihn warten. Er sah, dass sie geweint hatte. Sie trat an das Pferd heran und drückte ihm fest die Hand. Sie trug die Spange in ihrem Haar. Sie streichelte Mikion und dann nahm sie erneut Daregs Hand. Und die ließ sie nicht mehr los, bis sie im Lager zurück waren.

11

Der Mordanschlag auf Alexander war *das* Gesprächsthema unter den Griechen. Die Krieger waren so wütend, dass sie den Perser noch in er gleichen Nacht töten wollten. Mikail musste die Leibgarde an ihre Pflicht erinnern, denn sonst hätten sie sich auf die Seite der aufgebrachten Männer gestellt. So aber schützten sie den Attentäter. Alexander selbst sollte ihn verurteilen.

Doch der König aller Griechen war kaum in sein Zelt zurückgekehrt, als er hohes Fieber bekam. Er wurde so schwer krank, dass seine Generäle wie seine engsten Freunde glaubten, er würde die nächsten Tage nicht überleben. In ihrer Verzweiflung begannen sie, eine Reihe von Schafen und Ziegen zu opfern, flehten die mächtige Athene um seine Genesung an und befragten die Seher um seine Zukunft. Die Lage war aufs Äußerste gespannt. Bald darauf zogen viele aufgebrachte Krieger durch das Lager. Sie verlangten, statt der Opfertiere den Attentäter zu opfern. Den Hauptleuten gelang es nur unter Drohungen, sie davon abzuhalten. Dann, am Ende der Woche, befahl Hephaistion in Alexanders Namen den Weitermarsch. Der hatte noch immer hohes Fieber und alle bangten um sein Leben.

Sechs Tage später erreichten sie eine kleine Stadt an der syrischen Küste. Dort lebte, unweit der Stadtmauern, ein alter

Mann in einem großen Weinfass. Er war für seine ungewöhnlichen Gedanken wie auch für seinen Witz berühmt. Als Hephaistion von ihm erfuhr, wollte er wissen, wer er sei. Als er dann seinen Namen erfuhr, war der junge Grieche sehr überrascht und bat ihn um einen Rat. Was sollten sie tun, damit der König wieder gesund werden konnte? Der alte Mann erklärte ihm, dass Alexander großmütig sein sollte.

»Verzeihen ist die einzig wahre Rache. Richte das deinem Herrn aus.«

»Ich verstehe nicht«, begann Hephaistion.

»Ganz einfach«, meinte der alte Mann. »Wenn Alexander den Perser freilässt, wird er wieder gesund werden.«

Hephaistion blickte den alten Mann ungläubig an. Der aber lachte.

»Was hat er zu verlieren? Nichts, außer seinem Leben. Wenn er daran hängt, soll er einfach tauschen. Sein Leben gegen ein anderes.«

»Das Leben eines Mörders«, bemerkte Hephaistion, »gegen das Leben des Königs von Griechenland.«

»Ja, aber der Tausch wäre gerecht. Das Leben des Alexander gegen das Leben eines Mörders.«

Hephaistion ritt ins Lager zurück und erzählte Alexander von seiner Begegnung. Trotz seines Fiebers war er neugierig. Er befahl, dem Rat des Alten zu folgen und den Perser freizulassen. Dies geschah, und kaum war der Mann verschwunden, schien es ihm tatsächlich besser zu gehen. Bereits nach wenigen Stunden konnte Alexander sich vorsichtig von seinem Krankenlager erheben, das hohe Fieber schien wie fortgeblasen. Er war noch sehr schwach, aber sein Kopf war wieder klar. Dann wollte er alleine sein und schickte alle aus seinem Zelt. Später berichtete sein neuer Leibdiener, dass Alexander erstmals seit vielen Tagen wieder ruhig und fest schlafe. Einen Tag später bat Hephaistion den alten Mann, Alexander zu besuchen, und der folgte dem Wunsch.

Er trat in das Zelt des Griechenkönigs, stützte sich auf seinen Wanderstab und sah sich um. Es war prächtig. Auf dem Boden lagen weiche Teppiche, in deren feiner Wolle seine rauen Füße fast versanken. Sonnenlicht fuhr durch einen Spalt über ihm durch das Zeltdach und beschien den Boden direkt vor seinen Füßen. Er lächelte und trat genau in den Kreis warmen Lichtes. Da fiel ein Schatten über seine Füße, und als er aufblickte, stand ganz nahe ein junger, schlanker Krieger vor ihm. Er trug sein braungoldenes Haar kurz geschnitten, genauso wie seinen sorgfältig gestutzten Kinnbart, und die prächtige Rüstung aus goldverzierter Bronze funkelte im Sonnenlicht. Der alte Mann hatte ihn noch nie zuvor gesehen, aber wenn die Erzählungen stimmten, dann musste das Alexander sein.

»Du stehst mir in der Sonne«, sagte der alte Mann.

Alexander lachte, während aus der Ferne der Lärm aus dem großen Feldlager ertönte.

»Bist du Diogenes, der weise Mann, der seine klugen Gedanken mit der Welt teilt?«, begann der Jüngere.

Der alte Mann nickte höflich, bevor er antwortete.

»Ja, und du bist Alexander, der Mann, der die Welt erobern möchte«, erwiderte der Greis.

»Ich möchte es nicht, ich tue es gerade«, berichtigte ihn der König und lächelte stolz. »Aber ich danke dir für deine Heilung.«

»Das war nicht ich, sondern dein Schicksal. Es war dir nicht bestimmt, jetzt und hier zu sterben.«

Alexander wusste darauf nichts zu antworten. Hephaistion und weitere Strategen traten in das Zelt. Sie warteten höflich. Alexander trat zurück und dann betrachteten sie sich beide eine Weile lang, dann richtete der König erneut das Wort an Diogenes: »Stimmt es, dass du in einem leeren Fass wohnst?«

Diogenes betrachtete den König der Griechen noch immer eingehend. Ja, er war sehr stolz, so wie er da stand. Stolz, eitel und neugierig.

»Alexander«, begann Diogenes, »ob in einem Fass oder einem Haus, in einem Zelt oder in einem Palast. Was macht das schon, wo ich wohne? Ich habe ein Dach über meinem Kopf, das mich schützt, wenn es regnet. Mein Fass ist mir genug, mehr brauche ich nicht.«

Alexander lachte nur und blickte sich um. Auch seine Offiziere lachten. Doch als Diogenes weitersprach, schwiegen alle und lauschten aufmerksam, was er zu sagen hatte.

»Zu Beginn des Sommers, wenn die heißen Tage beginnen und die Luft sich auch in der Nacht kaum mehr abkühlt, ernten wir Griechen das Getreide. Dann aber holen wir unsere Rüstung, Helm und Schild, Schwert und Lanze hervor. Unsere Frauen und Sklaven polieren die Bronze und packen Gerstengrütze, Käse, Oliven, Zwiebeln und Wein in einen Sack. Gemeinsam marschieren wir los. Brüder, Freunde, Nachbarn. Das Vaterland ruft und wir ziehen in den Krieg. So haben wir es seit Menschengedenken getan. Aber es ist an der Zeit, nachzudenken, ob dies immer noch gut und gerecht ist.«

Als Diogenes mit seiner Rede zu Ende war, schwiegen noch immer alle und blickten auf Alexander, gespannt, was er darauf antworten würde.

»Wie kannst du an den Sitten und Bräuchen unserer Väter zweifeln?«, fragte er.

»Seit ich weiß, dass es Schöneres und Besseres gibt.«

»Was gibt es Besseres und Schöneres, als in den Krieg zu ziehen, ein Held zu werden, Städte, Länder, ganze Welten zu erobern?«

»Das Leben und die Freundschaft, Alexander. Die Liebe, der Sonnenschein, Freunde, Kinder und tausend Dinge mehr. Kein Krieg kann das aufwiegen.«

»Der Krieg ist das Maß aller Dinge.«

»Nein, Alexander, hab Nachsicht mit mir, wenn ich dir widerspreche, aber der Krieg ist die Dummheit der Menschen.«

»Alter Mann, jetzt versündigst du dich an unseren Göttern. Sie selbst heißen den Krieg gut.«

»Nur grausame Götter sehen zu, wie Menschen sich grausam gebärden. Wenn der Krieg so eine große Sache ist, warum hinterlässt er dann keine Musik, keine Blumen, keine Freude, sondern nur Gestank, Zerstörung, Tod? Kann es nicht sein, dass sich die Götter täuschen?«

»Nenn mir jemand, der einen Gott zu täuschen vermag?«, fragte Alexander höhnisch und sah sich dabei erst nach seinen Generälen um, bevor er sich wieder Diogenes zuwandte.

Der blickte Alexander furchtlos ins Gesicht, sagte jedoch nichts.

»Ja, weiser Diogenes«, beschwor Alexander ihn leise, »die Götter täuschen sich niemals. Sie sind mit mir, denn ich bin ein Krieger und erobere. Ich bin der Liebling der Götter.«

Diogenes blickte Alexander noch immer unverwandt an und dann antwortete er ihm.

»Ja, du bist ein Krieger und führst viele Männer in die Schlacht. Und was gewinnst du? Brennende Dörfer, zerstörte Städte. Du vernichtest die Ernten der Menschen, vergiftest ihre Brunnen. Pest und Fieber begleiten dich. Elternlose Kinder …«

»Schweig«, unterbrach ihn Alexander, »du vergisst, mit wem du redest!«

»Nein, Herr, das tu ich nicht. Ich spreche mit Alexander, dem König und Herrscher aller Griechen, dem Helden einer neuen Zeit, ja, dem Liebling der Götter. Aber sag mir: Wer ist der wahre Held? Der Bauer, der ein Feld bestellt und von seiner Ernte andere Menschen satt macht, oder der Heerführer, der dieses Feld erobert, es aber doch nicht halten und befrieden kann?«

Alexander starrte den Mann vor sich an, und dann zuckte seine rechte Hand zum Griff des Schwertes, das an seinem Gürtel hing.

»Geh, Diogenes, geh, verlass mich.«

»Die Götter mögen dir Frieden schenken, Alexander. Dann wird deine Ruhelosigkeit zu Ende sein und du kannst heimkehren.«

»Ich will nicht heimkehren, nicht bevor ich Herrscher der Welt bin! Und jetzt geh!«

»Frieden, Alexander. Für dich und damit für die Welt. Leb wohl.«

Der alte Mann beugte den Kopf, wandte sich um und verließ das Zelt. Alexander starrte ihm eine Weile nach, dann blickte er auf die Karte, die vor ihm auf dem Feldtisch lag. Voller Wut fegte er den Papyrus zu Boden. Seine Generäle blickten ganz betreten.

»Alexander, was soll weiter geschehen?«, fragte Hephaistion leise.

Der König blickte auf.

»Wir marschieren weiter, nach Ägypten. Wer sich mir in den Weg stellt, muss dafür büßen. Jede Stadt, jedes Dorf, das sich weigert, mir zu huldigen, brennt ihr nieder, hört ihr? Zerstört es, lasst nicht einen Stein stehen. Vernichtet alle Vorräte und ihre Ernte, verschüttet ihre Brunnen mit Steinen und fällt ihre Ölbäume. Lasst nichts übrig!«

»Aber …«

»Ich bin Alexander und dies ist mein Wille. Tut es!«, befahl er. »Du, Hephaistion, bürgst mir mit deinem Leben, dass alles so geschieht, wie ich es wünsche.«

»Ja, Alexander.«

»Und jetzt geht, alle! Lasst mich allein.«

Das taten sie, und dann lachte Alexander, bis ihm die Tränen kamen.

III

Alexandria

Die Stadt war über sechs Kilometer lang
und symmetrisch aufgebaut.
Der prächtigste Stadtteil,
der Brucheion, lag am östlichen Hafen.
Er umfasste neben den Verwaltungsanlagen den Serapeion,
den Tempel der ägyptischen Gottheit Sarapis,
der Tempel des Poseidon und das Dionysostheater.
Schon bald nach der Gründung der Stadt zählte
die Bevölkerung 300 000 Bürger,
die hauptsächlich aus Griechen,
Juden und Ägyptern bestand.

Nach GIAMPAOLO CASATI

1

Der Marsch durch die Gegend von Gaza immer an der Küste entlang dauerte bereits eine Woche. Trotzdem würden noch Tage vergehen, bis die griechischen Truppen ägyptischen Boden erreichen sollten. Das dauerte Alexander zu lange. So befahl er den wenigen Schiffen, die das Heer in Sichtweite der Küste begleiteten, ihn und einen Teil seiner Generäle aufzunehmen. Dies geschah, und Dareg, als Kundschafter seines Königs, durfte mitkommen. Wie aufgeregt er war, denn er war das erste Mal an Bord eines Schiffes. Eine griechische Triere, von Sklaven gerudert, war Alexanders Flaggschiff. Seine Diener errichteten eilig ein Zelt auf dem Oberdeck, sodass Alexander sich dort aufhalten konnte. Die nächsten Stunden rauschte das Schiff die Küste entlang, und als die Dunkelheit begann, wurden Fackeln an Bord entzündet und der Kapitän verstärkte den Ausguck. Das Schiff fuhr mit unveränderter Geschwindigkeit weiter. So waren sie viel schneller als das gewaltige Heer an Land.

Es war die zehnte Stunde in der Nacht, als Alexander dem Kapitän befahl, so nahe wie möglich ans Ufer zu manövrieren. Bald war im Schein zahlreicher Fackeln der Meeresgrund zu sehen. Das Wasser war nicht mehr tief und der Grund ganz eben und sandig. Zwei weitere Schiffe begleiteten sie und hatten die Triere beinahe eingeholt. Doch Alexander war voller Ungeduld. An einem dicken Tau schwangen sich erst der König der Griechen, dann ein Teil seiner übrigen Generäle ins Wasser hinunter. Kaum spürten sie den Sand unter den Füßen, ließen sie los und wateten an Land. Das Wasser reichte ihnen dabei nur bis zur Hüfte.

Vor ihnen lag der lange, sandige Strand. Erst weit hinten begannen hohe Sanddünen, auf deren Höhe Palmenwälder lagen. Als Kundschafter hinaufschlichen, meldeten sie bei ihrer Rückkehr, was sie dort fanden: Eine Steinsäule mit seltsamen Zeichen darauf. Sie stand am Rand einer gepflasterten Straße.

Die Luft war mild und die Fackeln der Griechen ließen die Bronze, das Gold und Silber auf den Rüstungen der Generäle blitzen. Am Ufer führten Sklaven bereits Pferde heran, während Mikail die Leibgarde ausschwärmen ließ. Sie sollten den Strand absuchen. Aber es blieb ruhig, und das einzige Geräusch waren die Wellen, die langsam an den Strand spülten, und ab und an hörte man aus der Ferne das Rauschen des Nachtwindes. Alexander blickte sich um und sog tief die Luft ein. Wie herrlich diese Nacht war. Der Himmel voll blitzender Sterne wölbte sich über die weit daliegende Gegend bis hin zur fernen Wüste. Mithilfe von Seilen und einem schnell errichteten Kran aus Balken hievten Seeleute einen prächtigen Streitwagen an Land. Drei schneeweiße Pferde wurden durch das Wasser an Land geführt. Im zarten Licht erschienen die Tiere, als wären sie aus Metall, so fahl wirkte ihr schneeweißes Fell. Die Tiere waren kaum zu halten, als sie an den prächtigen Streitwagen geschirrt wurden. Alexander trat zu dem Wagenlenker.

»Ich lenke selber.«

Der Pferdeknecht blickte Alexander an und dann beugte er den Kopf.

»Ja, Herr.«

Er übergab die Zügel und die kurze Peitsche an Alexander und der stieg in den Wagen.

»Lass mich mitkommen, Alexander«, entgegnete Hephaistion und trat an die Seite des Wagens.

Alexander hatte zu tun, die unruhigen Pferde zu halten.

»Nein, ich will, dass du hier bleibst!«, befahl er Hephaistion. »Wenn ich dich brauche, führst du die Griechen in meinem Namen an. Kundschafter!«

Mikail gab Dareg einen Stoß.

»Herr?«, antwortete Dareg.

Alexander blickte ihn an.

»Du wirst mitkommen!«

»Ja, Herr.«

Hephaistion wartete noch immer neben dem Streitwagen.

»Alexander, willst du nicht wenigstens warten, bis mehr Krieger aus den übrigen Schiffen hier sind?«

»Warum? Ich bin das Heer der Griechen«, lachte Alexander auf einmal. »Ich allein, Alexander. Und das da ist meine Reiterei.«

Er deutete auf die zwölf Reiter hinter sich. Mikail, mit Dareg hinter sich, und auch Ptolemäus saßen auf den Rücken ihrer Pferde.

»Und da ist meine Phalanx«, meinte Alexander und deutete mit dem Stiel der Peitsche auf seinen Streitwagen und die drei Pferde.

»Aber, aber ...«, stotterte Hephaistion.

»Sei beruhigt«, sagte Alexander, »die Götter selbst leiten mich.«

Er schnalzte mit der Zunge und dann trabten die Pferde vor seinem Wagen los und die Reiter folgten ihm. Nur wenige Augenblicke später waren sie alle in der Nacht verschwunden.

Seleukos trat neben Hephaistion.

»Glaubst du das?«, fragte er nach einer Weile.

»Was? Was soll ich glauben?«

»Das er Ägypten erobert. Ganz allein?«

»Ich weiß nicht, aber wenn es einer kann, dann Alexander.«

Seleukos wandte sich um und befahl den Kapitänen der ersten Schiffe, samt ihren Besatzungen an Land zu gehen und ein Lager zu errichten.

2

Alexander trieb die Pferde durch die Nacht.

Es gab nur eine Straße die Küste entlang bis nach Memphis. Sie war mit gebrannten Lehmziegeln gepflastert und beinahe so eben wie ein Brett. Es ließ sich gut darauf fahren. Die Reiter hatten Mühe, dem schnellen Gefährt zu folgen. Die Straße lag wie ausgestorben vor ihnen. Als sie das erste Dorf durchfuhren, bellten nur ein paar Hunde in der Nacht. Die Bewohner blieben in ihren Häusern und warteten. Man hatte ihnen gesagt, dass Alexanders Heer über den Nil kommen würde, um ägyptischen Boden zu betreten.

Doch bevor tausende von griechischen Kriegern über ihre heilige Erde laufen, die Häuser ausplündern, das Vieh forttreiben und die Ernte verbrennen würden, würde sich ihnen Pharao Artaxerxes in den Weg stellen und alle zerschmettern, die solchen Frevel wagten. Aber nichts geschah. Die Bewohner Ägyptens begannen zu zweifeln. Artaxerxes war kein echter Pharao. Ursprünglich war er ein persischer König einer fernen Provinz gewesen. Er hatte das Land am Nil vor einigen Jahren erobert und sich selbst zum Pharao gekrönt.

Viele Stunden lang fuhr Alexander mit großem Tempo durch die Nacht. Unerbittlich trieb er die Pferde an. Als der Morgen sanft dämmerte, erreichten er und seine Reiterei die Stadt Memphis mit ihrem Königspalast. Noch immer hielt sie niemand auf und die mächtigen Tore in das Innere des Palasthofes waren geöffnet. Alexander lenkte seinen Streitwagen so schnell durch das Tor, dass der Wagen ein wenig hin- und herschlingerte und mit einem der Räder fast die Mauer berührte. Vor dem Palast befand sich eine mächtige, endlos erscheinende Treppe. Oben, an ihrem Ende, lag der Eingang.

Alexander wartete nicht ab, bis sein Gefährt ruhig stand, sondern sprang ab, kaum dass die Pferde langsamer geworden waren. Er warf die Peitsche in den Streitwagen und stürmte die Treppe zum Eingangstor hinauf.

»Ihm nach!«, rief Mikail. »Lasst ihn nicht alleine gehen!«

Die Reiter sprangen von ihren Pferden und folgten dem eilig davonstürmenden König. Sie hatten Mühe, ihn einzuholen. Alexander aber lachte. Sein Herz schlug schnell und er fühlte sich tatendurstiger denn je. Alle, die ihn beobachteten, mussten glauben, dass er ständig zu nächtlicher Stunde in den Palast des Pharaos von Ägypten eilte. So als ob er ihn besuchen wollte. Am Ende der Treppe hielt er an und verschnaufte etwas. Dabei wandte er sich um. Der Palast und die angrenzenden Tempelbauten lagen fast völlig in Dunkelheit gehüllt. Nur ab und zu erhellt von einem offenen Licht aus breiten Schalen, in denen schwarzes Öl mit heller Flamme brannte. Er sog erneut die Luft ein und wartete, bis sich sein Herzschlag beruhigt hatte. Neben ihm erstiegen nun zwei seiner Leibwächter die letzten Treppenstufen.

»Wer sich mir mit einer Waffe nähert, den hindert ihr daran!«, befahl Alexander.

Die Männer nickten gehorsam. Sie zogen ihre Schwerter.

»Sonst aber benutzt ihr eure Schwerter nicht, verstanden?«

»Ja, Herr.«

Er wartete noch, bis auch die letzten Männer seiner Garde am oberen Ende der Treppe angekommen waren. Mit einem schnellen Blick auch auf Dareg und Mikail sagte er: »Dann wollen wir mal sehen, wer alles zu Hause ist.«

Er lachte wie ein Junge. So traten sie in den Palast ein. Sie folgten einem endlos langen, sehr breiten, von hohen Säulen flankierten Gang. Sie hörten nur ihre eigenen Schritte auf dem glatten Boden, sonst blieb es still. Erst am Ende gelangten sie durch ein offenes Tor in einen Raum, der so groß war, dass man darin fast ein Dorf hätte aufbauen können. Am Ende des Saales leuchteten große Feuer in besonders großen Schalen.

Eine Reihe von Bewaffneten erwartete sie. Die Leibgarde des Pharao! Als sie noch näher in das Licht traten, sahen sie ihn selbst dort sitzen. Er war kaum älter als Alexander. Ein schlanker Mann mit brauner Haut, bekleidet mit einem langen, golddurchwirkten Gewand, das Brust und Arme frei ließ. Zum Zeichen seiner Würde trug er seinen Bart am Kinn mit einem goldenen Band umwickelt, auf dem Kopf das mächtige Diadem der Pharaonen. Es war ein beeindruckender Anblick, der allen, außer Alexander, zu imponieren schien. Der Griechenkönig trat ein paar Schritte vor.

»Sei mir gegrüßt, Herrscher des Nils.«

Es blieb still im Raum. Niemand sprach, und Alexander glaubte schon, der Mann dort hätte ihn nicht verstanden. Auf einmal trat ein älterer Mann vor ihn. Er war nach griechischer Sitte einfach gekleidet und trug einen weißen Vollbart.

»Sei auch gegrüßt, Alexander von Makedonien. Du musst wissen, der mächtige Artaxerxes ist ein Gott. Er wird dir nicht selbst antworten. Alles, was er sagt, sagt er durch mich.«

Alexander betrachtete den Sprecher mit spöttischer Miene.

»Wer bist du?«

»Mein Name ist Pindar.«

»Ich kannte einen Pindaros von Theben. Ein großer Dichter. Bist du etwa ein Nachfahre von ihm?«

Der Mann nickte.

»Ich habe von dir gehört«, begann Alexander, »du bist der Berater des Pharao, nicht wahr?«

»Ich bin mehr als das. Bin auch der Mund, durch den er mit all denjenigen spricht, die ihn verstehen sollen, bin sein Arm, der seine Wünsche ausführt, und seine Stimme, die ihn leitet.«

Alexander wandte sich kurz zu seinen Begleitern und nickte ihnen zu. Das war ein Zeichen, dass sie sich in einer Reihe hinter ihm halbkreisförmig aufstellten.

»Wie schön, Pindar, aber nun hör mir zu: Ich möchte den Herrscher von Ägypten gebührend begrüßen. Wenn mich jemand daran hindern sollte, vor deinen Herrn hinzutreten, um ihm zu huldigen, werden meine Männer die Wache dort in Stücke hauen.«

Pindar lächelte.

»Dies ist die Leibgarde des Göttlichen. Jeder von ihnen würde sich eher töten lassen, bevor auch nur eine Hand ihren Herrscher berührt.«

»Das hab ich mir gedacht«, grinste Alexander, »deshalb spreche ich doch lieber mit ihm selbst.«

Kaum hatte er das gesagt, stürmte er wie ein Blitz auf den Thron des Herrschers zu. Ehe sich eine der ägyptischen Wachen versah, war er bereits dort, packte den Pharao am Handgelenk und zog ihn mit einem Ruck von seinem Thron. Der König der Ägypter plumpste auf den Boden und blieb dort liegen. Die übrigen Griechen waren Alexander gefolgt. Der zog sein Schwert und hielt es an die Kehle des Pharao.

»Und jetzt? Sag mir, wo sind sie, deine Götter?«

Statt einer Antwort starrte der Herrscher aller Ägypter Alexander nur mit schreckgeweiteten Augen an.

»Sag deinen Männern, sie sollen ihre Waffen fallen lassen. Dann lasse ich dich am Leben«, zischte Alexander.

Der Pharao schien ihn tatsächlich zu verstehen, denn er machte einen Wink und seine Wachen ließen die Waffen sinken. Als er noch einmal winkte, ließen sie ihre Schwerter der Reihe nach fallen. Alexander nickte zufrieden und stieß dem Mann die Spitze seines Schwertes sanft an den Hals.

»Gut, sehr gut. Und nun hör genau zu. Ab jetzt gibt es nur einen Herrscher und das bin ich. Ich allein, Alexander, König von Griechenland und der übrigen Welt.«

Der Pharao nickte langsam, und alle sahen, wie er beide Hände zu Fäusten ballte. Aber niemand kam ihm zu Hilfe. Nur Pindar machte einen Schritt auf den Thron zu, doch Mikail hob seinen Speer. Dareg, der alles mit angesehen hatte, schluckte. Würde Mikail den alten Berater und Lehrer des Pharao tatsächlich mit einem Speerwurf töten?

Alexander blickte auf Pindar und sagte nur: »Bleib besonnen, dann wird weder dir noch diesem Land etwas geschehen.«

»Versprichst du das, Alexander?«

Pindar blickte ihn furchtlos an. Keiner von den Umstehenden wagte in diesem Augenblick, ein Wort zu sagen. Mikail ließ seinen Wurfspeer sinken.

»Ja, das verspreche ich«, antwortete Alexander feierlich.

Da beugte Pindar sein Haupt und kniete auf dem Boden nieder.

»Sei willkommen, Alexander. Willkommen in Ägypten.«

Bereits am frühen Morgen des nächsten Tages streiften griechische Soldaten durch die Straßen von Memphis. Auf allen größeren Plätzen verkündeten sie die Weisungen Alexanders. Sie erklärten, dass niemand etwas befürchten müsse, denn der König sei Freund und Beschützer aller Ägypter. Wer sich jedoch gegen ihn auflehne, müsse dafür mit dem Leben bezahlen. Die Ausrufer verkündeten das auf Griechisch und dann in der Sprache der Pharaonen. Die Ägypter fügten sich und niemand revoltierte gegen die Griechen. Warum auch? Die Ernte stand an und das war viel wichtiger. Außerdem würden Osiris und Apis, die mächtigen Götter und Beschützer aller Ägypter, das Richtige tun. Unter Alexander konnte es nur besser werden. Wenn er die alten Gottheiten nicht verachtete, so wie es Artaxerxes getan hatte, würden Osiris und Apis ihn als neuen Herrscher sicher willkommen heißen. Dies glaubte das Volk am Nil und so gingen sie ihren Tagesgeschäften nach, hielten ihren Korn- und Viehmarkt und arbeiteten an ihren prächtigen Bauwerken weiter. Noch am selben Tag ließ Alexander die ägyptische Armee entwaffnen. Zugleich öffnete er sein Heer für sie, denn Ägypten war nun griechische Provinz und somit Verbündeter. Schon bald meldeten sich viele hundert Ägypter und traten in das Heer der Griechen ein.

Die ersten Tage nach diesem gewaltlosen Sieg waren für Alexander wie ein großes Geschenk. Nichts und niemand schien ihn aufhalten zu können. Und hatte man schon jemals erlebt, dass ein Feldherr und König ein ganzes Land so in seine Hand gebracht hatte? Musste nicht der mächtige Achilles mit seinen Getreuen über Jahre hinweg um Troja kämpfen? Und brachte nicht erst das hölzerne Pferd des listenreichen Odysseus den Sieg? Alexander aber gelang die Besetzung eines ganzen Landes im Handstreich. Er war 24 Jahre alt und Feldherr, König von Griechenland und Herrscher über Ägypten, siegreich in Tyros und Gaza. Alle Welt kannte ihn, sprach von ihm, erzählte von seinen Taten. Wahrlich, er hatte allen Grund, zufrieden zu sein.

Doch seine ständige Unruhe hielt ihn nicht lange im Palast des einstigen Pharaos. Mit einer Gruppe seiner Leibgarde reiste er zurück an die Küste. Er wollte alles über dieses Land erfahren, dessen Lebensader der Nil war. Über weite Strecken hinweg floss der Strom durch grüne Felder. An beiden Uferseiten von dichtem Schilf und Papyrus bewachsen, gelangten die gewaltigen Wassermengen an der Küste ins Meer.

Seit Stunden schon ritt Alexander die Straße flussabwärts am Nil entlang. Die Fluten schoben sich gemächlich durch die zahlreichen Getreidefelder. Die Ägypter ernteten genug Getreide für sich selbst, stellte Alexander fest. Dies hatten ihm schon seine Berater geschildert und nun konnte er es mit eigenen Augen sehen. Er war beruhigt. Alle Menschen würden genug zu Essen haben und sein Weitermarsch war gesichert. Sein Heer konnte sich hier mit frischen Vorräten versorgen.

An der Küste angekommen, befahl er, ihm auf einem hohen Sandhügel sein Zelt zu errichten. Von dort aus beobachtete er, wie sein Landheer nun damit begann, das große Lager aufzubauen. Ein heißer Wind wehte aus dem Landesinneren und ließ die Hopliten und Sklaven bei ihrer Arbeit gehörig schwitzen. Hier oben, mit Blick auf das leuchtend blaue Meer, war es angenehm. Es wehte eine stetige Brise, die ein wenig nach Salz schmeckte. Unter dem offenen Dach seines Zeltes hatten Diener einen Tisch mit Wein, kühlem Wasser und frischem Obst aufgebaut. Ein Teil seiner Offiziere wartete unweit des Zeltes darauf, wann er den Befehl für die Rückkehr nach Memphis geben würde. Doch Alexander saß auf seinem prächtigen Sessel und blickte lange auf das bunte Treiben an dem endlos langen Strand. Ein dunkelhäutiger Nubier stand hinter ihm und fächelte ihm mit einem Wedel aus schneeweißen Straußenfedern Luft zu. Er schien auf einmal Zeit zu haben, und er hatte keine Lust, in den Palast zurückzukehren. Alexander saß nur da und betrachtete das Bild vor sich.

Und in seinen Gedanken kam ihm dieser seltsame Traum in den Sinn. Ein Traum, den er bereits seit einiger Zeit träumte, beinahe jede Nacht. Und je länger er da saß, umso deutlicher wurden aus dem zerfurchten Sand, den Geröllhügeln, den Palmen und dem wogenden Meer aus grünem Schilf entlang des Nils plötzlich breite Straßen und prächtige Gebäude, große, weite Plätze und mächtige Tempel. Vor seinen Augen entstand eine Stadt. Ja, hier würde er sie gründen und sie sollte seinen Namen tragen. Alexandria. In ihr sollte es zahlreiche Gebäude geben und das größte und prächtigste Bauwerk von allen sollte kein Tempel und auch kein Palast sein. Sondern eine Bibliothek. Darin sollte es einen ganzen Saal voller Bücher geben, in denen all seine Taten und Eroberungen aufgeschrieben waren, damit die Menschen in tausend Jahren noch lesen konnten, wie er einst die Welt eroberte und zum König aller Könige aufstieg.

Noch am selben Tag befahl Alexander alle Baumeister und Architekten zu sich, die in seinem Heer als Berater mitmarschierten. Auch ägyptische Meister ließ er kommen, um ihnen in seinem prächtigen Zelt seine Pläne zu schildern und über seine Ideen zu sprechen.

Mit jedem Tag drängten sich statt der vielen Strategen und Hauptleute immer mehr Baumeister und Steinmetze in Alexanders Zelt. Sie beratschlagten, zeigten Pläne der neuen Stadt auf Papyrusbögen, und begabte Künstler schnitzten an einem Modell, das sie in einem extra errichteten Zelt aufstellten. Alexandria sollte viel größer und prächtiger als Memphis werden. Die ganze bisherige Kriegsbeute wollte Alexander für den Bau aufwenden. Alle Straßen sollten breiter und länger, die Paläste gewaltiger und die Tempel eindrucksvoller als in je einer Stadt zuvor werden. Alexander hatte allen Kriegern versprochen, wenn der Feldzug gegen Dareios und seine Perser zu Ende war, würde jeder, der wollte, in dieser neuen Stadt leben können.

Doch eine Reihe von Schwierigkeiten schienen eine rasche Entwicklung der Stadt unmöglich zu machen. Da war einmal die Gegend ringsum. Bevor der Nil seine gewaltigen Wassermassen endgültig ins Mittelmeer entließ, durchquerte ein Teil des Stromes einen See, der direkt vor dem weiten, sumpfigen Delta lag. Hier wimmelte es nur so vor Mücken und Fliegen, dazu kam, dass die Sümpfe Heimat zahlreicher Krokodile waren. Obwohl die Griechen erst wenige Tage hier lagerten, hatten die großen Echsen bereits eine ganze Reihe Reit- und Lasttiere gerissen und aufgefressen. Einige Krieger und Sklaven waren beim Wasserholen oder beim Baden angegriffen worden, glücklicherweise waren alle Angriffe ungefährlich ausgegangen. Aber der Schreck saß so tief, dass kein Grieche mehr allein an den Fluss oder den angrenzenden See gehen wollte. Doch all diese Meldungen erschütterten Alexander nicht. Er befahl, Jagd auf die Krokodile zu machen. Zugleich sollten Sklaven mit dem Anlegen langer Gräben beginnen, um die Gegend schnell trocken und sumpffrei zu machen.

Alexander bestimmte, dass seine Stadt, die so nahe am Wasser entstand, zugleich eine Hafenstadt sein musste. Eine Mole aus riesigen Steinen sollte als Wellenbrecher angelegt werden. Im Schutz dieser Steinquader würde es für ihre Bewohner keine Gefahren bei schweren Stürmen geben.

Damit jedes ankommende Schiff Alexandria auch in der Nacht weit vorher erkennen konnte, sollte ein Leuchtturm auf der Insel Pharos entstehen. Diese Insel lag direkt vor dem Mündungsbereich des Nils und war unbewohnt. Kein Ägypter betrat diese Gegend freiwillig. Sie glaubten, dass ihre Götter sich auch in die Gestalt eines Krokodils verwandeln konnten. So konnten es sehr gut Götter sein, die dort lebten. Als Alexander das erfuhr, lachte er nur darüber und befahl, die ganze Insel von ihrem dichten Bewuchs aus Schilf und Papyrus zu roden. Hunderte von griechischen Sklaven taten dies, und nur drei Tage nach diesem Befehl war Pharos eine nackte, blanke Insel, auf der es außer Steinen und Erde nichts mehr gab. Zugleich wurde mit dem Bau des Leuchtturms begonnen. Er sollte höher und mächtiger sein als je ein solcher Turm zuvor. Ganz aus Stein gebaut, würde an seiner Spitze eine mächtige Schale aus purer Bronze stehen, in der pausenlos Öl verbrannt wurde. Diesen Lichtschein des Ölfeuers sollten die Seeleute noch über weite Entfernungen erkennen können.

Alexander trieb die Arbeiten unermüdlich voran. Er schien überall zu sein und gab es ein Problem, kümmerte er sich selbst darum. Kaum waren die ersten Entwässerungsgräben angelegt, begannen Ingenieure mit dem Bau der Straßen und Plätze, die Architekten mit der Grundsteinlegung für zahlreiche Paläste und Tempel. Da es kein weißes Kreidepulver gab, mit dessen Hilfe die Grundmauern auf dem planierten Boden aufgezeichnet werden konnten, kam Alexander auf die Idee, dafür Gerstenmehl zu benutzen. Sein Vorschlag wurde sogleich in die Tat umgesetzt. Doch über diese Idee freuten sich die Vögel am meisten. In riesigen Schwärmen kamen sie herangeflogen und pickten das grobkörnige Mehl in wenigen Stunden weg. Dies wurde als böses Omen angesehen. Die Gründung der Stadt stand unter einem bösen Vorzeichen. Alexander befahl, Aristandros, sein persönlicher Seher und Wahrsager, solle dieses Zeichen deuten und in die Zukunft sehen. Tatsächlich erklärte der Seher aber diese Vorzeichen zugunsten des Königs.

»Alexandria wird einmal so wohlhabend sein, dass sie Menschen von überall her Nahrung bieten werde!«

Das waren seine Worte.

Die Weissagung beeindruckte die Menschen natürlich sehr und sie kehrten an ihre Arbeit zurück. Alexander ließ erneut mithilfe von Mehl alle Umrisse der Straßen und Gebäude auf dem Boden einzeichnen. Doch dieses Mal mussten tausende von Sklaven sich dazustellen und die Vögel verscheuchen. Zehntausende ägyptischer Arbeiter schufteten von nun an auf der größten Baustelle der Zeit, und Alexander sah, wie sein Traum immer schneller wuchs. Und gab es irgendwo nur die geringste Verzögerung, ließ er weitere Arbeiter in ganz Ägypten anwerben. Das war nicht schwer, denn er versprach jedem Arbeiter guten Lohn.

Jeden Tag wurde von Sonnenaufgang bis zum Sonnenuntergang auf der Baustelle gearbeitet. Bald waren die ersten Umrisse zu erkennen und damit auch die Größe der zukünftigen Stadt. Sie war über sechs Kilometer lang und symmetrisch aufgebaut.

Der prächtigste Stadtteil, der Brucheion, lag am östlichen Hafen. Er umfasste neben den Verwaltungsanlagen den Serapeion, den Tempel der ägyptischen Gottheit Sarapis, außerdem den Tempel des Poseidon und das Dionysostheater.

Die Weissagung des Aristandros sollte sich tatsächlich bewahrheiten. Alexandria entwickelte sich in den nachfolgenden Jahren schnell zu einer bedeutenden und reichen Hafenstadt, deren Waren in die gesamte Welt der damaligen Zeit gelangten.

Die Abende und auch die Nächte in Ägypten waren mild. Während es tagsüber oft brütend heiß war, versprachen die Abendstunden eine angenehme Abkühlung. Darauf freute sich Dareg besonders. Manchmal musste er an die kühlen Berghänge in seiner Heimat denken. Dort war es nur im Sommer heiß gewesen und erst gegen Abend wurden die Temperaturen erträglicher. Genauso war es hier auch.

Nun stand er schon fast zwei Jahre lang in Alexanders Diensten. Was hatte er nicht alles erlebt und dabei große Teile der

Welt gesehen und neue Freunde gefunden. Lea sorgte wie eine Mutter für ihn und Mikail war sein bester Freund. Außer Melissa natürlich. Immer wenn er darüber nachdachte, konnte er sich vorstellen, eines Tages wieder nach Hause zurückzukehren. Aber nicht ohne Melissa. Dabei hatte er sie noch gar nicht gefragt, ob sie mit ihm kommen würde. Aber er wusste, wenn es so weit war, würde er sie fragen. Ja, er würde es tun, ganz bestimmt.

So hatten sie manchen Abend um das Feuer gesessen. Mikail und Lea, Euphiletos, Kallimachos, Dareg und Melissa. Sie schmiedeten Pläne. Außer Euphiletos. Der wollte wieder zurück nach Hause. Kallimachos wusste es noch nicht genau. Dareg aber sah sich in Gedanken schon in einem kleinen Haus leben, zusammen mit Melissa und Lea und Mikail. Und Mikion natürlich. Das würde ihm gefallen.

Auch heute Abend musste er wieder daran denken. Während er in diese Gedanken vertieft durch das Lager schlenderte, immer wieder einmal stehen blieb und den Hopliten beim Würfelspiel zusah oder den Liedern der Sänger lauschte, malte er sich aus, wie es dann sein müsste. Er würde kein Hirte mehr sein, sondern Kundschafter. Vielleicht konnte er eines Tages sogar der Oberste aller Kundschafter werden, so wie Nestor? Der durfte jederzeit in Alexanders Zelt gehen, um ihm zu berichten oder sich mit ihm und seinen Vertrauten zu beraten. Eine hohe Ehre und eine Auszeichnung, die sonst nur die Strategen und die engsten Freunde Alexanders hatten.

Dareg blickte sich um. Mikion war auf einmal verschwunden. Das war seltsam und zugleich ärgerlich. Seltsam, weil Mikion nie mehr fortgelaufen war, und ärgerlich, weil er ihn jetzt erst suchen musste, und dabei wollte er noch bis ans Ende des Lagers laufen. Dort hatten Hopliten nämlich in einem Sumpfloch ein riesiges Krokodil aufgespürt. Das wollten sie jagen, aber Alexander hatte das auf einmal nicht mehr erlaubt. Für die Ägypter waren Krokodile heilige Tiere, und ein solch großes Tier zu töten, hätte sie verärgert. Für ihre heiligen Götter würden die Ägypter sicher kämpfen. Ein Aufstand oder gar Krieg gegen die Griechen würde Alexanders weitere Pläne und vor allem den Bau der neuen Stadt nur behindern. So hatte er befohlen, das große Krokodil zu fangen und in die heiligen Gärten nach Memphis zu schaffen, wo es von den Priestern gepflegt und gefüttert wurde.

Dareg blickte sich nach allen Seiten um. Er musste von dem breiten Weg, der durch das Lager führte, zurücktreten, denn ständig wurden Pferde zu den Wasserstellen hin- oder zurückgeführt. Immer wieder marschierten neu angekommene Hopliten und lange, schwer bepackte Kamelkarawanen vorbei. Dareg ließ einen Pfiff ertönen. Das war für Mikion das Signal, sofort zu seinem Herrn zurückzukehren. Und wirklich, kaum einen Moment später flitzte der braune Hirtenhund mit dem weißen Fleck über der Schnauze zwischen den Marschierenden hindurch und sprang auf Dareg zu.

»Wo warst du denn schon wieder?«, schimpfte Dareg.

Mikion wedelte mit dem Schwanz und dann bellte er kurz. Dareg betrachtete ihn ganz genau. Es sah ganz so aus, als hätte er sich von einem Krieger einladen lassen. Oder hatte ihm ein Sklave einen saftigen Knochen überlassen? Mikion erbettelte mit seinem treuherzigen Blick immer wieder die eine oder andere Leckerei, obwohl er genug Futter bekam.

Jetzt bellte er, und dieses Mal wollte er, dass Dareg ihm folgte. Und als er das tat, lief der Hund eilig voraus. Dareg folgte ihm bis hin zu einem stillen Palmenhain, wo die Zelte der Strategen und der Vornehmen standen. Sie gruppierten sich in einem großen Halbrund um das größte und prächtigste Zelt des ganzen Heeres: Hier lebte Alexander. Dareg hielt an.

Die Leibgarde des Königs bewachte diesen Teil des Lagers. Bei Tag hielten sie jeden auf, der sich hier herumtrieb. Jetzt, in der Dunkelheit, sah die Sache anders aus. Nach dem Attentat auf Alexander hatten sie Befehl, jeden anzuhalten, der hier unterwegs war. Selbst enge Freunde und Vertraute wie Hephaistion oder Mikail mussten erklären, wer sie waren. Wer nicht sagen konnte, was er hier zu suchen hatte, für den konnte es gefährlich werden. Allen Wachposten war es erlaubt, nach dem ersten Warnruf einen Speer zu schleudern. Dareg wusste nur zu gut, wie ungehalten Alexander werden konnte, wenn man ihn störte. Die Nacht gehörte ihm allein. Dann hielten sich junge Sklavinnen oder Geschichtenerzähler in seinem Zelt auf. Alle wussten das, und wer dagegen handelte, zog sich den Zorn des Königs zu. Mikion kümmerten all diese Verbote nicht. Er begann, auf ein prächtiges Zelt am Rand des kleinen Lagers zuzuschleichen, aber Dareg hielt ihn fest und kniete neben ihm nieder.

»Halt, mein Guter, nicht so schnell«, raunte er, »hier können wir nicht bleiben. Komm, lass uns wieder verschwinden.«

Mikion versuchte, sich sanft aus dem Griff zu befreien. Dann hatte er sich tatsächlich aus Daregs Armen gewunden und nach zwei Sprüngen blieb er neben einem Zelt stehen. Dareg schlich zu ihm, kniete wieder neben ihm nieder und streichelte ihn. Kein Zweifel, Mikion witterte jemanden, denn er kannte und den er schon einmal erkannt hatte. Dareg hörte Stimmen. Vorsichtig legte er sein Ohr an die Zeltwand. Jetzt konnte er ganz deutlich zwei Männer hören, die miteinander sprachen. Ihre Stimmen kannte er aber nicht.

»Was tun, wenn Pindar nicht auf unserer Seite stehen will?«, fragte die eine Person.

»Still, du Narr, keine Namen!«

Der erste Mann lachte leise.

»Misstrauisch wie ein alter Wolf. Was fürchtest du?«

»Keine Namen«, zischte die andere Stimme erneut.

Erneut lachte jemand in der Dunkelheit.

»Sag doch einfach: Du fürchtest den Zorn der Götter, wenn du ihn aussprichst, nicht wahr?«

»Du verstehst nichts und ich will mir deinen Spott auch nicht mehr länger anhören. Möge dir Hermes einen angenehmen Schlaf schenken und ...«

Jetzt zögerte der Sprecher auf einmal.

»Ja?«

»... und Klugheit.«

Ein spöttisches Lachen war die Antwort. Auf einmal schob jemand die Zeltbahn auf die Seite. Eine Gestalt erschien und sah sich prüfend um, bevor sie lautlos davonschlich. Obwohl Dareg sich sogleich samt Mikion geduckt hatte, versuchte er trotzdem, den Mann zu erkennen. Doch hier war es viel zu finster, um zu sehen, wer der geheimnisvolle Besucher gewesen war. Aber zumindest konnte er herausfinden, wem das Zelt gehörte. Denn das war sicher, es war kein Zelt eines Strategen, aus dem der Unbekannte fortgeschlichen war. Einen Namen hatte er gehört. Pindar. Dareg überlegte. Er kannte nur einen Pindar und das war der Berater des Pharao.

3

Pharao Artaxerxes tobte vor Wut.

Seit beinahe drei Wochen hielt man ihn hier in seinem eigenen Palast gefangen. Und seit ein paar Tagen durfte er nicht einmal mehr sein persönliches Schlafgemach verlassen. Das war mit all den Kleiderkammern, Ankleidezimmern und Bädern so groß, dass man sich darin beinahe verlaufen konnte. Jetzt aber, im größten Raum, in dem auch sein prächtiges Bett stand, hielt sich außer ihm und Pindar, seinem Berater und Übersetzer, niemand mehr auf. Das war ganz gut so. Denn der Pharao schäumte vor Zorn und ließ sich kaum beruhigen. In zahlreichen Wutanfällen hatte er bereits eine ganze Reihe wertvoller Vasen zerschlagen und zwei prächtige Sessel mit seinem Schwert zertrümmert. Jetzt stand er an einem der mannshohen Fenster, die zu den weiten Gärten des Palastes hinaus lagen. Er betrachtete nichts Bestimmtes, sondern blickte einfach nur hinaus. Pindar saß einige Schritte hinter ihm auf einem Schemel und studierte ein Dokument. Darauf waren Alexanders neueste Anordnungen aufgeführt. Er las dem Pharao das Dokument vor und berichtete auch von Alexanders Fortschritten über die neue Stadt direkt an der Küste. Doch das interessierte den jungen Herrscher nicht. Er hörte nicht einmal zu.

»Wo ist die Palastwache?!«, wollte er plötzlich wissen.

»Es gibt sie nicht mehr, Göttlicher. Die Griechen haben sie entwaffnet.«

»Die Griechen, die Griechen, die Griechen!«, höhnte der Pharao. »Seit Wochen höre ich nur die Griechen hier, die Griechen da. In meinem eigenen Palast bin ich ein Gefangener. Hat auch nur ein Soldat versucht, mich zu befreien? Nein, sie haben die Waffen gestreckt wie ängstliche Kinder. Jedes Weib hat mehr Mut als diese Feiglinge. Bei Osiris und Apis, ich bin der Pharao, und ich frage: Wo sind meine Truppen? Wo ist die ägyptische Armee?«

Bei den letzten Worten hatte er sich zu Pindar umgewandt. Der erschrak beinahe bei dem Anblick, den der Pharao bot. Das Gesicht war vor Wut verzerrt und beide Augen traten fast aus ihren Höhlen.

»Los, antworte mir, Pindar!«

»Göttlicher Pharao! Beruhige dich.«

Er sammelte sich ein wenig und trat dann auf den jungen Herrscher zu.

»Alexander hat die ganze Armee entwaffnet und …«

»Entwaffnet?«, fragte der Pharao verblüfft.

»Jawohl, Artaxerxes, entwaffnet. Genauso wie die Leibgarde, die Palastwache und die Grenztruppen. Das Land liegt nun in der Hand der Griechen, und wir alle tun gut daran, uns gut mit ihnen zu stellen. Nur so können uns die Götter beistehen.«

Die Miene des Pharao wechselte von Überraschung wieder hin zu mühsam unterdrückter Wut, so als müsse er noch einmal jedes Wort in Gedanken wiederholen.

»Dieses Land habe ich einst erobert«, begann der Pharao, und er knirschte mit den Zähnen.

Nur mühsam beherrschte er seine immer noch große Wut.

»Ich weiß, Göttlicher …«, begann Pindar, doch der Pharao sprach bereits weiter.

»Niemals zuvor hat es ein Grieche gewagt, seine Füße auf ägyptische Erde zu setzen, und du sagst mir, dass wir uns beugen müssen?«

»Göttlicher Pharao«, begann Pindar zu sprechen, und während er das tat, trat er noch näher auf ihn zu, »Alexander ist der Herr und er hat Ägypten im Handstreich genommen. Vergiss das nicht. Lass uns klug sein.«

»Ich bin klug, denn ich bin der Herr aller Ägypter! Hast du das etwa vergessen?«

Der Pharao stampfte zornig mit dem Fuß auf, als er antwortete. Pindar war verzweifelt. Der haltlose, kindische Zorn des jungen Herrschers war gefährlich. Niemand kannte Alexander genau, und niemand wusste, was er weiter vorhatte und in welcher Laune er war. Wenn es ihm gefiel, würde er den Pharao und seinen gesamten Hofstaat hier im Palast hinrichten lassen, nur um zu zeigen, wer der wirkliche Herrscher des Landes war. Genauso konnte Alexander den Gottkönig und seine Getreuen ins Exil schicken. In irgendein Land der Nachbarschaft. Aber in welches? Das wusste Pindar im Moment auch nicht zu sagen. Schließlich hatte Alexander beinahe ganz Asien erobert und sein Wort galt überall. Es war wirklich besser, abzuwarten und den Griechenkönig keinesfalls zu verärgern.

Da ertönte zwischen den mächtigen Säulen des Schlafgemachs ein höfliches Räuspern. Dies war das Zeichen, dass ein Diener mit einem Anliegen vorsprach. Der Pharao wandte sich wieder zu den großen Fensteröffnungen hin. Der Dienstbote am Eingang des Schlafgemachs hatte seinen Kopf so tief gebeugt, dass er den Pharao nicht ansehen konnte. Denn das durfte er nicht. Es galt als große Ehre, den Herrscher von Ägypten von Angesicht zu Angesicht zu betrachten. Aber wer es ungefragt oder ohne Erlaubnis tat, riskierte seinen Kopf.

»Was ist denn?«, fragte Pindar ungehalten.

»Göttlicher Pharao, Herrscher unseres Landes. Der König der Griechen bittet um eine Audienz bei seiner Göttlichkeit.«

Pindar nickte, bevor er antwortete.

»Richte dem König der Griechen aus, dass wir es ihn wissen lassen, wenn seine Göttlichkeit bereit ist. Jetzt ist er müde und muss ruhen. Und nun geh.«

Der Diener beugte sich noch tiefer, und dann schritt er rückwärts hinaus, bis er verschwunden war.

»Hast du gehört?«, fragte Pindar, zu Artaxerxes gewandt, »Alexander will mit dir reden. Wir sollten die Gelegenheit nutzen und…«

»Schweig, aber sofort!«, schrie der Pharao. »Gar nichts werden wir, hörst du? Gar nichts! Ich spreche nicht mit diesem Mann. Er ist von niederer Geburt, Sohn eines Königs aus einem Land mit dem Namen Makedonien. Der wagt es und will mit mir sprechen? Von Angesicht zu Angesicht? Mit mir, Artaxerxes Ochos, der ich einst Ägypten erobert habe? Ist dieser Mann verrückt geworden?«

»Göttlicher, er ist ein mächtiger Feldherr und König aller Griechen und…«

»Genau, er ist ein Grieche, nur ein Grieche. Was ist das schon? Geh jetzt, Pindar! Wie du schon sagtest, ich bin müde.«

»Artaxerxes…«, begann Pindar, aber der König schnitt ihm mit einer herrischen Bewegung das Wort ab.

»Schweig. Ich will allein sein.«

»Ja, Herr.«

Seufzend erhob sich Pindar und schritt hinaus. Als er fast an der Türe angekommen war, wandte er sich noch einmal um.

»Auch ich bin ein Grieche, großer Pharao. Nur ein Grieche.«

Als er das sagte, hoffte er, Artaxerxes würde dies hören. Der aber hatte sich längst auf sein breites Bett geworfen und starrte hinauf auf die endlos hohe Decke seines Schlafgemachs.

4

Was hat er getan?«, fragte Alexander verblüfft und sah auf den Mann vor sich.

Der Diener des Artaxerxes war vor Alexander getreten und richtete die Antwort aus. Er sprach ein ganz leidliches Griechisch und berichtete von der heftigen Auseinandersetzung zwischen dem Pharao und seinem getreuen Berater Pindar von Theben. Die übrigen Strategen blickten sich nur ungläubig an. Alexander stand da, noch in seiner prächtigen Rüstung, vom Staub bedeckt, denn soeben war er von der Baustelle an der Küste zurückgekehrt.

»Du willst mir also sagen, dass dein Herr, Artaxerxes von Ägypten, mich nicht zu sehen wünscht?«, fragte Alexander und wirkte ein bisschen belustigt.

Bevor der Diener darauf antworten konnte, wandte sich Alexander zu seinen Strategen um. »Gut, wenn er nicht mit mir sprechen will. Dann eben nicht. Ihr seid alle Zeugen. Ja, beim Zeus, ich habe versucht, ein höflicher Mann zu sein. Aber seht selbst, wie es mir gedankt wird.«

Seine Strategen blickten ihn an und bei allen konnte er den Zorn über diese Demütigung in ihren Gesichtern ablesen.

»Was dieser Pindar da gesagt hat, kann in diesen Zeiten nicht der Mund des Pharao sein, der da zu uns spricht«, versuchte Seleukos zu beschwichtigen.

»Gib dir keine Mühe, mein lieber Seleukos. Die Zeiten haben sich geändert und die Sonne scheint nicht mehr für Artaxerxes. Die Götter haben sich von ihm abgewandt und dies will er einfach nicht wahrhaben.«

Alexander winkte seinem Leibdiener, dass der ihm den Bronzeharnisch abnahm. Der Mann tat es und Alexander streckte sich, rieb sich beide Arme. Dann betrachtete er sein Gesicht in einem blanken Spiegel aus poliertem Silber. Sein Gesicht war verschwitzt und er freute sich auf ein entspannendes Bad. Da trat Hephaistion zu ihm.

»Alexander?«

»Mein Freund?«

Er wandte sich um und griff seinem besten Freund an die Schulter und der ergriff die Hand seines Königs.

»Sieh dich vor. Diejenigen, die dir schaden wollen, ja dich töten wollen, haben nicht aufgegeben. Wir wissen von Worten und bösen Gedanken.«

»Woher habt ihr solche Nachrichten?«, wollte Alexander wissen.

»Diejenigen, die dir dienen, haben ihre Augen und Ohren überall. Sie haben Angst um dich. Die Verschwörer haben nicht aufgegeben.«

»Du siehst dunkle Schatten, alter Freund. Sei beruhigt, niemand wird mir etwas antun können. Die Götter schützen mich.«

Sein Freund wollte etwas erwidern, aber Alexander schüttelte nur den Kopf.

»Hephaistion!«

»Ja, Alexander?«

»Schick noch einmal zweitausend Krieger nach Memphis. Du selbst führst sie an. Rede mit diesem Pindar. Sag ihm, dass ich Memphis niederbrennen lasse, wenn es mir gefällt.

Und mit dem Palast werde ich anfangen. Frag ihn dann, wie ihm das gefällt. Dann wollen wir doch sehen, ob sein Herr nicht doch mit mir reden will.«

Hephaistion nickte lächelnd, weil er genau verstanden hatte. »Es wird so geschehen, wie du sagst, Alexander.«

Noch am selben Abend setzte er die Truppen in Marsch.

5

Euphiletos und Kallimachos marschierten mit einem Teil der Streitmacht nach Memphis. Zusammen mit vielen Sklaven, die einen Teil des Gepäcks trugen, waren sie bereits viele Stunden unterwegs. In der Nacht war es angenehm kühl gewesen, aber nun, in der heißen Sonne, schwitzten sie gewaltig. Immer wieder tranken sie aus ihren Ziegenledersäcken. Sie mussten sich das lauwarme Wasser einteilen, denn bis zum nächsten Brunnen war es noch weit. Euphiletos lauschte dem Klang vieler tausend Sandalen, dem Klirren der Waffen, dem Knarren der Schilde und dem rhythmischen Geräusch der Lederrüstungen auf der nackten Haut der Phalangiten. Das alles zusammen klang wie ein gleichmäßiges Rauschen. Die Bronzehelme in Säcke gestopft, die Köpfe mit Tüchern verdeckt, marschierten Griechen aus Athen, Theben, Sparta, Paros, Korinth, von den Kykladen wie auch aus Thessalien seit Stunden dahin. Manchmal jagten Reiter an ihnen vorbei, eine Staubwolke hinter sich herziehend, sodass die Krieger husten mussten. Der Staub brannte in den Augen. Die Reiter waren Boten, die zur Spitze des Zuges wollten. Sie überbrachten Hephaistion und seinen Hauptleuten Nachrichten.

»Onkel?«, sagte Kallimachos auf einmal.

»Was ist?«, antwortete Euphiletos.

»Wann glaubst du, werden wir heimkehren?«

»Das hast du mich schon so oft gefragt«, antwortete Euphiletos, »aber ich kann nichts anderes sagen: Ich weiß es nicht.«

Kallimachos fragte nichts mehr und verfiel wieder in gleichmäßigen Marschtritt. Euphiletos jedoch hatte darüber seit Monaten ganz genau nachgedacht. Es war lange her, seit sie beide, er und sein junger Neffe, an jenem frühen Morgen aus ihrem Dorf fortgegangen waren. Seitdem war kein Tag vergangen, an dem er nicht an zu Hause gedacht hatte. Wie es wohl seiner Ehefrau Demarete ging? Was sie wohl gerade tat? Und Kalliste und Andata, seine beiden Töchter? Was war aus ihnen geworden? Hatte Andata schon einen Bräutigam? Und würde Kalliste mit ihrer Hochzeit warten, bis er wieder zu Hause war? Und wie stand es um seinen kleinen Hof? Wer bestellte nun seine Felder und säte die Gerste? Wer kümmerte sich um den kleinen Weinberg und erntete die Oliven von den Bäumen bei der kleinen Quelle? Bereits zwei Mal hatte er die Getreideernte und die Traubenlese versäumt. Und der Olivenmonat stand bereits das dritte Mal an. So lange waren sie schon unterwegs.

»Alexander sagt«, meinte Kallimachos plötzlich, »wer will, kann hier eine neue Heimat finden. In Ägypten. Aber wie soll das gehen? Ich muss dauernd an daheim denken.«

Euphiletos seufzte und dann nickte er nur. Was sollte er darauf antworten? Wie sie alle kannte er die Ansprachen ihres Heerführers. Wie er sie ermutigte, sich hier eine Ehefrau zu suchen, um dann in dem Land, in dem sie siegreich gewesen waren, die Erde zu bestellen und ein Haus zu bauen. Nicht wenige Krieger hatten dies schon gemacht. Viele hatten die Witwen der Gefallenen aus Gaza und später aus Tyros geheiratet. Ja, das waren bereits so viele gewesen, dass Alexander tapfere und verdiente Sklaven zu freien Männern erklärte, nur damit er weiterhin genug Krieger für sein Heer hatte. So war Marius, Euphiletos eigener Sklave, ein freier Mann geworden.

Er diente nun als Phalangit in einer anderen Phalanx. Sie hatten lange nichts mehr von ihm gehört. Aber viele Soldaten wollten auch bleiben, was sie schon immer gewesen waren: Krieger. Sie dienten Alexanders großer Vision: Ein einziges Reich zu schaffen, in dem alle Menschen griechische Bürger waren, Griechisch sprachen und so lebten, wie die Griechen es seit langer Zeit immer schon taten.

Dieses neue Reich sollte noch weiter reichen als sie bisher gekommen waren. Ja, sie alle wussten, dass Alexander noch weiter wollte. Bis nach Persien in das Land des einstigen Herrschers Dareios. Aber der Weg dorthin war weit, und es würde noch lange dauern, bis sie dort waren.

»Memphis!«, schrie eine Stimme laut.

Euphiletos hob den Kopf. In nicht mehr allzu großer Entfernung konnte er die gewaltigen Mauern einer großen Stadt erkennen. Die Hauptstadt der Ägypter. Dieser Anblick war, nachdem sie Stunden über Stunden durch die gewaltigen Getreidefelder entlang des Nils marschiert waren, einfach überwältigend. Euphiletos Herz klopfte, und irgendwie war er doch neugierig, die Stadt zu sehen, von der alle erzählten, wie groß und prächtig sie war. Größer und prächtiger als Tyros, Gaza oder Theben. Ja, sogar größer als Athen, obwohl sich Euphiletos das kaum vorstellen konnte.

»Memphis!«

Als der Ruf noch einmal ertönte, schlugen die Krieger mit der Faust auf ihre Rüstungen oder ihre Schilde. Bald darauf marschierten die mehr als zweitausend Hopliten in die Stadt ein.

6

Seit der Pharao in seinem eigenen Palast als Gefangener lebte, waren nur noch wenige Diener für ihn zuständig. Einige fürchteten, dass die Griechen ihn vergiften wollten. Sollte dies geschehen, konnte jeder der Dienerschaft dafür verantwortlich sein und musste dann um sein eigenes Leben fürchten. Andere Diener erkannten schnell, dass Alexander nun der neue Herr Ägyptens war. So wollten sie sich mit den Griechen lieber gut stellen.

Noch gegen Mittag, als die Sonne am höchsten Punkt des Himmels stand, waren unter der Führung von Hephaistion zweitausend weitere Hopliten nach Memphis gekommen. Unweit des Königspalastes gab es kleine Palmenwäldchen, in deren Schatten sich die Krieger lagerten. Ihre gefürchteten Stoßlanzen stellten sie zu kleinen Pyramiden auf, die Schilde legten sie sorgsam auf den trockenen Sandboden oder lehnten sie an große Steine. Dann entzündeten sie Wachfeuer und warteten auf weitere Befehle.

Im Palast war Pindar der Einzige, der sich noch ständig in der Nähe seines Herrn aufhielt. Es war nicht leicht, den jungen, gekränkten Pharao aufzumuntern und ihm zugleich weiter zur Seite zu stehen. In dem Saal, den Pindar als Schreib- und Arbeitszimmer nutzte, gab es statt einer Türe lange Vorhänge aus fein gewebter schneeweißer Seide, die von der

Decke bis auf den spiegelglatten Boden herabreichten. Das war überall so, den seit jeher wollten die Pharaonen keine verschlossenen Türen in ihrem eigenen Palast dulden. Pindar hörte ein leises, höfliches Räuspern, und als er aufblickte, trat ein Diener näher.

»Pindar, zwei edle Herren wollen dich sprechen.«

»Was sind das für Herren?«, fragte er misstrauisch.

»Das haben sie nicht gesagt, aber sie meinten, ich soll dir sagen: Es geschieht zum Wohle Ägyptens.«

Pindar war überrascht. Konnte es sein, dass Alexander ihm heimlich Verhandlungspartner schickte? Oder wollte man mit seiner Hilfe den Pharao still und heimlich aus dem Weg räumen?

»Lass sie ein!«, befahl er neugierig.

Der Diener nickte und wenig später traten zwei Männer in das Gemach. Respektvoll blieben beide im Schatten unweit der hohen Wände stehen. Die unbekannten Besucher streiften die langen Tücher ab, die sie sich über den Kopf gezogen hatten. Beide Männer waren etwa vierzig Jahre alt und trugen gepflegte Bärte. Sie wirkten vornehm und waren sicherlich Griechen.

»Die Götter schützen dich, edler Pindar von Theben.«

»Wer seid ihr?«, fragte er verblüfft.

»Mich nennt man Archibides von Athen und dies ist mein Gefährte Menelos von Korinth. Wir sind hier, um dir unsere Hilfe anzubieten.«

»Hilfe?«, fragte Pindar, noch immer ein wenig überrascht.

»Ja, für dich und deinen Herrn. Zum Wohle Ägyptens.«

»Hat euch Alexander geschickt?«

Menelos lachte statt einer Antwort und beide Männer traten näher. Pindar sah jetzt, dass sie unter ihren langen Gewändern den Brustpanzer der griechischen Krieger trugen. Beide waren mit kurzen Schwertern bewaffnet.

»Nein, Alexander ist der Letzte, der uns schicken würde. Wir gehören nicht zu seinem Heer. Nicht mehr.«

»Wie seid ihr dann in den Palast gekommen?«

»Das war einfach. Die Stadt ist voller Griechen und so fallen wir nicht weiter auf.«

Pindar blickte beide an.

»Ihr Herren, sagt mir, was wollt ihr?«

Beide Männer nahmen ohne Aufforderung auf zwei Schemeln Platz. Dann berichteten sie abwechselnd. Pindar erfuhr ihre ganze Geschichte: Beide, Archibides und Menelos, waren im Auftrag einer Gruppe griechischer Adeliger unterwegs. Diese Vornehmen waren wütend darüber, wie rücksichtslos sich Alexander zum König gemacht hatte. Sie versuchten seitdem immer wieder, ihn zu beseitigen. Deshalb waren Archibides und Menelos bereits Wochen vor dem griechischen Einmarsch mit einem Schiff von Kreta übers Meer gekommen. Heimlich in Ägypten gelandet, versteckten sie sich beide seitdem in einem Haus unweit des Nils. Unerkannt waren sie einige Male im Heerlager gewesen und hatten so alles über Alexanders Pläne erfahren. Nun waren sie hier in Memphis, bereit, etwas gegen Alexander zu unternehmen. Etwas, wozu eine besondere Art von Kriegslist gefragt war, wie Archibides erklärte.

»Wir sollten nichts unversucht lassen, um deinem Herrn, dem Pharao, zu helfen, seinen Thron zu behalten. Wenn Alexander stirbt, bleibt dein Herr Pharao von Ägypten. Und du sein Berater«, schloss Archibides seinen Bericht.

Pindar schwieg eine Weile und dachte nach. Dann lächelte er auf einmal.

»Ja, ihr habt Recht. Folgt mir.«

Er ließ nicht, wie sonst, einen Kammerdiener des Pharao kommen, um den Besuch von Pindar und zwei Gästen anzukündigen. Das war zu gefährlich, denn wem konnte er noch trauen? Nein, dachte Pindar, im Augenblick war es besser, die Privatgemächer des Herrschers heimlich aufzusuchen. Das war nicht ganz einfach, denn im Königspalast wimmelte es von griechischen Wachen, die argwöhnisch jeden kontrollierten, der sich in dem riesigen Palast aufhielt. Doch auch diesen Wachen war es unmöglich, alle Winkel und Ecken zu kontrollieren. Der Palast der Könige war einfach zu groß und es gab endlos lange Gänge, unzählige Säle und Zimmer, Durchgänge und große Hallen. Und immer wieder Säulen, die so groß und breit waren, dass man sich dahinter verstecken konnte.

So gelangten die drei Männer unbemerkt zu den Schlafgemächern des Pharao. Sie trafen ihn wieder einmal mit schlechter Laune an. Zwar hatte ihn ein Diener massiert und ein weiterer Diener seine Haare gerichtet. Zwei Sklavinnen schminkten ihm das Gesicht und setzten ihm zuletzt eine goldene Kappe aufs Haupt. Außer einem langen Seidentuch um die Hüften und goldenen Sandalen trug der Gottkönig nichts weiter. Archibides und Menelos begrüßten ihn voller Respekt.

»Göttlicher Artaxerxes! Möge der Gott der Perser, der große Ahura Masda, dazu Amun, Gott der Sonne und Stammvater von gottgleichen Herrschern, alle Zeit seine schützende Hand über dich halten, König und Beherrscher aller Ägypter.«

Erneut verbeugten sich die beiden Männer und warteten darauf, dass Pindar als Sprachrohr des Pharao für sie sprechen würde. So huldvoll war Artaxerxes lange nicht mehr begrüßt worden. Er setzte sich würdevoll, aber noch immer mürrisch, auf einen der prächtigen vergoldeten Sessel und schwieg. Er wartete, dass Pindar für ihn sprach, so wie er es all die Zeit immer getan hatte.

»Göttlicher Artaxerxes, diese beiden Männer sind Verbündete. Auch wenn sie Griechen sind. Sie wollen uns helfen.«

Pindar wandte sich an die beiden.

»Erklärt seiner Majestät, wie ihr das anstellen wollt.«

»Alexander ist als Eroberer und nicht als Gast nach Ägypten gekommen«, begann Archibides. »Doch er wird kaum hier bleiben. Wir kennen ihn und seine Eigenheiten. Er will weiter, nach Persien. Der König lebt im Feldlager seines Heeres und hält sich ungern in einem Palast auf. Wenn du, großer Pharao, ihn bittest, zu dir zu kommen, wird er das tun. Hier in den Palast der Könige. Du brauchst ihm nur zu sagen, dass du dich ihm unterwerfen und ihm huldigen willst.«

Der Pharao machte ein Geräusch, das sich anhörte, als wenn er sich nur mit größter Mühe beherrschen könnte. Schnell antwortete Pindar.

»Der Göttliche kann nur seinen Göttern huldigen. Denn niemand sonst steht über ihm.«

»Das wissen wir sehr gut, großer Pharao, und eben deshalb wird Alexander kommen. Er ist eitel. Die Aussicht, aus deiner Hand die Insignien von Ägypten zu erhalten, wird ihn sorglos machen. Und seine Generäle dazu. Er wird kommen. Dann ist es an der Zeit, alle weiteren Entscheidungen einem Verbündeten zu überlassen.«

»Noch ein Verbündeter? Wer soll das sein?«, wollte Pindar wissen und blickte zugleich zu dem sitzenden Herrscher.

»Uräus, der Gott«, antwortete nun Menelos statt Archibides.

Die beiden Männer lächelten nur, und Pindar, der nichts darauf zu sagen wusste, musste feststellen, dass auch der Pharao plötzlich zu lächeln begann.

7

Der Himmel entlang der Küste verfinsterte sich immer schneller. Während in Memphis eine frische Brise für etwas Entspannung nach dem drückend schwülen Tag sorgte, blies ein frischer Wind immer mehr Wolken über das Meer an die ägyptische Küste. Alle blickten besorgt zum Himmel. Die Wolken reichten nicht weit in die Wüste hinein, wo sie von der Sonne bald aufgelöst wurden, sondern hingen dicht und schwer über der Küste. Und sie wurden von Stunde zu Stunde dunkler. Sollte ein Sturm mit schweren Regenfällen über das Land niedergehen, würde dies die Ernte treffen. Die Bauern in der Nilgegend glaubten fest, an diesem drohenden Unwetter wären die griechischen Eindringlinge schuld. Da ließ Alexander Boten aussenden. Er befahl, dass die ägyptischen Priester die Götter um segensreichen Regen bitten sollten.

Zugleich sandte der Pharao einen Boten an Alexander. Der machte sich, trotz des drohenden Unwetters auf, immer die Straße von Memphis an der Küste entlang. Das Heerlager war sein Ziel. Der Bote fuhr seinen Streitwagen, so schnell die Pferde konnten. Der Pharao will dem König der Griechen huldigen! So lautete die Botschaft.

Alexander hatte einen weiteren anstrengenden Tag hinter sich. Baumeister, Straßen- und Brückenbauer, aber auch Steinmetze und Mosaikkünstler hatten den ganzen Tag über mit ihm gesprochen und ihm die Baustelle gezeigt. Alle waren sie mit weiteren, neuen Ideen und Wünschen betraut worden. Dann besuchte er die neu aufgestellte Reiterei, die zum großen Teil aus Ägyptern bestand. Er selbst kehrte nach diesen stundenlangen Besprechungen müde und verschwitzt in sein großes Zelt zurück, wo ihn Sklaven auskleideten und badeten. Danach massierten sie seinen müden Körper, ölten und salbten ihn. Dabei unterhielten ihn Flötenspieler, die traurige Lieder aus seiner Heimat spielten. Alexander lag auf seinem Lager ausgestreckt und hörte zu. Zuletzt bat er die Musiker, lieber griechische Lieder zu spielen, die von Dionysos, dem Gott des Weines erzählten. Das war das Zeichen, dass er sich den weiteren Abend mit Wein und jungen Leuten vergnügen wollte.

Auf einmal wurde der Bote des Pharao angekündigt. Alexander wollte gleich hören, was er zu sagen hatte, und der Mann trat vor ihn, vom Staub bedeckt, und begann nach einer kurzen Begrüßung sogleich mit seiner Botschaft: Der König und Pharao von Ägypten wünscht, sich mit dem größten und mächtigsten Herrscher der Welt zu treffen und mit ihm zu sprechen. Allein, von Angesicht zu Angesicht. Nicht nur Alexander, sondern auch seine übrigen Strategen waren über das plötzliche Einlenken des jungen Pharao überrascht.

»Hephaistion muss ihm einen gehörigen Schrecken eingejagt haben«, meinte Alexander lachend.

Er befahl, dem Boten etwas zu trinken zu bringen. Dann trug er ihm auf, was er dem Pharao als Antwort übermitteln sollte: Alexander ist bereit, den König von Ägypten zu treffen, und dies schon bald.

»Ja genau, in drei Tagen werde ich erneut in Memphis eintreffen. Sag das deinem Herrn und sag ihm auch, dass ich ihm nichts Böses will. Ich weiß, er ist von königlichem Blut, und Alexander vergießt kein Blut eines Königs, der sich unterwerfen will.«

Der Bote verbeugte sich und brach noch in derselben Nacht mit dieser Nachricht zurück in die Hauptstadt auf, wo nur einen Tag später Pindar selbst sie dem Pharao überbrachte. Archibides und Menelos aber triumphierten. Sie waren kurz davor, dass ihr Plan endlich Erfolg hatte.

8

Die Wände des großen Saales waren bis unter die Decke mit Bildern bedeckt. Eine Wand zeigte die Ahnen der Pharaonen. Längst verstorbene Könige in der Maske des Krokodils, die Kinder des Herrscherpaares. Auf einer weiteren Wand war der Pharao auf Löwenjagd zu sehen. Wie er, in einem Streitwagen stehend, einen mächtigen Löwen mit der Lanze jagte. Dazwischen stand immer wieder die Bilderschrift der Ägypter und erzählte von den großen Taten vergangener Zeiten. Riesige Säulen stützten das Dach des Saales und dazwischen verbrannten in großen Schalen wohlriechende Hölzer und beleuchteten zugleich alles ringsum mit einem warmen, geheimnisvollen Licht.

Auf einem prächtigen Sessel saß Pharao Artaxerxes. Er trug das Gewand der ägyptischen Könige, eine lange golddurchwirkte Robe, in beiden Händen die Zeichen seiner Macht, den Stab und die Peitsche. Ein Diener führte Alexander herein und verschwand dann wieder ohne ein Geräusch. Der Griechenkönig trat vor ihn hin, aber er beugte weder den Kopf, noch die Knie zu einem Gruß. Denn ein Alexander beugt sich vor niemandem.

»Bist du wirklich allein?«, wollte der Ägypter wissen, statt ihn zu begrüßen.

Alexander musste lachen. »Wie du siehst. Aber sei versichert, meine Götter sind immer bei mir.«

Der Pharao lächelte und das gefiel Alexander nicht. Das war kein freundliches Lachen. Eher glaubte er, dass ihm der Ägypter irgendetwas verheimlichte. Aber er konnte sich auch täuschen.

»Du bist also bereit, dich zu unterwerfen?«, fragte Alexander und wunderte sich zugleich, dass der Pharao so ganz allein dasaß.

Nicht einmal Pindar war bei ihm. Plötzlich begann der Pharao, höhnisch zu lachen. Alexander blickte ihn an und sah sich dann um. Da lachte er noch mehr und Alexander wurde zornig. Was erlaubte sich dieser Ägypter? Niemand lachte über ihn, ob ein Pharao oder nicht.

»Worüber lachst du?«, wollte Alexander wütend wissen, und nach dieser Frage hörte der Pharao damit auf.

»Ich musste gerade daran denken, was du sagen wirst, wenn du erfährst, dass du dir die Macht teilen musst.«

»Teilen? Mit wem? Mit dir?«

»Nein, mit einem unserer Götter. Ihm übergebe ich meine Macht. Nur ihm allein, Uräus selbst.«

Bei diesen Worten sah der Pharao an Alexander vorbei und seine Augen leuchteten auf einmal. Alexander wandte sich um. Zugleich hörte er ein Geräusch. Er sah gleich, woher es kam. Über den glatten Fußboden glitt eine Kobra auf ihn zu. Höchstens vier Schritte vor ihm hielt sie an und richtete sich auf. Alexander erschrak im ersten Augenblick, blieb aber ohne eine Bewegung stehen und beobachtete das Tier. Langsam fuhr seine Hand an seinen Gürtel, wo sein Schwert hing. Bei dieser Bewegung beugte die Schlange den Hals nach hinten und spreizte ihren Nacken zu einem breiten Schild. Im Licht erkannte Alexander, dass es sich um eine sehr große Schlange handelte. Der Rumpf war sehr lang und fast so dick wie ein Männerarm, die fein geschuppte Haut schwarz. Sie glänzte, sobald ein Lichtschein darauf fiel. Alexander bemühte sich, ganz ruhig zu atmen. In Tyros hatten seine Männer schon Kobras gefangen, aber keine war so groß gewesen wie diese hier. Die Brillenschlange ließ ihren aufgerichteten Körper langsam hin und her pendeln und dabei zischte sie leise, das Maul ein wenig geöffnet. Ihr starrer Blick fixierte den König der Griechen.

»Beim Hades«, raunte Alexander. »Was ist das?«

Er drehte den Kopf ein wenig, um nach dem Pharao zu sehen. Der saß noch immer ruhig auf seinem Sessel. Nur lächelte er jetzt spöttisch.

»Das?«, fragte Artaxerxes belustigt. »Das ist Uräus, einer unserer Götter. Er nähert sich dir in Gestalt der Schlange, und wenn du der neue Herrscher dieses Landes sein willst, dann knie nieder und huldige ihm. Jawohl, huldige der heiligen Schlange.«

»Und wenn mich Uräus nicht anerkennt?«

»Dann wird sie dich mit ihrem Biss töten.«

Kaum merklich wich Alexander zurück, und sofort begann die Schlange, sich erneut mit dem Oberkörper hin und her zu wiegen. Wieder zischte sie leise. Der Pharao erhob sich von seinem Stuhl.

»Ja, die Götter werden das Schicksal des Landes bestimmen und nicht du. Höre, Alexander von Makedonien. Noch nie ist ein Sterblicher dem tödlichen Biss der heiligen Schlange entkommen. Noch niemals.«

Alexander merkte, wie er schwitzte. Das kam nicht nur von der anhaltenden Schwüle, die in diesem Saal zu spüren war.

»Höre, Artaxerxes«, sagte Alexander mit rauer Stimme, »du sollst wissen, dass mich deine Götter nicht aufhalten können, bei dem was ich vorhabe. Höre, was ich dir sage, und dein Gott Uräus in der Gestalt einer Schlange soll es auch hören: Memphis ist nicht länger Hauptstadt deines Reiches. Es wird eine neue Stadt und einen neuen Pharao geben.«

Alexander hörte erneut das leise Zischen der Schlange. Das Tier kam nun auf ihn zu. Er riss sein Schwert heraus. Erneut stoppte die Kobra und richtete sich wieder drohend vor ihm auf. Da begann der Pharao, seine beiden Arme auszubreiten und mit lauter Stimme zu rufen: »Osiris selbst stehe dir bei, göttliche Schlange! Tu dein Werk, Uräus. Und tu es gut!«

Dann ertönte wieder sein spöttisches Lachen, das plötzlich leiser wurde, bis es ganz verschwand. Artaxerxes verließ den Raum durch einen geheimen Ausgang. Alexander schwitzte. Weniger vor Angst, eher voll Zorn über das Gebaren des Pharao. Dass er ihn so betrogen hatte, versetzte ihn in Wut. Er hob sein Schwert, blieb jedoch noch immer stehen.

»Hier steh ich, Alexander, und du musst an mir vorbei, Gott in der Gestalt eines scheußlichen Wurms!«

Die Schlange spürte genau, dass sich da jemand vor ihr bewegte. Mit einem Mal schoss sie blitzschnell auf ihren vermeintlichen Gegner zu. Alexander machte zwei Schritte zurück und stieß dabei mit dem goldenen Sessel zusammen, der dort stand. Mit einer Hand packte er ihn, riss ihn herum und stieß ihn der Schlange entgegen. Die Kobra stieß wie ein Pfeil auf den Stuhl zu und biss zu. Sogleich merkte sie ihren Irrtum und bog den schmalen Kopf blitzschnell wieder zurück, bereit, erneut zuzustoßen.

Dann glitt sie unter dem Stuhl hindurch, genau auf Alexanders Beine zu. Sie war unglaublich schnell, doch er wartete den winzigen Augenblick ab, der entscheiden sollte, was die Schlange jetzt gleich weiter tun würde. Blieb sie auf dem Boden und biss ihn in den Fuß? Oder würde sie sich erst erneut aufrichten und dann nach ihm beißen? Genau dies tat sie. Kaum war sie zur Hälfte unter dem Stuhl hindurch, als sie sich wieder aufrichtete, bereit, den nächsten Angriff auf Alexander zu beginnen. So würde sie ihn am Arm oder an der Hüfte treffen, und ihr Gift würde ausreichen, ihn zu töten. Aber Alexander war schneller. Seine Schwertklinge traf genau den Hals und einen Augenblick später war die Schlange ohne Kopf. Der fiel zu Boden, wo das Maul noch einmal nach seinen Zehen schnappte. Doch dann, ein kurzes Zucken und auch der schwarze Schlangenleib lag still.

Alexander keuchte. Ob ein Gott in der Gestalt einer Schlange oder nicht. Er hatte sie erwischt. Jetzt war sie tot und stellte keine Gefahr mehr für ihn dar. Er blickte sich um und lauschte. Aber es schien die einzige Kobra gewesen zu sein. Seine Hände zitterten so sehr, dass er sich an dem umgestürzten Sessel festhalten musste. Das Schwert glitt ihm aus der Hand und fiel klirrend auf den glatten Boden. Er sank langsam neben dem Stuhl nieder und starrte auf die tote Schlange.

Auf einmal stand Hephaistion mitten im Saal. Als er seinen Freund und König auf dem Boden kauern sah, stürzte er zu ihm. Was er im ersten Moment sah, versetzte ihn in große Angst. Eine Schlange. Hatte sie ihn tödlich getroffen?

»Alexander, mein Herr! Was ist mit dir? Hat sie dich gebissen?«

»Nein … es ist nichts.«

Alexander blickte auf und versuchte zu lächeln und erst mit einiger Mühe gelang es ihm. Seine Stimme bebte und er konnte kaum sprechen vor lauter Zorn.

»Hephaistion!«

»Alexander?«

»Finde den Pharao und Pindar von Theben, seine Stimme.«

»Ja, Alexander.«

»Bring sie mir beide und wenn möglich, lebend. Sie sollen sehen, was ich mit Ägypten tun werde, bevor ich sie hinrichten lasse.«

Bei diesen Worten fror Hephaistion. Doch dann antwortete er: »Ja, Herr, es wird alles so geschehen, wie du es wünscht.«

9

Fast zwei Tage lang dauerte das schwere Unwetter. Starke Regenfälle überschwemmten weite Landstriche links und rechts des Nils. Auf der Baustelle der neuen Stadt stand das Wasser in großen Pfützen.

Nun war das Unwetter vorbei und der Morgen begann kühl. Das Meer rollte leise und die morgendliche Dünung lief sanft am Strand aus. Der Sand glitzerte im ersten Licht und die Luft schmeckte feucht und salzig.

»Auf, Männer, auf!«, riefen die Hauptleute. »Erhebt euch! Los, los! Hört, was Alexander euch sagen will. Er will zu uns sprechen.«

Die Hopliten krochen aus ihren Zelten und blinzelten in den frühen Morgen, zugleich neugierig auf das, was sie zu hören bekamen. So war es immer gewesen. Wenn Alexander seinen Kriegern etwas sagen wollte, war es eine neue Anordnung oder ein Gesetz. Doch dieses Mal staunten die Männer nicht schlecht.

»Hört, Freunde und Waffenbrüder! Alexander lädt euch aus Anlass seines großen Sieges zu einem Fest.«

Kaum hatten die Ausrufer das letzte Wort gesagt, jubelten die Krieger laut und mit ihnen die zahlreichen Sklaven und Hirten, Knechte und Diener, Frauen und Männer in dem viele tausend Menschen starken Tross der Griechen.

Die nächsten Stunden über formierten sich die Menschen zu einer langen Prozession. Diese begann auf der Straße nach Memphis zu marschieren. Voraus ritt Kleitos. Er war der Bruder von Alexanders Amme und beide waren gemeinsam aufgewachsen und ausgebildet worden. Einst hatte ihm Alexander den Oberbefehl über einen Teil seiner Truppen gegeben. Doch an diesem Tag ritt Kleistos nur mit zwei seiner Untergebenen an der Spitze einer Phalanx.

Alle Phalangiten trugen ihre Sarisse und den Schild, dazu die Rüstungen, jede prächtig poliert, die Brustharnische gefettet und die Helme über den Kopf gezogen. Fast eintausend Mann marschierten so über die breite Hauptstraße durch die Stadt Memphis, gefolgt von der griechischen Reiterei.

Diesen Reitern folgten die Hornbläser und Flötenspieler. Die Musiker trugen nur einen breiten Lendenschurz und auf dem Kopf ein langes weißes Tuch als Schutz vor der immer stärker werdenden Sonne. Jede Abteilung hatte auch berittene Musiker bei sich. Je eine Pauke wurde an die Seiten eines Kamels gebunden. Damit die Tiere bei dem Lärm nicht unruhig wurden, waren ihnen zuvor die Ohren mit Wachs verschlossen worden.

Dann folgten die wichtigsten Abteilungen der Griechen, von ihren Hauptleuten angeführt: die Bogenschützen und die Hopliten aus den griechischen Städten, die Reiterei, die Streitwagen und die Kundschafter. Ihnen folgten die obersten Strategen Alexanders, jeder zu Pferd. Hephaistion, Alexanders engster Freund, in voller Rüstung, aber ohne Helm. Er, den man nur ernst und nachdenklich kannte, lachte heute und freute sich sichtlich. Links neben ihm ritt Seleukos auf einem prächtigen Schimmel und er trug seinen reich verzierten Helm unter dem Arm. Rechts neben Hephaistion ritt Ptolemäus, dessen tiefbraune Haut ihn fast wie einen der Afrikaner aus dem Inneren des Landes aussehen ließ.

Und dann folgte Alexander. Er ritt weder auf einem Pferd noch stand er in einem Streitwagen, sondern saß ganz allein auf einem kleinen Thron auf dem Rücken eines Kriegselefanten. Nur ein Elefantentreiber lenkte das riesige Tier, gefolgt von weiteren zwölf Elefanten, jeder voll besetzt mit den Kriegern von Alexanders Leibgarde. Ohne seine prächtige Rüstung war er in eine Tunika aus golddurchwirkter Seide gekleidet. An den Füßen trug er goldene Sandalen und als einzige Waffe ein prächtiges Schwert. Dann folgten zahlreiche Sklaven, und jeder trug ein Zeichen oder Banner der Eroberungen, die Alexander in seinen jungen Jahren bereits gemacht hatte: kultische Schalen aus Theben, Standarten und Bänder aus allen Städten Kleinasiens, den goldenen Helm des Dareios aus der Schlacht von Issos, die Reste des Wagens des Gordius, Statuen aus Gaza und Tyros. Zuletzt kamen die prächtigsten Pferde, die man sich nur vorstellen konnte. Es waren wunderschöne Tiere darunter, alle aus edelster Zucht, die Alexanders Leidenschaft für kostbare Pferde deutlich machten. Es mussten mehr als 100 Tiere sein und jedes wurde von einem Sklaven geführt.

So erreichte der Zug nach vielen Stunden Marsch am frühen Nachmittag die Stadt des einstigen Pharao. Der und sein treuer Diener Pindar blieben unauffindbar. Im ganzen Land wie auch unter den Griechen munkelte man, dass beide längst nicht mehr am Leben waren. Angeblich hatte sich der Pharao selbst von der heiligen Schlange beißen lassen und war an ihrem Gift gestorben, nur um der Schmach einer Gefangennahme durch die Griechen zu entgehen. Pindar sollte sich gar in seinen eigenen Dolch gestürzt haben. Doch all diese Geschichten blieben nur Gerüchte. Was wirklich mit den beiden geschehen war, wusste niemand. Sie waren und blieben verschwunden.

Auf der obersten Treppe des Tempels, einst dem Aton geweiht, warteten die hohen Priester des Anubis und des Uräus. Die Anbetung dieser Götter und die ganze Ausübung ihrer Religion hatte Artaxerxes verboten. Alexander aber erlaubte und unterstützte die Religion der Ägypter. In bodenlange schneeweiße Kleider gewandet, beobachteten die Priester reglos mit hunderten von Sklaven und Dienern sowie weiteren Einheiten von Alexanders Leibgarde dessen Ankunft. Und als er kam, erhob er sich von seinem kleinen Thron auf dem Rücken des Elefanten, zog sein Schwert und ließ sich von seinen Kriegern feiern. Es brandete ein solcher Jubel auf, dass man glauben konnte, die Mauern der ägyptischen Hauptstadt würden gleich einstürzen. Dann trompeteten auch noch die Kriegselefanten los, und das alles ergab wohl das gewaltigste Geräusch, das Memphis je gehört hatte.

Alexander sprang geschickt auf den Rüssel des Elefanten und der beförderte ihn vorsichtig auf die Erde. Noch einmal wandte er sich der Menge zu und ließ sich bejubeln. Auch die Ägypter feierten ihn in diesem Augenblick. Von ihren Priestern hatten sie ja immer erfahren, wie grausam er als Eroberer sein würde. Aber davon war nichts wahr geworden. Alexander sorgte dafür, dass es auf den Straßen ruhig blieb. Außerdem befahl er, dass Brot und Wein, Öl und Gerste die nächsten drei Tage lang im ganzen Land umsonst sein sollten. Dafür hatte er die großen Vorratsspeicher Ägyptens leeren lassen, denn in Aussicht auf eine gute Ernte war das zu verschmerzen gewesen.

Als Alexander die oberste Stufe des Tempels erreicht hatte, blieb er noch einmal stehen und wandte sich der gewaltigen Menschenmenge zu. Die Hopliten schoben ihre Helme über den Kopf, um ihn besser sehen zu können.

»Was macht er da?«, wollte Kallimachos wissen.

»Ich weiß es nicht«, entgegnete Euphiletos, »er will zu uns

sprechen. Aber ich glaube nicht, dass wir in all dem Lärm viel verstehen werden.«

Er lachte und mit ihm lachten zustimmend viele Krieger ringsum. Doch allmählich schwieg die Menge, denn Alexander trat an ein großes goldenes Becken, aus dem weißer, wohlriechender Rauch aufstieg. Dumpf begannen die mächtigen Pauken zu dröhnen und zugleich verstummten die Jubelrufe der Menge. Zuletzt hörte man kaum noch ein Geräusch, außer dem leisen Scharren der Pferde oder dem heiseren Klagen eines Vogels. Alexander trat von dem Räucherbecken zurück und streifte plötzlich sein Gewand ab. Jetzt stand er nur noch in einem schmalen Lendenschurz da. Diener traten zu ihm und begannen, seinen ganzen Leib mit Öl zu salben. Im Sonnenlicht glänzte der schlanke Körper des Königs. Doch dann glänzte er noch mehr und die Zuschauer sahen, wie zwei Priester feinsten Goldstaub auf seine glänzende Haut rieseln ließen.

»Bei der göttlichen Athene«, staunte Kallimachos, »seht nur, sie bestäuben ihn mit purem Gold.«

»Ja«, nickte Euphiletos verblüfft. »Aber was hat er vor?«

Alle blickten sprachlos und zugleich gespannt auf die Zeremonie. Zwei weitere Priester traten näher und kleideten Alexander in ein prächtiges golddurchwirktes Gewand. Es ging ihm nur bis zur Hüfte und dann streiften sie ihm noch eine Weste, ebenfalls aus Gold und feiner Seide über. Zuletzt setzten sie ihm eine goldene Krone auf. Die Krone des Pharao, zugleich das Symbol der Herrscher von Ägypten.

»Er ist…«, stammelte Kallimachos verblüfft, »er ist der Pharao.«

»Ja, sieh genau hin«, stieß Euphiletos hervor. »Schau, was du dort siehst. Damit du es einmal allen erzählen kannst.«

Der oberste Priester hob beide Hände und rief laut: »Seht die

Sonne aufgehen, seht einen neuen Gott. Seht Pharao Alexander, den neuen Herrscher von Ägypten und König von Asien.«

Aber weiter kam er nicht. Denn jetzt ertönte ein Raunen in der Menge, und dann eilten Gefolgsleute die Treppe hinauf, um ihm zu huldigen.

»Er ist der neue Pharao«, meinte Kallimachos ganz verblüfft, »Pharao Alexander.«

IV

Gaugamela

»... andererseits ließen ihm seine Ruhmsucht und sein unersättliches Verlangen, sich einen Namen zu machen, nichts unzulänglich und nichts zu entlegen erscheinen.«

Curtius Rufus

1

Dareg hatte Zeit zum Nachdenken gehabt. Was hatte er nicht bisher alles auf ihrem Marsch gesehen? Aber das verblasste jetzt, denn immer mehr Krieger fragten sich, was Alexander damit bezweckte, die besiegten Perser immer noch zu verfolgen?

Erneut zog das Heer seit Wochen durch das Land. Ihr Ziel war das ferne Persepolis. Doch von der sagenhaften Stadt waren sie noch viele Wochen entfernt. Bisher wichen die Feinde einem Kampf aus. Seit Tagen waren überall, wo die Griechen hinkamen, Felder mit reifer Gerste oder Hirse niedergebrannt, Brunnen vergiftet und alle Obstbäume umgehackt worden. Die Vorräte wurden allmählich knapp. Dafür wimmelte es von Ratten, die alles im Lager anfraßen und sogar die Kriegselefanten erschreckten.

Nach einer Beratung mit Alexander und seinen Strategen war Nestor zu dem Schluss gekommen, dass Dareg weit vorauslaufen sollte, um die Gegend auszukundschaften. Die übrigen Kundschafter sollten die Wasserlöcher auf dem Weg vor ihnen zählen und genau beschreiben, über den Zustand der Straßen berichten und ob es genug Gras für die Tiere gab.

Dareg blieb stehen und lauschte. Seltsam, seit dem frühen Morgen war er unterwegs, dem Heer der Griechen weit voraus. Die Gegend war flach und steinig, aber keine eintönige

Wüste, denn dazwischen wuchsen Ölbäume oder Palmen. Es gab auch Wasser aus kleinen Quellen. Dareg blickte sich aufmerksam um. Nicht ein Geräusch war zu hören, nicht das Geringste. Genau das war das Unheimliche daran. Als Nestor ihn losschickte, meinte er zwar, dass es weit vor ihnen fette grüne Weiden geben musste. Dareg sah in der Ferne auch eine dunkle Linie über dem Horizont, aber ob das Grasland war, konnte er nicht erkennen. Trotz alledem musste doch irgendwas zu hören sein. Vögel, die über ihm lärmten, Kaninchen oder Mäuse, die im Gras umherhuschten, Grillen, die in der Wärme zirpten. Alles Geräusche einer Landschaft. Aber nichts davon war zu hören. Es war unheimlich still. Nur die Sonne brannte vom Himmel.

Dann, Dareg wollte sich schon auf den Weg zurück zur marschierenden Truppe machen, hörte er doch etwas. Er blieb stehen und lauschte mit angehaltenem Atem. Kein Zweifel, da war etwas zu hören. Ein seltsames Geräusch, so seltsam, wie er es noch nie zuvor gehört hatte. Ein tiefes Brummen, das immer lauter und unheimlicher wurde.

Was war das? Er blickte sich um. Er konnte nichts Ungewöhnliches entdecken, dafür war das Geräusch immer drohender geworden. Nicht weit von ihm entfernt, stand ein uralter Baum, ziemlich hoch und so dicht belaubt, dass man ihn nicht sehen konnte, wenn er sich darin versteckte. Darauf lief er zu und begann, flink hinaufzuklettern. Als er die Spitze fast erreicht hatte, suchte er sich einen bequemen Platz in einer großen Astgabel und hielt sich fest. Er zog seinen Beutel, den er immer umhängen hatte, noch näher zu sich und suchte dann die Gegend vor sich sorgsam ab.

Und da sah er etwas ganz Seltsames: Diese große dunkle Linie am Horizont konnte kein grünes Weideland sein, denn sie war nun zu einer Wolke angewachsen. Sie bewegte sich. Dabei schillerte sie in allen möglichen Farbtönen, wenn die Sonne darauf fiel. Erst fast schwarz dann wieder graublau, wenn sie sich wie eine Wasserwoge zur Erde hinunterbewegte. Ja, bewegte, denn genau das tat sie. Sie bewegte sich, stieg langsam auf, bewegte sich wie eine große Wetterfront, um sich dann wenige Schritte später wieder auf der Erde niederzulassen. Und sie kam dabei immer näher.

Was, beim großen Zeus, war das nur?

Er reckte sich noch ein bisschen, um die Größe dieser Wolke abzuschätzen, und stellte fest, wie riesig sie war. Noch immer glaubte er, eine Wetterwand vor sich zu sehen. Aber Gewitterwolken waren dunkel und änderten nicht ständig ihre Farbe. Und eine Regenwand bewegte sich nicht über dem Erdboden auf und ab. Genau das tat aber diese riesige unheimliche Wolke. Dazu kam dieses brummende Geräusch. Er beschloss, lieber von dem Baum herunterzuklettern und zurück ins Lager zu laufen, um von dieser seltsamen Beobachtung zu berichten.

Als Dareg fast auf dem Erdboden angekommen war, schien das seltsame Brummen und Summen lauter geworden zu sein. Es klang jetzt, als wäre ein riesiger Bienenschwarm genau über ihm. Das Geräusch hatte dabei nichts von seiner Unheimlichkeit verloren. Er sprang vom letzten Ast auf den Boden und da knackte und knirschte es unter seinen Sandalen. Verdutzt blieb er in der Hocke und blickte sich um. Ringsum war der ganze Boden mit grau-braunen, aber auch grünen Tieren bedeckt. Sie sahen wie die Heuhüpfer aus, die manchmal auf den Wiesen zu sehen waren und weite Sprünge durchs hohe Gras machen konnten. Das waren Heuschrecken!, stellte er fest. Nur, diese hier waren viel größer als die paar Tiere auf dem Weidegrund seiner Heimat. Außerdem ging ihre Zahl ringsum in die Abertausende und es wurden jeden Augenblick mehr.

Dareg starrte fasziniert auf die Tiere, die in dichten Schwärmen wie ein Platzregen um ihn herum auf die Erde plumpsten, wieder aufstiegen, um dann erneut brummend mit ihren hauchdünnen Flügeln aufzufliegen. Andere Tiere setzten sich auf seine Arme, bedeckten seine Schultern und den Nacken. Das tat nicht weh, denn sie waren harmlos. Nur ihre dünnen Beine kratzten auf seiner nackten Haut und kitzelten ihn. Er wischte sie mit der Hand herunter. Erst von seinen Armen, dann von den Beinen, von seinem Kopf, zuletzt von seinem Vorratsbeutel.

Sie kletterten an seinem Speer hinauf, den er in der Hand hielt. Als er ihn schütteln wollte, damit sie herunterfielen, dauerte das eine Weile, bis sie alle abgefallen waren. Ihr Brummen dröhnte jetzt in seinen Ohren. Heuschrecken! Die Plagen Ägyptens, hatte Lea erzählt. Er erinnerte sich. Es gab Zeiten, da fielen diese Tiere auch in seiner Heimat über alles her: Gerstenfelder, Weinberge, Olivenbäume. Nichts war vor ihrem gewaltigen Appetit sicher. Alles fraßen sie kahl, so schnell, dass die riesige hungrige Wolke jeden Tag ganze Landstriche wie eine Wüste zurückließ.

Er wandte sich um. Um ihn herum flog eine dichte Wolke dieser Tiere. Er sah nichts als die schwirrenden, sirrenden, pausenlos auf- und niedersteigenden Heuschrecken. Nun musste er beide Arme vor sein Gesicht nehmen. Die Tiere flogen auf ihn zu und versuchten, sich an seiner Nase oder seinen Augenbrauen fest zu halten. Sein ganzes Haar war voller Heuschrecken, genauso wie seine Tunika.

Er wandte sich um, dahin wo der Baum stand. Große Athene, entfuhr es ihm, so erschrocken war er bei diesem Anblick. Dieser Baum, von dem er erst vor wenigen Augenblicken herabgeklettert war, war völlig kahl. Nicht ein Blatt hing mehr daran, selbst kleine Zweige waren verschwunden. Abgefressen von dem hungrigen Schwarm, der sich nun aufmachte, um nach neuem Futter Ausschau zu halten. Zeus, hilf!, rief Dareg. Er stellte sich gerade vor, was so ein Schwarm mit dem Heer der Griechen anstellen würde. Alles Essbare würden sie vertilgen, verspeisen, vernichten und …

Jetzt machten es sich diese Biester mit ihren langen, spindeldünnen Beinen auch noch in seinem Haar bequem! Er schüttelte sich und versuchte, die Heuschrecken irgendwie abzuschütteln. Doch es gelang ihm nicht. Da wurde er richtig wütend. Er zertrat ein paar der Tiere am Boden zu Brei. Doch wo er eine Heuschrecke zerdrückte, kamen zehn Neue dazu. Da wandte er sich um und begann zu rennen. Er lief los, so schnell, wie er lange nicht mehr gelaufen war. Und allmählich fielen die Biester von ihm ab, und er rannte weiter, so schnell er konnte. Er musste die Vorhut des Heeres erreichen und berichten, was er gesehen hatte. Und so lief er immer weiter.

Er wusste nicht, wie lange er gerannt war. Immer wieder blieb er kurz stehen, um zu verschnaufen. Dann wandte er sich um und blickte über den Horizont der nur noch einen schmalen Streifen Himmel übrig ließ, der Rest war dunkel von dem gewaltigen Schwarm. Da rannte er weiter. Zwei Mal musste er noch anhalten und eine Pause machen. Die Seiten taten ihm weh und er schwitzte sehr. Doch bei den letzten beiden Pausen war der Himmel hinter ihm wieder klar. Waren die Heuschrecken verschwunden? Oder waren sie in eine andere Richtung geflogen? Oder hatten sie gar genug Futter gefunden und fraßen sich da erst einmal richtig satt?

Jetzt rannte er über einen Hügel voller Sand und Geröll. Oben angekommen sah er vor sich die Armee marschieren. Sie wogte wie eine große dunkle Flut heran und so weit er schauen konnte, dehnte sich das Heer aus. Ein gewaltiger Anblick, der ihn jedes Mal aufs Neue erschauern ließ. Niemals in seinem Leben hatte er so viele Menschen auf einem Fleck gesehen. Weit hinter den Kriegern folgte der Tross mit seinen Pferden, Kamelen, Rindern, Eseln, Ziegen, Schafen und Hunden. Dareg blieb noch einen Moment lang stehen, keuchend und mit ganz heißem Kopf. Nicht weit entfernt, erkannte er die Standarte mit Alexanders Zeichen darauf. In seiner Nähe fand er sicher auch Nestor oder Mikail.

Er rannte den Hügel hinunter. Einer der zahlreichen Reiter, die an der Flanke des Heeres ritten, sah ihn kommen und ritt auf ihn zu. Der Krieger, ein Leibgardist, hob sogleich seine Lanze. Doch als er die verschwitzte, vom Staub bedeckte Gestalt des Kundschafters vor sich sah, ließ er die Waffe sinken und zügelte sein Pferd. Heftig um Atem ringend, blieb Dareg vor dem Reiter stehen. Der lachte, als er sah, wie schwer der Kundschafter atmete. Dann reichte er ihm seinen Wasserbeutel.

»Da, Junge, trink. Spül dir den Staub aus dem Mund.«

Dareg nahm den Beutel und trank in großen Schlucken. Das kühle Wasser schmeckte einfach köstlich in dieser Hitze. Sein Atem ging nun ruhiger und er gab den Beutel zurück.

»Heuschrecken«, sagte er, »viele, ein riesiger Schwarm.«

Der Reiter bekam große Augen.

»Artemis sei mit uns. Bist du sicher, Kundschafter?«

»So sicher, wie ich dich hier sehe«, antwortete Dareg und hielt ihm eine tote Heuschrecke hin.

Die hatte sich in seinem Gürtel verfangen.

»Steig auf, schnell!«, meinte der Reiter und streckte ihm die Hand hin.

Dareg hielt sich fest und mit einem Satz saß er hinter dem Krieger auf dem Rücken des Pferdes. Dann preschten sie zur Spitze des Zuges, wo Dareg Alexander selbst Bericht erstattete. Aufmerksam hörte der Heerführer zu. Als er seinen Bericht beendet hatte, blickte Hephaistion lange in die Richtung, aus der Dareg gekommen war.

»Wenn der Schwarm so groß ist, wie du sagst, Kundschafter, müsste man ihn bereits sehen.«

»Oder hören«, ergänzte Alexander.

»Ja, ich weiß. Aber er ist da. Ich hab ihn gesehen.«

Seleukos, ein weiterer Stratege, drängte sein Pferd näher.

»Alexander, wenn das stimmt, dann sollten wir einen Umweg machen, dem Schwarm ausweichen. Wenn er auf uns trifft, frisst er alles auf, was wir an Nahrung dabeihaben.«

»Er hat Recht, diese Tiere können unseren Vormarsch zum Halten bringen«, bestätigte jetzt auch Ptolemäus.

»Wir sollten ausweichen«, meinten auch die übrigen Strategen.

»Schweigt!«, gebot Alexander laut.

Das taten sie und blickten ihn an.

»Wir ziehen weiter!«

»Aber Alexander, diese Heuschrecken fressen uns auf, bis auf die nackte Haut.«

»Die Götter zürnen!«, fiel ihm Seleukos ins Wort.

»Nein, die Götter sind mit uns«, erklärte Alexander und streichelte den Hals seines Pferdes. »Heuschrecken fressen keine Menschen. Die Götter schicken uns diesen Schwarm. Und? Wenn wir ihm ausweichen, schicken sie einen neuen.«

»Was sollen wir dann deiner Meinung nach tun?«, fragte Seleukos zugleich auch für die anderen Strategen.

»Unsere Waffen und unsere Rüstungen können sie nicht fressen. Alles andere sonst, was wir mit uns tragen, versteckt ihr oder verschnürt es gut. Sie sind noch nicht zu sehen. Wer weiß, vielleicht tut sich der Schwarm erst an unseren Feinden und ihren Vorräten gütlich. Dann sind die Tiere satt, wenn sie uns erreichen. Ein Schwarm Heuschrecken kann mich nicht aufhalten. Und auch kein Sturm und kein Regen, kein Schnee oder sonst eine Prüfung der Götter. Jetzt vorwärts!«

Alexander wandte sein Pferd und sprengte zur Spitze des Zuges zurück. Er gab Befehl, das Marschtempo unverändert beizubehalten. Zugleich sollte jeder Krieger seine Tagesration Gerste und Wein, Wasser und Zwiebeln fest verschnüren oder geschützt unter der Rüstung tragen. Zwar fraßen Heuschrecken auch Leder und Stoff, wenn sie nur hungrig genug waren, doch die größere Sorge der Krieger waren die Pferde. Die Hauptleute befahlen Reitern wie Pferdeknechten gleichermaßen, die Tiere nur ja gut festzuhalten und ihnen zur Not die Vorderbeine zu fesseln, damit sie nicht fortlaufen konnten. Doch bald ging das Wort Heuschrecken von Mund zu Mund, und alle warteten darauf, wann man den Schwarm zu Gesicht bekam.

Und dann kam er.

Zuerst hörte man sie nur. Die Luft war auf einmal von einem Brausen und Brummen erfüllt, ein Geräusch, das von Millionen dieser Tiere gemacht wurde. Als das Geräusch über die Hügel heranbrandete, verstärkte sich das Echo und der Lärm wurde schauriger. Pferde scheuten und waren kaum zu beruhigen. Mikion winselte und Dareg konnte ihn nur schwer dazu bewegen, auf Melissa und Lea aufzupassen.

Dann war der Schwarm über ihnen.

Die Heuschrecken fielen vom Himmel, als ob es regnete, und da wo sie auftrafen, begannen sie sogleich, nach Fressbarem zu suchen. Melissa schrie auf, als sich dutzende brauner Heuschrecken in ihren langen Haaren verfingen. Dareg sprang zu ihr und fegte die Tiere weg. Doch es kamen ständig neue dazu. Er nahm ein Stück Tuch und schwenkte es über seinem Kopf. Dareg war wütend, dass diese Biester Melissa ängstigten.

»Verschwindet!«, schrie er laut und wedelte mit dem Tuch um sich. »Haut ab, zurück in den Hades, wo ihr hingehört!«

Jetzt schrie Melissa vor lauter Furcht wieder seinen Namen. So wie damals am Fluss. Dareg warf das Tuch weg und sprang zu ihr.

»Melissa! Hab keine Angst, Melissa! Ich bin hier!«

Er nahm sie schützend in beide Arme, dann zog er sie fort, unter die große Matte, die ihnen sonst als Zeltdach diente. Lea lag bereits darunter. Sie hatte die kostbaren Amphoren mit Olivenöl, die Gerstensäcke und die getrockneten Früchte gegen die gefräßigen Heuschrecken verteidigt, die unter die Matte gekrabbelt kamen. Das war alles, was sie noch zu essen hatten, und sie schlug mit einem breiten Holzlöffel, dann mit beiden Händen nach ihnen.

Dareg kroch zu Mikion, zerrte Melissa neben sich und so drängten sie sich alle ganz eng zusammen. Melissa weinte noch ein bisschen und Dareg war auch danach zumute. Zu schrecklich war das Brummen und Prasseln der Insektenkörper ringsum. Aber als er Melissa beruhigend übers Haar fuhr, hatte er selbst keine Zeit, sich zu fürchten.

Dann, mit einem Mal, hörte das Brausen und Flügelschwirren auf. Die Luft roch ganz seltsam und zuletzt war nur noch ein leises Knistern zu hören. Dareg spitzte vorsichtig unter der Plane hervor. Zahlreiche Krieger entzündeten Fackeln und schwenkten sie über ihren Köpfen. Der Rauch und die Flammen vertrieben die letzten Reste des Schwarms. Andere schlugen mit Decken und Matten, Fellen, ja sogar mit leeren Säcken nach den übrigen Tieren am Boden. Ein Pferd galoppierte mit schreckgeweiteten Augen vorbei. Es hatte sich vor lauter Angst losgerissen. Doch der Schwarm war verschwunden und kehrte auch nicht mehr zurück.

Die Prüfung der Götter war vorbei.

2

Dareg war erneut den ganzen Tag über unterwegs gewesen. Dieses Mal war er dem Heer so weit voraus wie noch niemals zuvor. Irgendwann war er vom Laufen müde geworden und eingeschlafen. Als er aufwachte, erschrak er im ersten Augenblick. Er musste lange geschlafen haben, denn es war längst dunkel. Er glaubte nicht, dass sich in der Finsternis ein Feind sehen ließ. Aber konnte er da wirklich sicher sein?

Als sich seine Augen an die Dunkelheit gewöhnt hatten, brach er auf. Der Himmel über ihm war nicht wirklich finster. Unzählige Sterne blinkten auf ihn nieder und tauchten den weiten Himmel über ihm in fahles Licht. Es roch nach Erde, irgendwelchen Blüten und Wasser. Irgendwo in der Ferne begann ein Schakal zu heulen und dann heulte nicht weit von seinem Versteck ein weiteres Tier.

Die Umgebung konnte er jetzt ganz gut erkennen. Er fürchtete sich nicht bei Nacht. Im Gegenteil, er mochte die Dunkelheit und Aufträge bei Nacht ganz besonders. Da war alles ganz anders als bei Tag. Es gab keine Farben, sondern nur Schatten, helle oder dunkle Flächen. Geräusche klangen viel lauter. Selbst wenn ein Schakal irgendwo im Gestrüpp leise gähnte, konnte er das noch deutlich hören.

Spuren waren bei Nacht natürlich immer schwierig zu erkennen. Aber wenn sie über einen hellen sandigen Grund verliefen, war zumindest immer die Richtung festzustellen. Außerdem verließ sich Dareg nicht nur allein auf seine Augen und Ohren. Manche Spuren konnte man nur riechen. Das war nicht immer ganz leicht, aber er konnte das recht gut. Bei Pferden, Kamelen oder Kriegselefanten, aber auch bei Lagerfeuern war das noch ziemlich einfach. Selbst über große Entfernungen, besonders wenn der Wind richtig stand und ihm solche Gerüche zutrug, konnte er genau sagen, ob da Menschen vor ihm waren.

Bei feineren Gerüchen, wie zum Beispiel Leder, Schweiß, Kochdünsten oder frischer Erde, musste er schon näher heranschleichen, damit er sie noch wahrnehmen konnte. Doch auch diese Art der Spurenfindung war nur eine Frage des Übens. Und nichts anderes tat er ja, seit er als Kundschafter in Alexanders Diensten stand. Auch Erschütterungen waren Spuren, die ihm eine Menge erzählen konnten. Wenn er unter seinen Füßen eine Bewegung verspürte, brauchte er sich bloß auf die Erde legen und dabei den Atem anzuhalten. Ein Ohr fest auf den Boden gepresst, waren Erschütterungen bald gut zu hören. Wenn nicht allzu weit entfernt Fußtruppen oder Pferde vorbeizogen, konnte er das genauso fühlen wie das Stampfen von weidenden Tieren. Dann brauchte er einem solchen Geräusch bloß nachzuschleichen. Irgendwann traf er dann auf Pferde oder Kamele. Die Perser benützten ihre Kamele als Reittiere. Die Griechen dagegen hielten sich erbeutete Kamele nur als Tragtiere. Sie selbst ritten lieber auf ihren Pferden. Aber auch die Unterschiede zwischen den Tierarten nutzte Dareg für seine Beobachtungen. Pferde waren sehr schreckhaft. Näherte man sich ihnen, wurden sie sofort unruhig. Mit ihrem Schnauben warnten sie die Wächter. Kamele dagegen ließen einen Späher viel näher herankommen, bevor sie unruhig wurden. Dann aber konnte es gut sein, dass sie nach einem traten.

Dareg schlich weiter. Immer wenn er glaubte, dass sich irgendetwas vor ihm bewegte, duckte er sich blitzschnell. Manchmal ließ er sich gleich gänzlich auf die Erde fallen. Dort blieb er liegen und rührte sich nicht, lauschte nur, ob sich ihm irgendjemand näherte. Er hatte immer seine Schleuder dabei. Wenn er damit aus der Dunkelheit heraus einen Stein auf einen Mann schleuderte, konnte er ihn vielleicht nicht richtig treffen, aber große Verwirrung stiften.

Zu guter Letzt hatte er ja auch noch seinen Wurfspeer. Nicht zu schwer und nicht zu lang, war er gerade so groß, dass er ihn gut schleudern konnte. Auf diesen Speer war er besonders stolz. Mikail hatte ihn von einem Speermacher anfertigen lassen. Dafür hatte er dem zwei ganze Brotlaibe, wie sie nur Lea backen konnte, geben müssen. Aber auch das hatte Dareg oft geübt: Sollte ein Gegner kommen, musste er sich im Gesträuch blitzschnell hinknien. Dann, wenn jemand nah genug vor ihm auftauchte, mit einem Satz aufspringen und den Feind anschreien. Das erschreckte ihn. Dareg brauchte dann nur den Arm mit dem Speer zurückbeugen und mit viel Schwung losschleudern. So, wie er es unzählige Male geübt hatte.

Jetzt blickte Dareg auf. Über ihm wölbte sich der klare Nachthimmel und es waren noch viel mehr Sterne zu erkennen. Die Götter blicken herab, sagte der alte Polemos immer. Dareg musste daran denken, wie gern er den Himmel schon in seinem kleinen Heimatdorf und später bei seinen Herden betrachtet hatte. Er sah die vielen Sternbilder und sein Blick wanderte bis weit zum Horizont. Dann sah er, ganz in der Ferne, einen winzigen Schimmer über dem Land. Angestrengt blickte er dorthin. Das Licht war schwach, es blinkte manchmal, als ob viele kleine Lichter brennen würden. Was war das?

Er überlegte. Sollte er zurückkehren und Nestor von dieser Beobachtung berichten? Erneut sah er zum Himmel hinauf.

Der Stand vieler Sterne sagte ihm, dass erst gut die Hälfte der Nacht vorüber war. Also war noch genug Zeit, sich näher an diesen seltsamen Lichtschein heranzuschleichen. Das würde zu Fuß in der Dunkelheit sicher eine Weile dauern.

Aber ein Kundschafter muss nun mal neugierig sein und so schlich er los. Immer wieder blieb er stehen und lauschte. Auch das hatte er gelernt. Wenn ihn wirklich jemand verfolgte, war es leicht möglich, dass sich ein Verfolger jetzt durch ein Geräusch verraten würde. Doch es blieb still.

Einmal erschrak Dareg, als er einen Schakal aufscheuchte. Das Tier sprang davon, blieb dann aber stehen und sah sich nach ihm um. Trotz der Dunkelheit konnte er das helle Fell ganz gut erkennen. Angst hatte Dareg keine, denn Schakale taten einem nichts. Außerdem konnte es immer sein, dass einer der mächtigen Götter sich in der Gestalt eines solchen Tieres verbarg. So hatte Lea es gesagt, und das war auch der Grund, warum kein Grieche einen Schakal jagen würde. Nur wenn diese Räuber um Vorräte oder um eine Schafherde schlichen, dann hieß es aufpassen. Sie raubten im Handumdrehen ein Lamm oder eine Ziege. Dabei gingen sie genauso geschickt vor wie jagende Wölfe oder wilde Hunde. Natürlich passten die Hirten auf. Ein Schakal ließ sich mit einem gezielten Steinwurf oder der Schleuder gut vertreiben. Dareg erinnerte sich daran, wie Mikion einmal einen besonders dreisten Burschen verfolgt hatte, der ein frisch geborenes Lämmchen stehlen wollte. Das war noch nicht so lange her. Bevor er schauen konnte, war Mikion dem frechen Dieb nachgesetzt und hatte ihn beinahe erwischt. Erst als Dareg ihn zurückpfiff, ließ er ab und kehrte um.

Sein Weg führte ihn in eine Senke hinunter. Hier roch es frisch und feucht. Irgendwo plätscherte es leise. Er konnte sogar das Quaken von Fröschen hören. Dareg lauschte angestrengt und hörte dann das leise Murmeln von Wasser. Er versuchte, sich die Gegend genau einzuprägen, während er ohne ein Geräusch weiterschlich. Das Wasser, wahrscheinlich ein breiter Fluss, musste direkt vor ihm liegen. Erneut ließ er seinen Augen Zeit, sich an die Dunkelheit zu gewöhnen. Das dauerte nicht lange und bald erkannte er, dass er tatsächlich an einem sehr breiten Fluss stand. Erst einmal wollte er herausfinden, wie tief das Wasser war. Ganz vorsichtig tastete er sich hinein. Seinen Speer benutzte er als Stütze. Wie warm das Wasser ist, musste er denken. Der Grund war sandig, mit nur wenig Steinen und es war überhaupt nicht tief. Selbst in der Flussmitte reichte ihm das Wasser nur bis zu den Hüften. Mühelos erreichte er das gegenüberliegende Ufer.

Dareg hockte sich erst einmal hin und tastete mit beiden Händen den Boden ringsum ab. Hier war alles voller Sand, der sehr aufgewühlt war. Dann ging das Ufer in eine hohe Böschung über. Kein Zweifel, viele Tiere waren hier herunter an diese Stelle zum Trinken gekommen. Erst glaubte er, dass es Gazellen oder Antilopen waren, wie sie auch Alexander und seine Jäger manchmal aufspürten. Aber als er ein wenig weiterschlich, roch es eindeutig nach Pferden. Wahrscheinlich benutzten die Perser diese Stelle zum Tränken ihrer Reittiere. Dann aber konnte ihr Lager nicht mehr allzu weit entfernt sein. Daregs Herz begann, schneller zu schlagen.

Er hängte sich seinen Wurfspeer an einer Schlaufe über die Schulter und begann dann, ganz langsam und vorsichtig die steile sandige Böschung hinaufzuklettern. Oben angekommen tastete er mit beiden Händen um sich. Auch hier war der Boden von unzähligen Hufen zertreten und Sand war die steile Böschung hinuntergerutscht. Dareg kroch, ganz flach auf dem Bauch liegend, bis zu einem dichten Gesträuch. Hier drin konnte er sich gut verstecken. Die Gegend vor ihm lag in tiefer Dunkelheit, aber der Lichtschein in der Ferne war nun deutlich zu sehen. Kein Zweifel, dort brannten Feuer. Aber waren das die Perser oder lag dort ein Dorf? Oder gar eine Stadt? Er drückte sich noch tiefer in das Gesträuch.

Als er sich umdrehen wollte, hing er mit seinem Umhang im Gesträuch fest. Was für ein Pech! In der Dunkelheit war er genau in einem Dornbusch gelandet. Wenn er sich jetzt auch nur ein bisschen bewegte, würden ihn lange, spitze Dornen festhalten. Er versuchte, sich zu befreien, aber das war in der Finsternis nicht ganz einfach. Jetzt nur keine hastigen Bewegungen, sonst verletzte er sich nur. Er musste daran denken, dass eine der Übungen, die ein angehender Kundschafter machen musste, die Befreiung aus einem Dornbusch war.

Keine leichte Übung, erinnerte er sich. Er musste sich auf Mikails Anordnung mit dem Bauch auf den Boden legen, beide Arme über den Kopf verschränkt. Dann schichtete der Dornenzweige über ihn, bis Dareg ganz unter einem Berg Zweige verschwunden war. Auf Mikails Zeichen hin musste er sich dann befreien. Das ging nur sehr langsam, denn kein Dorn sollte ihn an der Haut verletzen. Dareg hatte diese Übung viele Male gemacht und darum war dies hier nicht schwer.

Endlich war er frei. Er holte tief Luft und da roch er etwas. Der Geruch war scharf, fast beißend, und er wusste gleich, woher er stammte. Raubkatzen! Wahrscheinlich Löwen. Sicher ein Rudel, dass, durch die Herden der Perser angelockt, hier am Wasser auf Beute lauerte. Das war nun alles andere als angenehm. Er hatte noch nie einen Löwen aus der Nähe gesehen, wusste aber aus Erzählungen der anderen Kundschafter um ihre Gefährlichkeit. Er wusste auch, dass ein Löwe nie allein jagte und dass vor allem die Weibchen als geschickte Jäger galten. Vielleicht witterten sie ihn schon eine ganze Weile lang? Dareg fühlte, wie seine Haare im Nacken plötzlich kribbelten. Mikion hätte er jetzt nur zu gern bei sich gehabt. Sein Hund würde jeden Löwen bereits lange vorher wittern. Jetzt kribbelte es auch auf seinem Kopf, und er bemühte sich, ganz ruhig zu atmen. Angestrengt lauschte er erneut. Aber es war nichts zu hören. Die Frösche quakten in der Flusssenke und die Grillen zirpten ihr Lied.

Was sollte er tun?

Weiter an den seltsamen Lichtschein heranschleichen? Das konnte noch eine Weile dauern und dabei lief er vielleicht einem Löwen genau vor seinen hungrigen Rachen. Also lieber umkehren, zurück in das sichere Lager? Was aber sollte er dann berichten?

Dareg dachte fieberhaft nach. Viele Späher waren ausgeschwärmt, um einen Weg für das nachfolgende Heer und den Feind auszukundschaften. Nur ganz wenige waren zurückgekehrt, und niemand wusste, was mit den Übrigen geschehen war. Er wusste nicht, was er im Augenblick tun sollte. Hier in diesem Dornengestrüpp war er einigermaßen sicher, denn ein Löwe wagte sich nicht hierher. Als er einen Blick zum Himmel warf, erkannte er, dass es nicht mehr lange dauern konnte, bis der Morgen begann. Da saß er nun auf dem Boden und dachte nach.

Und dann hatte er einen Plan. Sobald die Sonne am Morgenhimmel aufging, wollte er nach Löwenspuren suchen. Sie mussten ja ganz leicht zu finden sein. Wenn sie schon alt waren, war die Gefahr durch einen Löwen gering. Dann wollte er in die Richtung des Lichtscheins marschieren, denn bis dorthin konnte es nicht mehr so weit sein. Erst wenn er herausgefunden hatte, was es dort zu sehen gab, würde er sich wieder auf den Rückweg machen. Hierher, an diese Stelle am Fluss, würde er zurückkehren und sich den Tag über verstecken. In der Abenddämmerung wollte er dann zurück in das Lager marschieren. Sicher würde sich Lea Gedanken machen und Mikail und Nestor auch. Über Nacht war er zwar schon öfter fort gewesen, aber noch nie einen darauf folgenden Tag. Er wusste auch, wenn er in drei Tagen nicht wieder im Lager zurück war, würde Nestor in Alexanders Auftrag neue Späher schicken. Denn dann ging man davon aus, dass ein Kundschafter nie mehr zurückkehrte.

Dareg erhob sich und sah sich vorsichtig um. Ja, genau so würde er es machen. Er band sich seine Schleuder um sein linkes Handgelenk, hielt den Beutel mit Steinen griffbereit, schob sich sein Bündel auf den Rücken und nahm noch einmal einen langen, tiefen Zug aus seinem Wasserbeutel. Er hatte zwar auch Hunger und ein Stück Schafskäse dabei, aber das wollte er jetzt nicht essen. Wer weiß, dachte er bei sich, wenn ich hier esse, vergeht kostbare Zeit. Nein, das wollte er lieber nicht riskieren.

Die ersten Sonnenstrahlen spitzten ganz leicht über den fernen Horizont und die ersten Vögel erwachten. Dareg fand nur eine einzige Spur, die von einem Löwen stammen konnte. Er war sich jedoch nicht sicher, denn die Abdrücke der Pfoten waren schon alt. Wahrscheinlich war es nur ein einzelnes Tier gewesen, das hier vor etlichen Tagen vorbeigekommen war. Jetzt war er beruhigt, nahm den Wurfspeer fest in die rechte Hand und trabte los. Die Gegend war sandig, wenn auch noch keine richtige Wüste. Es gab immer wieder kleine grüne Flecken, die von dichtem Gesträuch und manchmal sogar von Bäumen bewachsen waren. Immer wenn er daran vorbeischlich, musste er daran denken, ob er schnell genug auf so einen Baum hinaufklettern konnte, wenn ihn ein Löwe verfolgen sollte. Doch er eilte weiter.

Immer wenn ein Ast knackte oder ein Zweig im Wind besonders laut raschelte, kniete er blitzschnell nieder, hielt seinen

Wurfspeer vor sich und sah sich um. Aber er entdeckte keinen Gegner, weder auf zwei noch auf vier Beinen. Dafür war das Licht am Horizont gerade noch zu sehen. Trotzdem musste er sich beeilen. Denn wenn die Sonne noch ein Stückchen weiter aufging, war es bereits so hell, dass er das ferne Licht nicht mehr erkennen konnte. Einmal lief er einen kleinen Hügel hinauf, auf dessen höchster Erhebung hohes Gras wuchs.

Dort kniete er nieder und blickte hinunter. Was er da sah, ließ sein Herz schneller schlagen. Vor ihm tat sich ein weites, fruchtbares Tal auf, und es schien immer grüner zu werden, je weiter er blickte. Der ganze Talgrund war voller Zelte. Dazu gab es große Herden von Lastkamelen und eine noch größere Anzahl Pferde. Dort unten, höchstens vier, fünf Steinwürfe entfernt, lagen die Perser und schliefen noch. Viele hundert Krieger lagen auf der blanken Erde, nur in ihre Decken gewickelt, ihre Waffen griffbereit neben sich. Dazwischen schwelten kleine Wachfeuer, die sie in den kühlen Nächten wärmen sollten. Daher musste der Lichtschein stammen, den er gesehen hatte. Kein Zweifel, die Perser lagerten so, weil sie auf Befehl ihrer Hauptleute hin im Nu wach und kampfbereit waren. Ganz sicher wollte König Dareios sich nicht noch einmal so überrumpeln lassen wie in Issos.

Dareg hob ganz vorsichtig seinen Kopf und konnte nun sogar ihre Wachen erkennen. Eine Gruppe von Persern begann gerade damit, einen weiteren Hügel in seiner Nachbarschaft zu erklimmen. Dort trafen sie mit weiteren Kriegern zusammen. Sie lachten und scherzten leise. Dann zogen die soeben abgelösten Perser den Hang hinunter in das Lager zurück. Sie lösen ihre Wachen ab, stellte Dareg fest. Er war sich sicher, dass rund um das ganze Heerlager viele hundert solcher Wachposten versteckt lagen, um jede Bewegung sofort beobachten zu können. Er hatte wirklich Glück gehabt, denn die Götter selbst mussten verhindert haben, dass ihn irgendjemand entdeckte. Doch jetzt war es höchste Zeit, wieder zu verschwinden. Das, was er zu sehen gehofft hatte, hatte er gesehen. Ja, mehr noch. Er hatte die Hauptstreitmacht der Perser entdeckt. Hier lagen sie und waren kampfbereit. Dieses Mal schienen sie genau zu wissen, dass die Griechen auf sie zumarschierten.

Er kroch so lange auf dem Bauch zurück, bis er sich gefahrlos aufrichten konnte. Dann eilte er durch die Ebene. Dieses Mal benutzte er immer wieder die kleinen Inseln voller Gestrüpp, in denen er ausruhte und genau beobachtete, ob ihm jemand folgte. Zweimal hörte er Hufschlag und konnte sich gerade noch verstecken. In einiger Entfernung zogen berittene Perser vorbei, aber die schienen nicht nach ihm zu suchen. Zudem waren sie jedes Mal weit genug entfernt, dass ihn auch ihre Pferde nicht witterten.

Endlich hatte er den Flusslauf erreicht. Es war nun früher Morgen und ringsum erwachte alles. Dareg blickte den Fluss hinunter. Breit und gemächlich bahnte er sich seinen Weg durch das Land. Das Wasser schien ganz dunkel, weil noch große Teile im Schatten des tiefer gelegenen Flussbetts lagen. Aber nun konnte Dareg auch die Spuren sehen. Die Perser brachten ihre Tiere wohl zum Tränken hierher und zogen dann wieder zu ihrem fernen Lagerplatz hinter den Hügeln zurück. Seltsam, musste Dareg denken, wieso hatten sie ihr Lager nicht gleich hier am Fluss aufgeschlagen? Weidegrund für die Pferde und übrigen Tiere gab es genug und Wasser hatten sie dabei praktisch vor ihrem Zelteingang.

Das galt es noch herauszufinden. Aber nicht jetzt. Es blieb alles ruhig, bis auf die Vogelschwärme, die sich am Ufer und im Schilf weiter flussabwärts ihr Frühstück suchten. Das war etwas, was Dareg jetzt auch tun wollte. Er schlich sich noch eine Strecke den Fluss hinauf, sodass er den Übergang und die

Tränke gerade noch gut erkennen konnte. Auch hier gab es Dornengestrüpp, dazwischen aber noch andere Büsche, in denen er sich gut verstecken konnte. Ganz vorsichtig suchte er die Gegend ab. Er fand weder Spuren noch sonst irgendetwas, was ihm gefährlich werden konnte. Das Einzige, was er aufscheuchte, waren wilde Hasen. So lagerte er sich direkt neben einen Baum zwischen hohen Sträuchern. Er aß sein Stückchen Käse und das Fladenbrot auf, das Lea ihm mitgegeben hatte. Wasser gab es auch genug, denn er konnte aus seinem Versteck heraus zum Fluss hinunterklettern.

Er war zufrieden. Sein Versteck war perfekt und am frühen Abend, noch vor Sonnenuntergang, würde er den Rückmarsch ins Lager antreten. O ja, und Nestor würde staunen über das, was er alles zu berichten hatte. Vielleicht würde Alexander selbst ihn in sein Zelt bitten, um alle Beobachtungen aus seinem Mund zu erfahren? Direkt neben dem Baum war der Boden voll weißem Sand. Es war wie ein weiches Bett. Das nahm er als Matratze und als Kissen legte er sich seinen Beutel unter den Kopf. So würde er den Tag dösend und schlafend verbringen, denn für den Rückmarsch heute Abend würde er all seine Kräfte brauchen. Niemand wusste von seinem Hiersein, und er war zufrieden, dass alles bisher so glücklich verlaufen war.

Aber Dareg täuschte sich, denn er war nicht allein. Und wenn er gewusst hätte, wer ihn schon eine ganze Weile lang aufmerksam beobachtete, dann wäre er wohl kaum so sorglos gewesen.

3

Lea hatte die letzten beiden Wollspindeln in einen Korb gelegt. Jetzt blickte sie auf. Es war noch früh am Morgen und das Lager erwachte allmählich. Dareg war noch immer nicht zurückgekehrt und das machte ihr Sorgen. Sie versuchte, sich nichts anmerken zu lassen, aber da trat Nestor zu ihr. Wieder fragte er nach ihm, wie bereits am letzten Abend.

»Wo kann er sein?«, fragte sie sorgenvoll.

Nestor fuhr sich mit der Hand über seinen kurzen Bart am Kinn. Er war ein junger Krieger, kaum 23 Jahre alt, aber ein kühner, furchtloser Kundschafter, der sich in Alexanders Heer seit dem Feldzug gegen die Illyrer viele Male ausgezeichnet hatte.

»Sag schon, Nestor, was glaubst du? Warum ist er noch nicht zurück?«

»Ich weiß es nicht, Lea. Die Gefahren für einen Kundschafter sind groß ,und wer nicht aufpasst, ist tot, bevor er berichten kann, was er gesehen hat.«

»Ich weiß doch, Nestor. Ich weiß. Aber …«

Lea machte eine Geste mit ihren Händen und ließ dann beide Arme sinken.

»Bei allen Göttern, ich weiß nicht, wo er ist«, begann Nestor zaghaft. »Dareg ist besonnen, aufmerksam und vorsichtig. Und er ist ein kluger Junge. Das Einzige, was ich sicher weiß, ist, dass er sich nicht verlaufen hat. Und ich weiß, dass er einer meiner besten Kundschafter ist.«

Nestor hatte dies nicht nur gesagt, weil er es fest glaubte, sondern weil er überzeugt war, dass es genauso stimmte. Er wollte Lea nicht unnötig ängstigen. Dann wandte er sich um und ging in die Richtung zurück, wo der Lagerplatz der Kundschafter lag. Lea sah ihm lange nach. Dann wies sie Melissa an, auf das Zelt aufzupassen. Sie wollte die zwei Spindeln gesponnene Wolle gegen Mehl und Salz tauschen. Außerdem musste eine Seite des Zeltes geflickt werden und ihr Vorrat an Brennholz ging allmählich zur Neige. Ja, es gab genug zu tun, und sie tat es gern, denn das lenkte sie ab. Sonst würde sie dauernd an Dareg denken. Sie machte sich wirklich Sorgen um ihn, denn sie mochte ihn sehr gern. Genauso als wäre er ihr eigener Sohn. Sie zog sich den Schleier fester. Die Luft roch nach Rauch und Pferden, nach heiß geschmiedetem Eisen und gekochtem Mehlbrei.

»Dareg«, sagte Melissa plötzlich ganz traurig.

Lea wandte sich zu ihr um. War er endlich zurückgekommen? Nein, dieses seltsame Mädchen sprach nur wieder seinen Namen. Wie gestern schon, immer nur dieses eine Wort: Dareg. Zugleich schien sein Name das Einzige zu sein, was sie sprechen konnte. Halt, Mikion, diesen Namen sagte sie auch manchmal. Lea stellte den Korb wieder auf den Boden, trat zu Melissa und drückte sie zärtlich an sich.

»Er ist nicht da, unser Dareg. Aber er kommt bald wieder. Sicher ist er die ganze Nacht auf den Beinen gewesen. Nun ist er müde und schläft irgendwo im Wald oder in einer Höhle. Wer weiß? Aber er kommt wieder, Melissa. Ganz sicher kommt er wieder.«

Das Mädchen blickte sie an und nickte dann. Lea hielt sie fest und fühlte zugleich, wie sehr sie sich Sorgen um Dareg machte.

4

Nestor war ganz in Gedanken zurückgegangen. Alles hatte er Lea nicht erzählt. Wenn solche Dinge leichtfertig im Lager die Runde machten, konnte dies nur Unruhe verbreiten, denn das war allein für Alexander und seine Strategen wichtig. Sechs Späher waren die Nacht zuvor aufgebrochen, um nach den Persern Ausschau zu halten. Dass deren Truppen hier irgendwo waren, galt als sicher. Nur, wo waren sie? Hatten sie sich bereits vor ihnen in der weiten Ebene gesammelt? Oder blieben sie hinter der fernen Hügelkette verborgen? Hatte Dareios ein neues Heer? Sammelten sich vielleicht noch immer die Krieger der vielen Stämme dieser Gegend? Viele Fragen und keiner wusste sie zu beantworten.

Seit mehr als zehn Tagen hoffte Alexander, dass ihm die Kundschafter endlich etwas Neues berichten konnten. Am Anfang kehrten sie immer nur zurück und wussten von einer weiten Ebene zu berichten, in der es verlassene Dörfer, kahle Felder und leere Viehpferche gab. Doch es gab genug Weidegrund für ihre Tiere und ausreichend Wasser. Die Perser hatten das Wasser nicht vergiftet und die Weiden nicht abgebrannt. Sie berichteten auch, dass die Gegend wildreich war. Ein Späher hatte sogar Leopardenspuren gefunden. Doch jetzt war es schon der dritte Morgen, an dem die Griechen ohne Nachrichten waren, und keiner der übrigen Kundschafter kehrte bislang zurück. Das war sehr ungewöhnlich. Nein, so etwas war bislang den ganzen Feldzug über nicht vorgekommen.

Nestor trat in das Zelt des Alexander, verbeugte sich respektvoll und wartete, bis man ihn aufforderte, näher zu treten. Seleukos hob ungeduldig die Hand und winkte ihm. Nestor nickte und trat näher. Inmitten des großen, prächtigen Zeltes lagerten die Strategen und Hauptleute in einem großen Kreis um ihren Anführer. Sie machten Nestor Platz und Alexander hob den Kopf.

»Mögen die Götter dich schützen, Alexander«, grüßte der Oberste aller Kundschafter seinen Heerführer.

»Ich danke dir für deine Wünsche, Nestor. Bringst du Neuigkeiten?«

»Nein, Herr.«

»Ist noch immer kein Kundschafter zurück?«

Nestor schwieg statt einer Antwort. Alexander war ungeduldig und Neuigkeiten über die Perser beschäftigten ihn jeden Tag aufs Neue.

»Wer fehlt von deinen Männern?«

»Alle, Herr.«

Jetzt sahen sich die übrigen Strategen an und ihre Blicke waren besorgt.

»Wo ist der jüngste Kundschafter des Königs«, warf Mikail ein und Alexander blickte erst seinen Hauptmann, dann wieder Nestor an.

»Genau, Dareg. Der Junge, der uns immer Neuigkeiten berichtet hat?«

»Ihn habe ich zuletzt losgeschickt«, antwortete Nestor, »aber auch er ist bis jetzt noch nicht zurückgekehrt.«

Nun schwiegen alle Männer und Alexander wirkte nachdenklich. Er griff nach einem Dolch, der auf einem kleinen

Bronzetisch lag und wog ihn in seiner Hand. Niemand von den Anwesenden wagte zu sprechen. Sie alle wussten, Alexander dachte nach. Dann begann er zu sprechen: »Ich muss wissen, wo die Perser sind, was sie vorhaben und wie stark sie sind. Opfert den Göttern und dann schick neue Kundschafter, Nestor.«

»Ja, Alexander.«

Nestor verbeugte sich, und noch während er das Zelt verließ, wählte er in Gedanken neue Männer aus, die sich auf den gefahrvollen Weg machen mussten.

»Nestor!«, rief eine Stimme ihm nach.

Er wandte sich um. Mit festem Schritt eilte Mikail ihm nach und als er ihn eingeholt hatte, ergriff er ihn an der Schulter.

»Alexander ist außer sich. Er spürt, dass wir noch im Vorteil sind. Aber er glaubt, dass wir diesen Vorteil immer mehr verlieren, wenn wir nicht bald wissen, woran wir sind. Tu genau, was er sagt, und schick jetzt notfalls alle, die wir haben.«

Eine Weile standen sie sich gegenüber, der alte Hauptmann der Leibgarde und der junge Anführer der Kundschafter.

»Wenn sie uns zuvorkommen, dann ist alles verloren. Wir müssen die Perser schlagen, bevor sie sich jemals wieder gegen uns wenden können.«

»Ja, Mikail«, nickte Nestor.

Er wollte sich wieder umwenden, als ein brauner, bellender Blitz auf sie beide zuschoss. Mikion, Daregs Hund. Er sprang zuerst auf Mikail zu, blieb vor ihm stehen und bellte dann wie verrückt. Dann wandte er sich um, sprang zwei, drei Sätze los, blieb stehen und wandte sich erneut um. Mikail und Nestor blickten sich an. Erneut lief Mikion auf sie zu, bellte, blieb dieses Mal jedoch vor Nestor stehen.

»Was hast du, Mikion?«, fragte Mikail, obwohl er wusste, dass der Hund ja gar nicht antworten konnte.

Erneut bellte er ohne Unterlass.

»Ich glaube, er will, dass wir ihm folgen«, meinte Nestor verblüfft.

»Bei allen Göttern des Olymp, du hast Recht«, rief Mikail, und beide Männer eilten los.

Mikion, der erkannt hatte, dass ihm die beiden Männer folgten, hetzte los. Erst vor Leas Zelt hielt er an, bellte erneut, setzte sich dann auf den Boden und winselte nur noch leise. Mikail trat in das schattige Innere des Zeltes. Vor ihm auf dem Boden kauerte Melissa. Sie schien ratlos und ihre großen dunklen Augen blickten Mikail und Nestor fragend an. Dann wandte sie den Kopf und beide Männer traten näher. Lea kniete auf der Erde und ihr Blick war seltsam. Sie schien mit offenen Augen zu träumen und sie bemerkte die beiden Besucher nicht. Nun murmelte sie etwas vor sich hin, und beide Männer erkannten, dass ihre Augen voller Angst waren. Mikail trat zu ihr.

»Lea …!«

Er wollte sie an der Schulter anfassen, aber sie hörte ihn nicht.

»Lea, sprich, was ist mit dir?«

Sie antwortete ihm nicht. Mikail war ratlos. Er wandte sich zu Nestor um.

»Was hat sie nur?«

Nestor zuckte mit den Schultern, denn er wusste es nicht. Da atmete Lea auf einmal schneller und murmelte hastig vor sich hin. Melissa begann, leise zu schluchzen. Da schlich Mikion in das Zelt und legte sich ganz nahe neben Melissa. Das schien sie zu beruhigen und sie legte beide Arme um ihn. Aber Lea begann auf einmal, laut und deutlich zu sprechen.

»Dareg, hör mich an! Du bist in Gefahr! Hör mich an und wach auf!«

»Sie sieht ihn«, hauchte Nestor ungläubig, »sie träumt und dabei sieht sie ihn.«

»Ja«, flüsterte Mikail, »die Götter lenken ihren Blick. Oh, großer Zeus, was für ein Wunder sehen wir hier?«

Lea bemerkte nichts und niemanden um sich. Immer wieder beschwor sie Dareg, doch aufzuwachen.

5

Dareg träumte einen schönen Traum. Er saß auf einer grünen Wiese. Neben ihm saß Melissa, und beide sahen sie Mikion zu, der übermütig über das satte Grün sauste. Schmetterlinge flatterten von Blume zu Blume und zahlreiche Bienen summten. Mikion sprang den tanzenden Schmetterlingen nach und bellte vor lauter Vergnügen. Eigentlich könnte Dareg ganz zufrieden sein, wenn ihm Melissa nicht dauernd zugeflüstert hätte: Wach auf, Dareg. Wach auf! Aber warum tat sie das? Er war doch wach. Hellwach. Er saß hier auf dieser Wiese unter dem schattigen Baum und sah Mikion herumtollen. Aber Melissa sagte dauernd, er solle aufwachen. Und das kam ihm komisch vor, denn Melissa hatte ja außer seinem Namen noch nie etwas gesagt. Und jetzt sprach sie zu ihm. Das Ganze war unheimlich, denn Melissa, seine Freundin mit dem zarten Gesicht und dem langen Haar, sprach mit Leas Stimme.

Und da wachte er auf.

Er rieb sich die Augen. Tatsächlich, er war eingeschlafen. Warum auch nicht? Die ganze Nacht auf den Beinen und den Tag zuvor ebenfalls, das konnte einen Jungen schon ermüden. Aber sogleich besann er sich. Dareg war Kundschafter und sein Versteck lag hier in feindlichem Gebiet. Sicherlich war er aufgewacht, weil irgendetwas …

Nein, dachte er und schüttelte erst einmal verwundert den

Kopf. Er war aufgewacht, weil er ganz deutlich Leas Stimme gehört hatte. Wenn auch aus Melissas Mund. Und das Unglaublichste, die Stimme von Lea sprach nun weiter. Er hörte sie richtig deutlich in seinem Kopf.

»Sieh dich vor, Dareg!«

Aber natürlich, dachte er, das tat er doch immer.

Er hob den Kopf und da sah er ihn. Keine zwanzig Schritte entfernt stand ein großer Löwe und starrte ihn an. Sicherlich war er so wohl schon eine ganze Weile still und leise an ihn herangeschlichen. Mit einem Satz war Dareg auf den Beinen und griff nach seinem Wurfspeer. Im selben Augenblick sprang der Löwe los. Er knurrte dabei. Vier, höchstens fünf große Schritte und er würde ihn erreicht haben.

Dareg schleuderte seinen Speer mit aller Kraft. Aber er wusste nicht, ob er getroffen hatte, denn er wandte sich blitzschnell um und sprang auf den Baum, unter dem er geschlafen hatte. Er kletterte, so schnell er konnte, von den unteren Ästen den Baum hinauf. Dann musste er anhalten, denn die weiteren Äste sahen nicht mehr sehr kräftig aus und würden ihn keinesfalls tragen können. Er hielt sich am Stamm fest und sah nach unten. Der Löwe stand unter dem Baum, mit den Vorderpfoten am Stamm aufgerichtet und knurrte wütend zu ihm hinauf. Dareg sah, dass sein Speer ihn leicht getroffen hatte. Die Spitze war durch die dichte Mähne des Raubtiers gefahren und hatte dann nur einen langen Kratzer auf dem Rücken hinterlassen. Der Löwe war nicht ernsthaft verletzt, aber umso mehr gereizt und zugleich wütend über diesen flinken Jungen. Seine sicher geglaubte Beute war auf den Baum hinaufgeflüchtet und die kleine Wunde auf seinem Rücken brannte sicherlich. Der Löwe hob den Kopf und sah Dareg weit oben auf einer Astgabel kauern. Da stieß er ein kurzes Knurren aus und sprang mit einem geschmeidigen Satz auf den untersten Ast. Entsetzt stellte Dareg fest, wie gut die große, schwere Raubkatze klettern konnte. Der Löwe sprang auf den nächsten Ast und balancierte darauf bis hin zum festen Stamm. Dort richtete er sich in ganzer Länge auf und versuchte, mit den Pranken nach Dareg zu schlagen.

Dem wurde es ganz heiß. Leas Stimme war aus seinem Kopf verschwunden, und er war damit beschäftigt, seine Beine aus dem Bereich der scharfen Krallen zu bringen. Der Löwe knurrte und drängte sich noch näher an den Stamm heran. Nicht mehr lange, und er konnte sich so weit strecken, dass ihn die Tatzen an den Knöcheln erwischten. Der Löwe konnte ihn mit einem einzigen Prankenhieb von seinem Ast herunterfegen. Was dann geschah, war Dareg klar. Er würde vom Baum herunterfallen und sich verletzen. Dann konnte er dem Löwen keinesfalls mehr entkommen.

»Verschwinde!«, schrie Dareg wütend, und als Antwort bekam er ein wütendes Fauchen.

Pfui, wie das Biest aus seinem Maul stinkt, musste Dareg denken.

»Du sollst verschwinden!«, befahl er erneut.

Der Löwe knurrte wieder. Er beobachtete ihn genau und versuchte erneut nach ihm zu angeln. Dareg kroch auf seiner Astgabel noch ein wenig zurück. Jetzt war es für die Raubkatze schon schwieriger, ihn zu erwischen. Doch der Löwe gab nicht auf.

Dareg atmete heftig. Nach seinem ersten Schreck fasste er allmählich wieder Mut. Die Raubkatze konnte nicht weiter zu ihm heraufklettern, dazu waren die Äste nicht kräftig genug. Aber er selbst konnte auch nicht hinunterklettern, dabei hätte er ihn unweigerlich erwischt. Auf die Erde hinunterzuspringen, traute sich Dareg nicht. Es war viel zu hoch, und es waren Äste im Weg, die ihn verletzen konnten. Und selbst wenn er es bis zum Boden schaffte, dort würde ihn die Raubkatze auf jeden Fall erwischen. Nein, er hatte keine Wahl. Er musste hier oben bleiben. Entweder gab der Löwe auf und verschwand oder sie mussten beide hier oben sitzen bleiben, darauf hoffend, dass die Götter mit ihnen ein Einsehen hatten. Aber was passiert, musste Dareg denken, wenn ich müde werde und einschlafe? Dann falle ich vom Baum herunter und… Nein, daran mochte er gar nicht erst denken.

Er zog sich seine Tunika aus, bis er nur noch seine Sandalen anhatte und schlang sein Gewand um den Baumstamm. Damit band er sich fest. Jetzt konnte er wenigstens nicht herunterfallen. Vorsichtig nahm er seinen Gürtel und machte daraus eine Schlaufe. Die hängte er an einen kleinen Ast neben sich. Daran konnte er sein Bündel samt seinem Wasserbeutel hängen. Als er das gemacht hatte, richtete er sich auf. Der Löwe hatte ihn die ganze Zeit beobachtet. Jetzt versuchte er erneut, an dem Baumstamm heraufzukommen. Aber es gelang ihm nicht. Dareg warf einen raschen Blick über das weite Land. Von hier oben ließ sich die Ebene gut überblicken.

Dort wo er das Lager der Perser aufgespürt hatte, war nur eine riesige Staubwolke zu sehen. Sonst war der Himmel klar und ein paar Wolken glitten über ihm vorüber. Kein Zweifel, der Staub stammte nicht von einem starken Wind oder gar einem Unwetter. Diese Staubwolken kannte er. Das waren die Perser. Sie waren aufgebrochen und bewegten sich samt ihrem Tross auf ihn und den Fluss zu. So ein Pech, musste er denken. Er saß hier auf diesem Baum fest, bewacht von einem hungrigen Löwen, und konnte nicht zurück, um Alexander zu warnen. Eine Weile beobachtete er immer abwechselnd die riesige Staubwolke zwischen den Hügeln und dann wieder den Löwen einige Meter unter sich auf dem Ast. Die Raubkatze schien viel Geduld zu haben und versuchte immer wieder, den Stamm weiter hinaufzuklettern. Aber es gelang ihr nicht.

Dareg schwitzte, obwohl er im dichten Laub des Baumes ganz im Schatten saß. Einmal trank er einen tiefen Schluck, sonst rief er dem Löwen immer wieder zu, sich doch endlich aus dem Staub zu machen und zu verschwinden. Als Antwort gähnte der Löwe nur und Dareg schauderte beim Anblick des riesigen Rachens mit den mächtigen, scharfen Zähnen.

Die Staubwolke kam nur langsam näher. Zwischen den Hügeln war die Gegend sehr zerklüftet, es gab viele kleine Schluchten, Felsen und immer wieder Bäume und Sträucher. So konnte das Heer nur in enger Formation marschieren. Erst wenn die Perser die große Ebene erreichten, konnten sie in Schlachtordnung antreten. All das musste Alexander erfahren, dachte Dareg, aber wie?

Auf einmal begann der Löwe, wütend zu knurren. Dann brüllte er laut, und als Dareg von seinem Platz im Baum hinuntersah, blieb ihm fast das Herz stehen. Ein weiterer Löwe, dieses Mal ein Weibchen, ohne die eindrucksvolle Mähne um den Hals, kam durch das Gras herangeschlichen. Als sie den Löwen auf dem Ast entdeckte, erkannte sie gleich, dass oben auf dem Baum die Beute saß. Löwinnen gelten als noch geschicktere und ausdauerndere Jäger, wusste Dareg. Noch bevor die Löwin nahe genug an den Baum herangekommen war, sprang der Löwe von seinem Ast auf die Erde hinunter und begann, laut und drohend zu grollen. Damit schien er der Löwin zu drohen, nicht näher zu kommen. Das Gebrüll war sehr laut, sodass Dareg fürchten musste, die Perser könnten ihn hören. Doch dazu waren sie noch viel zu weit entfernt.

Aber auf einmal schien der Löwe dem weiblichen Tier den Vortritt zu lassen. Er sah zu, wie die Löwin an ihm vorbei mit einem Satz auf den Ast hinaufsprang, auf dem er gerade gesessen hatte. Dareg erkannte mit Entsetzen, dass die Löwin etwas kleiner und beweglicher war als ihr größerer Artgenosse. So blieb sie nicht erst lange auf dem Ast stehen und sah zu ihm hinauf, sondern knurrte bedrohlich und begann dann, geschickt den nächsten Ast zu erklettern. Sie rutschte nicht mehr herunter, sondern, begann sich langsam an dem Baumstamm aufzurichten. So konnte sie Dareg mit ihrer Tatze leicht erreichen. Dareg schrie auf, aber die Löwin knurrte nur. Sein Herz begann, vor Angst zu rasen. Was sollte er jetzt tun?

Die Schleuder, hörte er es in seinem Kopf. Natürlich, die hatte er beinahe vergessen. War er nicht ein Meister darin? Aus der Entfernung war es nicht schwer, ein Ziel zu treffen. Er hatte genug Steine dabei. Jetzt keine hastige Bewegung. Dann griff er nach einem Stein und legte ihn in die Schleuder. Die wirbelte er um sein Handgelenk, zielte kurz und ließ dann los. Der Stein traf die Löwin direkt auf der Schnauze. Sie rutschte den Stamm zurück und knurrte wütend. Mit der Zunge fuhr sie sich übers Maul. Dareg sah, das sie blutete. Er legte einen zweiten Stein in seine Schleuder, zielte kurz und traf die Löwin dieses Mal direkt auf der Stirn. Er hörte deutlich, wie der Stein dumpf auf dem Schädel auftraf. Der Löwin entfuhr ein seltsames Geräusch, dann plumpste sie zwischen den dichten Ästen hinunter auf den Boden, wo sie ganz benommen liegen blieb. Schließlich stand sie auf und schüttelte den Kopf. Sie schwankte ein wenig.

Dareg aber juchzte vor Freude auf seinem Baum. Jetzt wusste er, wie er die beiden hungrigen Raubkatzen verscheuchen konnte. Er wartete geduldig, bis der zweite Löwe wieder näher an den Baum herankam, um neugierig zu sehen, was seiner Gefährtin passiert war. Auch ihm schleuderte Dareg einen Stein genau auf den Pelz, dass der Löwe ganz erschreckt einen Satz zurück machte. Die Löwin aber sprang mit zwei mächtigen Sätzen durch das hohe Gras und war verschwunden. Der Löwe spurtete gleich hinter ihr her. Dareg stieß einen tiefen Seufzer aus und schloss die Augen. Da hörte er wieder Leas Stimme in seinem Kopf. Komm zurück, Dareg, komm zurück! Er band sich los und kletterte vorsichtig von seinem Baum herunter. Er sah sich vorsichtig um. Nein, er konnte nicht mehr länger warten. Es war ein sonniger Tag und bald würde es wieder heiß werden. Wenn er ständig marschierte, konnte er es bis zum Abend ins Lager zurück schaffen. Dieser Marsch war gefährlich, gewiss, denn die Perser spürten sicher nach den griechischen Kundschaftern und versuchten, sie zu fangen. Aber Dareios rückte vor und das musste Alexander wissen. Was waren da schon ein paar hungrige Löwen oder gar persische Krieger?

6

Dareios war ein gut aussehender Mann. Stattlich, mit glatter dunkler Haut, großen schwarzen Augen, trug er einen pechschwarzen Kinnbart, kurz gestutzt, nur das Haar im Nacken etwas länger, zu lauter kleinen Locken gedreht. Genau wie es bei persischen Männern Sitte war. An seinen Ohren baumelten prächtige Ohrringe und an beiden Händen trug er kostbare Ringe. Niemals sah man ihn ohne eine Halskette aus purem Gold. Im Gegensatz zu seinem Feind Alexander liebte Dareios den Prunk. Er besaß unglaublich schöne und kostbare Dinge aus Gold, Silber, feiner Bronze, Elfenbein und Ebenholz. Sein Thronschatz an Diamanten und Perlen war so groß, dass er davon allein sein ganzes Königreich kaufen konnte. Sein Palast in Persepolis war nur eine von vielen Residenzen, die überall in seinem Reich verteilt lagen und die er bei seinen Besuchen im ganzen Land abwechselnd bewohnte. Er liebte die Falkenjagd, seine prächtigen Streitwagen und seine kostbaren Reitpferde.

Im Augenblick war sein größtes Vergnügen seine Sammlung wilder und fremdartiger Tiere, die er in den Palastgärten in Gehegen hielt. Da gab es Pfauen und Fasane, alle Arten von Greifvögeln, ein ganzes Wolfsrudel und schneeweiße Leoparden, die aus dem fernen Indien zu ihm gelangt waren, Tiger, Löwen, Panther, Geparden, die er auch zur Jagd auf Antilopen benutzte. Manchmal ließ er aus seiner Sammlung einen Löwen oder Panther frei, um ihn dann eigenhändig zu jagen. Dann verfolgte er seine Beute im Streitwagen und erlegte das Raubtier mit dem Speer oder dem Bogen.

All diese Vergnügungen langweilten ihn jedoch in den letzten Wochen immer mehr. Seit dem Tod seiner geliebten Gemahlin Stateira war er still und in sich gekehrt. Alexander hatte sie nicht angerührt und dafür gesorgt, dass sie samt der Familie zu ihm zurückkehren durfte. Darüber war er sehr froh gewesen, denn von allen seinen Frauen liebte er Stateira ganz besonders. Doch bald nach ihrer Rückkehr starb sie an einem Fieber. Ausgerechnet jetzt, wo sich ihr Todestag das erste Mal jähren sollte, kamen erneut schlechte Nachrichten aus den Grenzprovinzen. Alexander wollte nach wie vor nicht verhandeln, sondern erneut angreifen. Seit Wochen beobachteten persische Späher, wie die Griechen auf die Hauptstadt Persepolis zumarschierten.

Tatsächlich kamen die Griechen nur langsam voran. Noch nie war ein so großes Heer über so lange Zeit durch ein fremdes Land gezogen. Es gab zwar feste Straßen, aber sie führten durch karge, oft wüstenähnliche Landstriche. Hier lebten nur wenige Menschen und damit gab es auch nur wenige Dörfer und kaum größere Städte. Die Perser waren ja ein Volk, das aus vielen Stämmen und kleinen Sippen, manche kaum größer als eine Familie, bestanden. Sie sprachen verschiedene Sprachen. Viele wussten nichts von Dareios in der fernen Hauptstadt, die wenigsten von ihnen waren jemals dort gewesen.

Doch sie wichen dem Heer der Griechen aus und gingen jedem möglichen Gefecht aus dem Weg. Kein Stamm allein hätte es mit Alexanders Kriegern aufnehmen können. Die Griechen aber schleppten alles mit, was sie zum Kriegführen brauchten, und das hielt sie auf. Dazu kam der ständige Wassermangel und das Wenige an Nahrung, was sie unterwegs fanden. All das kam den Persern zugute. Dareios brauchte bloß zu beobachten, wie Alexander mit seinem Heer durch das glühend heiße Land marschierte, ständig von Sandstürmen oder Heuschrecken aufgehalten. Währenddessen ließ Dareios ständig weitere Krieger anwerben. Es gab genug Freiwillige, denn alle wussten, nur der Großkönig allein konnte den Kampf gegen die Griechen aufnehmen.

Hier, im Herzen des Persischen Reiches, waren selbst im Herbst die Tage heiß und trocken. Unweit einer Siedlung mit dem Namen Gaugamela lag das große Heerlager der Perser.

In einem prächtigen Zelt lag der Großkönig auf einem kostbaren Diwan und lauschte leiser Flötenmusik. Mit einem Mal winkte er und die Musik verstummte. Ein Diener kündigte die höchsten Generäle des Landes an. Im Gegensatz zu Alexander war Dareios mit keinem von ihnen befreundet. Er glaubte nämlich, dass kein General ein so großer Stratege war wie er selbst. Somit konnte auch keiner von ihnen so kühn und zugleich klug sein wie er. Dareios hatte auch keinen derjenigen Generäle mehr in Diensten, die noch vor zwei Jahren in Issos an seiner Seite kämpften. Sie alle hatte er abgesetzt und verbannt. Etliche von ihnen waren sogar hingerichtet worden, weil er der Meinung war, erst durch ihre Feigheit die Schlacht verloren zu haben.

Nun fand vor ihm ein besonderes Schauspiel statt. Zahllose Sklaven trugen Körbe voll feinem Sand herein, die sie auf dem glatt gefegten Boden des großen Zeltes ausleerten. Sogleich begannen weitere Sklaven, diesen Sand zu verteilen, bis er ein Rechteck von mindestens zehn Schritten in der Länge und wenigstens sieben Schritte in der Breite ergab. Andere schleppten faustgroße Steine oder Schalen voll Pflanzen herbei. Zu Füßen des Herrschers begannen die Sklaven, eine

Landschaft aufzubauen. Sie formten mit geübten Griffen kleine Hügel, Senken, Wege, Straßen, Flussläufe und schroffe Gebirgszüge. Wo der Sand zu trocken war, mischten sie Wasser oder nassen Ton dazu. Dazwischen verteilten andere Sklaven Steine und Pflanzen, die dann wie kleine Wälder oder bestellte Felder, sogar wie kleine Gärten wirkten. Bald lag zu Dareios Füßen eine riesige, kunstvoll angelegte Miniaturlandschaft, an der ständig neue Sklaven emsig bauten. Seine Generäle beobachteten alles schweigend.

Ein Hofbeamter klatschte nun in die Hände und die Sklaven verschwanden eilig, erneut huschten neue Männer herein. Sie trugen große Holzkästen. Darin befanden sich viele hundert winzige Figuren aus Holz und Ton. Kunstvoll geformte Reiter, Kriegselefanten, Streitwagen und das Fußvolk. Die Männer knieten nieder und begannen, ein Miniaturheerlager mitten in der Landschaft aufzustellen. Da gab es sogar richtige Zelte aus Stoff, mit winzigen Teppichen, Feldstühlen und Schlafplätzen darin, Wachfeuer, Schutzpferche aus kleinen Dornenhecken und sogar Wasserstellen. All das geriet so genau und fein, dass man sich am liebsten auf den Boden hingekniet hätte, um damit zu spielen. Aber das hier war kein Spiel.

Weitere Sklaven traten ein und stellten am anderen Ende des Saales Figuren auf, die gleich als Griechen zu erkennen waren. Die Offiziere der »Unsterblichen« traten dazu, während noch immer Sklaven und Diener neue Figuren hereintrugen und sie nach Anweisung der Hofbeamten und persischen Späher aufstellten.

Dareios erhob sich von seinem Ruhebett. Er trug ein langes, wallendes Gewand aus fein besticktem Stoff und nur eine kurze Weste über seinem kräftigen Körper, die braunen Arme nackt. Aufmerksam studierte er die Anordnung der Figuren auf der nachgebildeten Landschaft zu seinen Füßen. An einer

Wand des Raumes wurden kleine Feldtische aufgebaut. Darauf breiteten weitere Diener große Seidenbahnen aus. Die zahlreichen Strategen hatten dort die Aufstellung der Griechen aufgezeichnet. Mit Kohlestrichen veränderten sie jede Bewegung, die das griechische Heer noch weit vor ihnen machte. Jede dieser Änderungen wurde von zahlreichen persischen Spähern überbracht, die das Heer der Griechen seit Wochen nicht mehr aus den Augen ließen. Noch immer stand Dareios schweigend da.

Er begann, langsam um die riesige Miniaturlandschaft herumzuschreiten. Nur manchmal blieb er stehen. Dann beugte sich einer seiner Hofbeamten zu ihm und flüsterte ihm etwas zu. Sonst sprach niemand laut. Man wollte den Herrscher nicht beim Nachdenken stören. Auf einmal ergriff Dareios das Wort.

»Sagt mir, wie genau ist das, was ihr mir da präsentiert?«

Diese Frage war nicht an seine Hofbeamten, sondern an seine Generäle gerichtet. Die blickten sich nur gegenseitig an. Niemand von ihnen wollte antworten, aus Furcht, falsch zu antworten.

»Nun redet schon!«, meinte Dareios ungehalten.

»Edler Dareios«, begann einer der Generäle, »was du zu deinen Füßen siehst, ist die Gegend um die Stadt Gaugamela. Diese Stadt ist stolz darauf, zahlreiche tapfere Krieger für dein Heer zu stellen.«

»Danach hab ich nicht gefragt«, unterbrach Dareios den Sprecher ungehalten. »Wie genau ist das da?«

Er deutete auf die Landschaft zu seinen Füßen.

»So genau, als hätten die Götter das Land dort draußen schrumpfen lassen, nur um es hier zu deinen Füßen wieder aufzubauen, großer König«, begann der General. »Wie es um Alexanders Heer derzeit bestellt ist, wissen wir von seinen Kundschaftern.«

»Habt ihr weitere Späher fangen können?«

»Wir haben *alle* fangen können, die unterwegs waren, edler Dareios«, entgegnete der Krieger stolz.

Der König nickte zufrieden.

»Und haben sie gesprochen?«

»Manchen mussten wir erst mit einem heißen Eisen die Zunge lösen. Aber zuletzt haben sie alle geredet und uns alles erzählt.«

Dareios nickte.

»Und was sprechen sie?«

Der General wandte sich erst zu seinen übrigen Strategen um, dann blickte er wieder seinen König an. Er begann zu antworten: »Die Griechen hungern. Wenn sie auf Jagd gehen, töten unsere Krieger ihre Jäger. Sie haben nicht genug Wasser für sich und ihre Tiere. Das Fieber geht im Lager um und jederzeit kann die Pest ausbrechen.«

Als der Soldat sah, dass sein König zufrieden war, sprach er weiter:

»Großer Dareios, noch immer gehen uns ihre Kundschafter in die Falle. Zwar schicken sie ständig neue aus, aber wir spüren sie auf und finden sie alle. Die meisten von ihnen trauen sich nicht, ohne Nachrichten vor ihre Strategen zu treten. Sie sagen, Alexander wäre zornig, weil er nicht weiß, wo sich unsere ›Unsterblichen‹ verstecken …«

Jetzt lachten die Offiziere, weil sie sahen, dass Dareios ebenfalls zufrieden lachte. Noch immer ging er um das riesige Sandgebilde herum, bis er zu der Stelle kam, an der das persische Heer lag. Der Augenblick schien gekommen, in dem Dareios erklärte, wie er vorgehen wollte.

»Ebnet das Land vom Fluss bis zu meinem Heerlager ein. Der Boden muss glatt sein, damit meine Kampfwagen gefahrlos auf die Griechen zufahren können. Alle Streitwagen sollen scharfe Sicheln an den Rädern haben. Wir lassen sie über den Fluss kommen. Da, an dieser Stelle!«

Er deutete mit seinem Fächer auf den Flusslauf, der die Landschaft durchquerte.

»Dann werde ich angreifen«, fuhr Dareios fort zu sprechen, und sogleich begannen im Hintergrund, leise Stimmen zu flüstern.

Dareios lachte und sprach dann weiter: »Die Griechen werden viel Zeit brauchen, um an diesem Ufer hinunter- und auf der anderen Seite wieder hinaufzuklettern. Mit ihren schweren Schilden ist das sehr schwierig. Und sie sind so viele, da werden sie sich gegenseitig im Weg sein. Oben am Flussufer werden unsere Reiter auf sie warten und sie daran hindern, das Ufer hinaufzukommen.«

Nun ging ein Raunen durch den Saal. Der Plan war gut. Von jeher hatten die Perser auf ihre gepanzerten Reiter gebaut. Mehr als die Griechen, die leichte Reiter bevorzugten.

»Was ist, wenn wir sie nicht aufhalten können?«, wollte ein junger Offizier plötzlich wissen.

Alle schwiegen. Was für eine Dreistigkeit, an den Erklärungen des großen Dareios zu zweifeln! Aber der junge Offizier hatte Recht und sprach nur etwas aus, was sich die Übrigen nicht zu fragen getrauten.

»Nenn mir deinen Namen«, verlangte Dareios.

»Mita, aus dem Hause Afnour. Ich bin Anführer einer Schwadron Unsterblicher«, entgegnete der junge Krieger stolz.

»Dann hör mir zu, was ich dir sage, Mita«, begann Dareios. »Ihr *müsst* sie aufhalten!«

Dareios sagte es laut und dann blickte er sich in der Runde seiner zahlreichen Offiziere, Hofbeamten und Diener um.

»Das wird das Geheimnis unseres Sieges sein. Wenn wir sie erst einmal zum Halten gebracht haben, ist ihre schärfste

Waffe wirkungslos: ihre Phalanx. Die ist nur in Bewegung gefährlich. Eine stehende, sich selbst behindernde Phalanx können wir besiegen. Wir schießen auf jede Handbreit nackte Haut und zwingen sie, auf der Stelle stehen zu bleiben. Sie werden in dem Pfeilhagel ihre schützenden Schilde fallen lassen. Dann dringen wir in ihre Reihen ein, bevor sie sich wieder schließen können. Gemeinsam greifen unsere Fußsoldaten und Reiter an.«

»Aber wer tritt zuerst gegen sie an, großer Dareios?«, fragte ein General.

»Elefanten«, lachte der Perserkönig. »Unsere Kriegselefanten werden in die Reihen der Feinde hineintrampeln und unseren Unsterblichen eine Gasse bahnen. Dann werden unsere Schwerter sprechen.«

Dareios wandte sich zu Mita, dem jungen Offizier der Unsterblichen, um.

»Ich weiß, die Griechen tragen Rüstungen aus Metall, aber ich erwarte, dass jeder persische Krieger zum Helden wird. Wenn es sein muss, erwürgt ihr jeden einzelnen von ihnen mit bloßen Händen.«

»Dareios«, wandte ein weiterer General ein.

»Genug geredet! Wir sind Krieger und über lange Zeit hinweg haben meine Ahnen Sieg an Sieg gesammelt. Nun wollen diese weißhäutigen Teufel mein Land stehlen. Niemals! Ich werde sie nicht zum Kämpfen kommen lassen. Ich lasse jeden Krieger töten, der umkehrt oder sich weigert, tapfer zu kämpfen.«

»Ja, Dareios. Wir werden reiche Beute machen und die Zahl der Gefangenen wird unermesslich sein«, beschwor der General gehorsam.

»Keine Gefangenen!«, bellte Dareios ungehalten.

»Aber …«

»Keine Gefangenen!«, wiederholte Dareios noch einmal. »Wir töten alle Griechen. Nur so werden wir nie wieder von ihnen hören.«

Alle starrten ihn an und dann nickten sie. Boten huschten herein und flüsterten ihren Hauptleuten leise Worte zu. Ein weiterer General erhob sich und richtete sein Wort an den Heerführer.

»Großer Dareios, wir erfahren soeben, dass die Griechen plötzlich aufbrechen.«

»So, jetzt schon?«, entgegnete er spöttisch. »Der Hunger treibt sie wohl an?«

»Es sieht so aus, als wollten sie die Nacht durchmarschieren. Wenn sie das tun, sind sie morgen früh hier am Fluss.«

Der General deutete zur Bekräftigung mit der Hand auf die Stelle vor ihnen.

»Die Griechen werden mit dem ersten Sonnenlicht übersetzen.«

Dareios lächelte.

»Gut, genau da werden wir bereits auf sie warten, denn wir sind vom Fluss nicht weit entfernt. Sie haben seit Tagen keine genaue Nachricht mehr. Sie wissen nicht, wo wir stehen und dass wir kampfbereit sind. Alexander ist blind. So wird er in meine Falle tappen.«

Jetzt ertönten laute Rufe und Beifallklatschen. Dareios lächelte geschmeichelt. Dann trat er vor und deutete mit seinem Stab erst auf einen seiner Offiziere, dann auf die aufgestellten Figuren dort am Boden.

»Bessos, du übernimmst den linken Flügel. Mazaios!«

Erneut sah Dareios auf und deutete erst auf den angesprochenen Mann, dann auf die Figuren.

»Du führst die rechte Flanke an. Hier, im Herzen der Truppen, kämpfe ich. So einer gewaltigen Streitmacht können die

Griechen nichts entgegensetzen. Nicht einmal die Götter haben jemals so viele Krieger gesehen!«, prahlte er.

Erneut klatschten seine Offiziere anerkennend Beifall.

»Denkt daran, wer mir Alexanders Leichnam bringt, den werde ich reich beschenken. Wer ihn mir aber lebend bringt, den werde ich unsterblich machen.«

Die Generäle eilten hinaus, und Dareios trat an die Stelle, wo das Heer der Griechen aufgestellt war. Sklaven hatten nach den letzten Nachrichten begonnen, die vielen kleinen Figuren der griechischen Krieger neu aufzustellen. Jetzt traten sie zur Seite und beugten alle den Kopf aus Respekt vor dem König der Perser. Er lächelte. Dann nahm er seinen dünnen goldenen Stock und stieß eine Figur von seinem kleinen Miniaturpferd. Die Figur war Alexander in seiner prächtigen goldenen Rüstung.

Es stimmte schon. Die Perser hatten tatsächlich alle Kundschafter der Griechen gefangen genommen. Viele von ihnen gestanden unter der Folter, was sie wussten. Dieses Mal hatte Dareios eine der wichtigsten Waffen Alexanders ausgeschaltet: seine Kundschafter. Die Griechen zogen seit Wochen durch persisches Gebiet und hatten nicht einen feindlichen Krieger gesehen oder eine Spur von ihnen entdeckt. Bisher waren sie nur auf wenige Dörfer gestoßen. Aber alle waren ausgestorben und ihre Bewohner geflohen oder hielten sich versteckt. Viele Brunnen waren vergiftet. Die Armee hungerte und zahlreiche Krieger waren krank. Alexander wusste, er musste die Perser bald schlagen, bevor Seuchen ausbrachen. Aber wo waren die persischen Krieger?

Eines aber wussten weder Dareios noch Alexander. Es gab einen einzigen Kundschafter, der noch nicht gefangen war. Dareg.

7

Berichte mir alles«, forderte ihn Alexander auf, und Dareg begann zu erzählen.

Er war aufgeregt, wie immer, wenn er in Alexanders Nähe kam. Als Dareg mit seinem Bericht über alle seine Beobachtungen geendet hatte, nickten ihm auch die großen Generäle und Freunde Alexanders anerkennend zu. Doch Alexander schwieg und blieb nachdenklich. Die Strategen wussten, jetzt im Eilmarsch auf das ferne Persepolis zuzumarschieren und die Stadt anzugreifen, war die einzige Möglichkeit, und darauf zu hoffen, dass sie dort genug zum Essen fanden. Doch selbst bei einem Gewaltmarsch konnte dies mindestens noch eine Woche dauern.

»Du bist kühn und tapfer, Dareg«, begann Alexander zu sprechen, doch dann schwieg er und sah Dareg lange an.

Dem kam dieser prüfende Blick seltsam vor. Er hatte das Gefühl, als würde ihn Alexander mit seinen Augen durchbohren.

»Kundschafter?«

»Ja, Herr?«

»Ich will wissen, was Dareios vorhat. Deshalb musst du mir alle meine Fragen ganz genau beantworten.«

»Das werde ich, Alexander.«

»Gut. Du sagst, dass du durch einen Fluss gewatet bist?«

»Ja, Herr.«

»Das Wasser war gut und sauber?«

»Ja, und es war so kühl und klar, wie wir es uns nur wünschen könnten.«

Alexander beugte sich über eine große Papyrusrolle. Diener hatten alle Beschreibungen von Dareg mit Kohle und rotem Ton aufgezeichnet.

»Warum haben die Perser nicht an diesem Fluss ihr Lager aufgeschlagen?«

Alexanders Frage richtete sich jetzt an die übrigen Männer um ihn herum. An seine Strategen genauso wie an die Hauptleute und Nestor, den Anführer der Kundschafter.

»Vielleicht lässt ein baldiges Unwetter das Wasser steigen«, warf Seleukos ein. »Erinnere dich, das ist uns schon viele Male passiert.«

Alexander nickte stumm. Natürlich erinnerte er sich daran. Wer könnte diese Unglücksfälle auch vergessen? Bei schweren Regenfällen verwandelten sich kleine Bäche im Nu in reißende Flüsse, die alles und jeden mit sich schwemmten, der auch nur in die Nähe der Fluten geriet. Dies war so oft passiert, dass auf diese Weise eine ganze Phalanx bei Flussüberquerungen ertrunken war. Alexander schüttelte den Kopf.

»Ein Unwetter scheint nicht bevorzustehen. Der Himmel ist seit Wochen ohne Regenwolken und nicht der leiseste Windhauch geht.«

»Vielleicht stauen die Perser den Fluss auf und er wird zu einem reißenden Strom? Dann brauchen wir Tage, um Flöße zu bauen.«

»Schon möglich, aber Dareg hat nichts davon beobachtet, nicht wahr?«

Dareg schüttelte den Kopf.

»Vielleicht weiß ein anderer Kundschafter mehr, der aber nichts mehr darüber sagen kann?«

Alexander nickte wieder nur.

»Trotzdem«, begann er wieder zu sprechen, »warum lagert Dareios nicht an diesem Fluss? Wo es Wasser gibt? Die Luft ist angenehm kühl, ringsum gibt es genug Weideland. Warum steht sein Heer weit weg in der Ebene?«

»Vielleicht wollen sie uns noch gar nicht angreifen?«, meinte Seleukos.

Da schüttelte Dareg heftig den Kopf. Alexander sah dies und sagte: »Kundschafter, du hast Perser in voller Rüstung schlafen sehen, nicht wahr?«

»Ja, Alexander.«

»Aber was beweist das? Das tun wir doch auch«, warf Ptolemäus ein und blickte erst seinen Anführer, dann Dareg an.

»Edler Ptolemäus«, begann Dareg, »diese Perser sahen so aus, als könnten sie sofort aufbrechen. Ihre Pferde waren gezäumt und gesattelt. Sie warteten ganz nahe neben den schlafenden Männern.«

»Der Fluss«, begann Alexander wieder, »ich bin sicher, es hat mit diesem Fluss eine besondere Bewandtnis. Es ist der Fluss. Dareios baut auf ihn.«

Im Zelt des Alexander war es still. Nur ab und zu waren draußen Rufe zu hören, ein Hund bellte oder ein Pferd schnaubte leise. Im Zelt roch es nach Weihrauch, der in großen Bronzepfannen verbrannt wurde.

»Dareg«, begann Alexander erneut, »erinnere dich. Du warst auf diesem Baum, weil dich der Löwe verfolgte. Da hast du weit sehen können.«

Dareg nickte als Antwort.

»Waren beide Uferseiten so steil?«

Dareg zögerte mit seiner Antwort. Er musste jetzt genau nachdenken, denn er spürte, dass von seiner Antwort eine ganze Menge abhing. Mikail blickte prüfend zu ihm und auch

Nestor blickte ihn an. Dareg nickte, denn er war sich völlig sicher.

»Ja, Alexander. Beide Ufer sind steil. Überall voll Sand oder Felsen. Auf beiden Seiten, flussaufwärts genauso wie flussabwärts. Nirgendwo gibt es eine flache Stelle.«

»Und an beiden Ufern? Was wächst da?«

»Schilfrohr. Ein Meer von Schilf.«

Da lachte Alexander plötzlich grimmig und ballte dann die rechte Hand zur Faust.

»Aber ja, Freunde, dann weiß ich, was der Perser vorhat!«

»Du weißt es?«, fragte Ptolemäus erstaunt.

»Ja. Er *will*, dass wir über den Fluss kommen.«

»Aber, aber …«

Ptolemäus kam ins Stottern und Seleukos schüttelte skeptisch den Kopf. Alexander lachte erneut.

»Er wird uns in dem Augenblick angreifen, in dem wir übersetzen. Denkt nach! Wenn sich mehr als vierzigtausend Krieger das Ufer hinunter, und auf der anderen Flussseite wieder hinaufarbeiten, wird das Tage dauern. Wir wären dabei schwach und hilflos. Dareios braucht nur mit seinen Kriegern am Rand der Uferböschung warten, um uns dort in aller Ruhe abzuschlachten. Dazu bräuchte er nicht einmal so viele Männer. Ich bin sicher, er will, dass wir uns am Fluss lagern und dann beim ersten Anschein der herannahenden Perser übersetzen, um ihnen beim Angriff zuvorzukommen.«

Die Strategen blickten auf die gerade gezeichneten Karten, sahen auf Alexander und blieben sprachlos. Es schien tatsächlich so zu sein, wie er es sagte, und nicht nur Dareg allein dachte in diesem Augenblick wirklich, dass die Götter selbst Alexander leiteten.

»Was werden wir tun?«

»Wir setzen über den Fluss, so schnell wir können. Dazu

geht das Heer nicht an einer Stelle allein durch das Wasser, sondern den ganzen Fluss hinauf und hinunter. Jede Abteilung für sich. Wenn das Schilf die Krieger behindert, zündet es an und geht dann hinüber.«

Die Männer nickten freudig. Wieder hatte Alexander beschlossen, als Erster loszuschlagen.

Doch dieses Mal sah die Sache ganz anders aus.

Trotz der großen Zahl setzten die Griechen schneller über den Fluss, als es Alexander selbst geglaubt hatte. Es dauerte nur wenige Stunden und die Truppen waren gesammelt und kampfbereit. Doch um auf die Perser zuzumarschieren, war es bereits zu spät. Alexander ließ deshalb ein Nachtlager errichten. An diesem Abend begnügten sich die Menschen mit einer Suppe oder etwas Brot. Alle blieben gespannt, was der nächste Tag bringen sollte.

In Leas Zelt waren noch einmal alle versammelt. Euphiletos, der wieder gesunde, aber oft schweigsame Kallimachos, Dareg und Melissa. Und Mikion natürlich. Nur Mikail fehlte. Alexander hatte alle Offiziere und Strategen zu einer letzten Besprechung in sein Zelt befohlen. Lea kochte für alle, auch wenn es die letzten Vorräte waren, die sie dafür verbrauchte. Aber hatte Alexander nicht gesagt, sie würden morgen den Tross der Perser erobern? Mit den gewaltigen Vorräten an Getreide, Fleisch, Früchten, Brot und Wein, den die Perser bei sich hatten? Ab Morgen würden sie keinen Hunger mehr haben, dann gab es für alle genug. Doch Lea hatte den ganzen Tag über ihre seltsamen Vorahnungen. Die Gefährten wussten, sie hatte wieder jenen Blick in die Zukunft gerichtet, der Dareg schon einmal geholfen und ihm das Leben gerettet hatte.

»Was ist mit dir, Lea?«, wollte Euphiletos wissen.

Sie sagte nichts, sondern rührte nur in dem Suppenkessel, der über dem Kochfeuer hing.

»Lea, sag doch was.«

Sie wandte sich zu den Übrigen um und in dem fahlen Licht sprach sie plötzlich.

»Feuer werden brennen, Lichter scheinen heller als alle Sterne und die Angst wird größer sein als je zuvor.«

Mehr sagte sie nicht, sondern verschwand im Inneren des Zeltes.

»Was meint sie damit?«, wollte Kallimachos wissen.

Alle Übrigen zuckten nur die Schultern.

»Wenn Mikail kommt«, meinte Dareg, »kann er uns berichten.«

Euphiletos nickte und begann, die Suppe zu verteilen. Als jeder seine Schüssel voll hatte, fingen sie schweigend an zu essen.

Ringsum war es vergleichsweise stiller als sonst im nächtlichen Lager. Kein lautes Lachen oder gar Singen, keine Scherze und keine Musik. Alle waren still und dachten darüber nach, was ihnen der morgige Tag bringen sollte. Wie immer vor einer Schlacht fürchteten sie sich. Doch sie bemühten sich, es nicht zu zeigen. Ein Grieche kennt vielleicht die Angst, aber er zeigt sie nicht.

»Musst du noch einmal fort, heute Nacht?«, wollte Kallimachos wissen.

»Ich weiß nicht«, antwortete Dareg.

Er kam nicht mehr dazu, weiterzusprechen, denn ein lauter angsterfüllter Schrei ertönte. Alle blickten auf. Lea stand am Eingang des Zeltes und zitterte am ganzen Körper. Sie deutete nur mit beiden Armen und dann sank sie in die Knie und begann zu weinen. Alle sprangen auf. Selbst die Krieger an den kleinen Wachfeuern neben ihnen. Mikion bellte, dann setzte er sich neben Lea nieder und stupste sie mit seiner Schnauze, so als wollte er sie trösten. Doch da trat Melissa zu ihr und schlang beide Arme um sie. Auf einmal kamen von überall her Krieger gelaufen. Vielen stand die Angst ins Gesicht geschrieben.

»Großer Zeus, sei mit uns!«, riefen sie, aber niemand wusste, was das alles bedeutete.

»Was ist passiert?«, rief Euphiletos, aber die Krieger waren wie von Sinnen, und niemand hielt an, um etwas zu sagen.

Dareg schauderte. Was hatten sie gesehen? Er hatte die Krieger noch niemals so voller Angst erlebt. Alle blickten auf und dann sahen sie es. Der Himmel! Ein gewaltiger Lichtschein erhellte die Nacht und wurde mit jedem Moment heller. Melissa ergriff Dareg an der Hand und hielt sie ganz fest.

»Kommt mit«, meinte Euphiletos, und zusammen mit Kallimachos eilten sie den Weg zwischen den Zelten und Schlafplätzen der Krieger entlang, bis sie den Rand des Lagers erreichten.

Zahlreiche Krieger standen da und blickten stumm auf die große Ebene hinaus. Dort bot sich ihnen ein unheimliches Schauspiel. In der Ferne, wo das Heerlager der Perser lag, brannten unzählige Wachfeuer. Es waren so viele, das deren Schein den Nachthimmel beleuchtete. Nach der Vielzahl der Feuer mussten sich dort eine ungeheure Zahl Perser aufhalten.

»Bei der göttlichen Athene«, murmelte Euphiletos.

»Onkel«, begann Kallimachos ungläubig, »was ist das?«

»Das da?«, antwortete Euphiletos düster. »Das sind die Lichter, von denen Lea sprach. Feuer werden brennen, Lichter scheinen und die Angst wird größer sein als je zuvor.«

Auch im Zelt des Königs herrschten Ratlosigkeit und blankes Entsetzen. Selbst Alexander, der immer kühne und überlegene Heerführer blieb stumm. Der Anblick des gewaltigen Lichtermeeres vor ihnen war grandios und zugleich Furcht einflössend. Dass die Perser zahlreich waren, wusste er. Aber ein so großes Heer? Damit hatte er nicht gerechnet. Gewiss, die Kundschafter warnten seit Wochen davor, dass dies Absicht der Perser sein konnte, sich nicht zu zeigen. So konnten die Griechen die tatsächliche Zahl des Gegners nicht wissen. Aber jetzt? Er schüttelte immer wieder den Kopf. Was sollte er seinen Strategen befehlen? Gegen diese gewaltige Streitmacht konnten sie nichts ausrichten. Dareios konnte beinahe doppelt so viele Kämpfer aufbieten wie er selbst. Es fiel Alexander schwer, seine aufkommende Panik zu verbergen.

»Lass uns fliehen, Alexander«, begann Hephaistion hastig, und einige Strategen nickten zustimmend.

Alexander schwieg.

»Bist du toll geworden«, begann Seleukos, zu Hephaistion gewandt, »wenn wir jetzt fliehen, setzen sie uns nach und töten uns, bevor wir alle über dem Fluss sind.«

»Aber wenn wir bleiben und kämpfen, erschlagen sie uns wie tolle Hunde«, erklärte Hephaistion. »Bist du blind? Sieh hin! Sie haben mehr Krieger als wir…«

»Und?«, meinte Seleukos höhnisch, »hat uns das je gestört?«

Hephaistion wurde zornig. Wie sprach der Stratege mit ihm? War er etwa ein Kind, dem man keinen Respekt entgegenzubringen brauchte?

»Was sollten wir dann tun? Uns etwa ergeben?«, wollte er wissen und sah dabei in die Runde der übrigen Strategen.

Die Umstehenden begannen alle, durcheinander zu reden, doch sehr bald schwiegen sie. Was hätten sie auch sagen sollen? Wenn die griechische Armee nicht untergehen wollte, musste sie dieser Schlacht ausweichen. Sonst war die Niederlage sicher.

»Seid still!«, rief Ptolemäus.

Alle blickten auf den alten Feldherrn. Bei allen Schlachten war er dabei gewesen, unzählige Male hatten ihn die Feinde verwundet. Niemand kannte Alexander und sein strategisches Geschick so gut wie er. Er blickte auf den König der Griechen, der noch immer auf seinem Nachtlager saß, scheinbar unfähig, irgendetwas zu sagen.

»Alexander«, begann Ptolemäus behutsam, »wir sollten Zeit gewinnen und das Heer neu ordnen. Es ist ratsam, die Perser dazu zu bringen, ihr Heer aufzuteilen. Tun sie das, können wir eine Schlacht wagen. Wir schlagen erst den einen, dann den anderen Teil.«

Er schwieg, und einige Hauptleute meldeten, dass die ersten Krieger aus Angst meutern wollten. Alexander erhob sich schweigend, trat an den Zelteingang und blickte lange hinaus. Alle sahen, dass er schwitzte. Doch zugleich war er ganz der Heerführer und König, wie sie ihn alle seit Jahren kannten.

»Lasst uns die Götter befragen. Sie werden zu uns sprechen. Holt mir Aristandros, meinen Seher.«

Ein Diener verließ eilig das Zelt und nur wenig später führte er den alten Seher und Priester herein. Respektvoll machten die Strategen Platz.

»Aristandros, bereite ein großes Opfer vor«, befahl Alexander.

»Mein König, ich weiß nicht, ob ein Opfer allein die Götter gnädig stimmen kann …«

»Tu, was ich dir sage«, unterbrach ihn Alexander, »wir opfern Phobos, dem Gott der Furcht.«

Er trat zurück in das Zelt vor seine Männer.

»Ja, denn wir sind alle voller Furcht. Wir haben Angst. Das ist es, was uns lähmt und unsere Gedanken vergiftet. Phobos muss diese Angst von uns nehmen, denn nur ein Grieche ohne Angst ist ein starker Krieger. Geh, Aristandros, geh und bereite alles vor.«

»Ich werde tun, wie du es wünschst, Alexander. Aber jemand muss mir dabei helfen und die Gebete sprechen.«

Alexander trat vor und schlang sich nur seinen Mantel um die Schultern.

»Ich selbst werde mit dir kommen und die Gebete sprechen.«

Da blieb den Strategen vor Staunen der Mund offen und bald machte Alexanders Ankündigung im ganzen Lager die Runde.

Dann beobachteten tausende von Kriegern, wie Aristandros zusammen mit Alexander dem Gott Phobos opferte. Die ganze Nacht lang.

Derweil brannten die unzähligen Feuer der Perser und erhellten den Nachthimmel über der Ebene. Dann, als der Morgen allmählich begann, schwelte das große Opferfeuer nur noch. Aristandros war erschöpft daneben eingeschlafen. Alexander aber hatte nur in den allmählich aufkommenden Morgen gestarrt. Dann wandte er sich um. Er zog sich seine prunkvolle Rüstung an, trat vor den Rest des Opferfeuers und hielt vor den Kriegern eine Rede.

»Griechen! Ihr wisst, was nun kommt. Der Augenblick, auf den wir lange gewartet haben. Nun wird sich zeigen, wem die Götter gewogen sind. Ich habe Phobos geopfert und ihn angefleht, jegliche Angst von uns zu nehmen. Es ist keine Schande, Angst zu haben. Und ich sage euch, auch ich verspürte Angst. Aber jetzt nicht mehr. Glaubt es nur, jetzt nimmt Phobos jegliche Furcht von euch. Nun seid Griechen und kämpft. Die Götter sind mit uns!«

»Alexander!«, rief jemand.

»Alexander!«, schrien da auch die anderen Zuhörer.

Dann wiederholten sie seinen Namen, bis ein einziges Brausen erklang und sonst nichts mehr zu verstehen war. Wenig später setzten sich die Griechen in Marsch.

8

Dareios erhielt in seinem Feldlager ständig Nachrichten über die Griechen. Er verbarg seinen Ärger, denn Alexander war ihm erneut einen Schritt zuvorgekommen. Der Großkönig wollte die Griechen nicht so schnell über den Fluss kommen lassen. Aber während er seine Reiterei sammelte, zogen sie über den Fluss, ohne dass seine Krieger dies verhindern konnten. Dareios wusste, hier in der Ebene musste er sie schlagen. Nur hier konnte er seine Reiter ausschwärmen lassen, nur hier konnten seine Speerwerfer versuchen, Lücken in die Phalanx der Griechen zu schießen, um dort einzudringen und zu kämpfen.

»Ahura Masda grüße dich, König Dareios, Herrscher von Persepolis«, rief einer seiner Offiziere, der auf ihn zugeritten kam.

Er sprang vom Pferd, verschwitzt und staubig. Dareios nickte nur.

»Welche Nachrichten bringst du?«

»Die Griechen rücken vor.«

»Was?«

Der Mann nickte.

»Bei allen Mächten der Finsternis«, tobte Dareios, »sagten meine Späher nicht, sie heulten die ganze Nacht vor Angst, als sie unsere Feuer sahen?«

»Ja, sie opferten ihren Göttern, großer Dareios!«

»Sind ihre Götter etwa mächtiger als unsere?«

Er war zornig. Sein ganzer Plan drohte zu scheitern.

»Aufhalten, ihr müsst sie aufhalten. Ihre Phalanx ist gefährlich, sobald sie marschiert.«

»Mein König, wir sollten sie bis zu unseren Hügeln kommen lassen«, warf Bessos, einer seiner höchsten Generäle ein. »Das dauert noch einen ganzen Tag und dabei werden sie müde.«

»Genug, kein Wort mehr!«, schnitt ihm Dareios das Wort ab. »Hast du vergessen? Sie lassen ihre Krieger notfalls laufen.«

»Unsere Reiter sind schneller und die Unsterblichen werden sie aufhalten.«

»Worauf warten sie dann?«, rief Dareios, noch immer wütend.

»Greift die Griechen an. Jetzt!«, befahl Bessos dem Offizier.

Der Reiter sprang in den Sattel und ritt zurück.

Dareios aber ließ die Kriegsposaunen blasen und die zahlreichen Pauken schlagen. Dann begannen auch die Perser zu marschieren.

Dareios teilte sein Heer in zwei Flügel auf. Er tat es noch immer genau so, wie er es in seinem Modell auf dem Boden seines Zeltes durchgespielt hatte. Einen Flügel übernahm Bessos, ihm unterstanden die skythischen Bogenschützen zu Pferd, baktrische Speerkämpfer und eine große Zahl von Streitwagen, deren Räder mit messerscharfen Sicheln bestückt waren.

Mazaios, ein Verwandter des Großkönigs, übernahm den rechten Flügel. Ihm standen die Kriegselefanten, weitere Sichelwagen und die berühmte armenische Reiterei zur Verfügung. Hinter dieser gewaltigen Streitmacht stand der Rest der Perser, die gesamte persische Reiterei, Söldner aus allen Teilen des Reiches und drei gewaltige Abteilungen der persischen Fußsoldaten.

Inmitten aller Truppen fuhr Dareios in einem prächtigen Streitwagen. Als persönliche Leibgarde folgten ihm eintausend Unsterbliche. Deren Auftrag war es, eine Gasse hin zu Alexander zu bahnen, denn Dareios wollte ihn eigenhändig im Kampf töten. Der Großkönig war sich eines Sieges über Alexander und das Griechenheer sicher. So einer gewaltigen Streitmacht konnten sie nichts entgegensetzen.

»Selbst die Götter können nicht so viele Krieger aufbringen«, prahlte er.

Alexander ging ganz anders vor, als er ursprünglich geplant hatte.

Er ließ alle Krieger in einem gewaltigen Rechteck Aufstellung nehmen. Die Griechen schwenkten dabei vom Fluss weg, sodass sie diesen nicht mehr im Rücken, sondern an ihrer rechten Seite hatten.

Dann unterteilte auch Alexander die Befehlsgewalt. Er selbst übernahm einen großen Teil der Reiterei, sein Stratege Parmenion einen weiteren Teil Reiter. Am äußersten Ende sicherten thrakische Bogenschützen. Erst hinter den Reitern kamen dieses Mal die Phalangiten. Dieses gewaltige Rechteck marschierte den Persern entgegen.

Gegen Mittag trafen die beiden feindlichen Heere aufeinander. Alexander gab zuerst den Angriffsbefehl. Erst als die griechische Kavallerie losstürmte, griff auch Dareios an. Jetzt donnerten tausende von Pferdehufen über den ausgedörrten, trockenen Boden aufeinander zu. Im Nu wirbelten sie solche Staubmengen auf, dass beide Parteien bald nicht mehr zu sehen waren. Alexander ließ seine Reiterei nach rechts schwenken. Bevor der persische General Bessos sich versah, brachen die Griechen von der Seite in seine Reihen und rieben seine Reiterei auf. In seiner Verzweiflung gab er den Befehl, dass die Sichelwagen in die Angreifer hineinfahren sollten.

Da taten die Griechen etwas Seltsames: Sie blieben einfach stehen. Kein Reiter sprengte zur Seite oder drehte um und flüchtete. Sie zügelten ihre Pferde, blieben einfach stehen und warteten, bis die Kriegswagen nahe genug waren. Dann schleuderten sie ihre Lanzen gezielt auf die Wagenlenker. Jeder Grieche besaß vier bis fünf dieser schlanken Lanzen. Sie ritten alle freihändig und in der einen Hand ein Bündel Speere, stellten sie sich erneut in Schussposition und schleuderten wieder. Die führerlosen Streitwagen fuhren nun kreuz und quer, kippten um und behinderten die nachfolgenden Gefährte. Erst jetzt wichen die Reiter den heranjagenden Wagen aus, begannen aber sofort, weiter auf die Lenker zu zielen. Den Reitern folgten Sklaven zu Fuß, die Körbe voll neuer Speere heranschleppten. Hatte ein griechischer Reiter alles verschossen, wendete er sein Pferd, ritt zurück und nahm sich neue. So brach der Angriff der Streitwagen schnell zusammen.

Bessos musste die herandrängenden Reiter abwehren und konnte den Angriff auf seiner Seite nicht länger fortführen. Diese Nachricht erreichte Dareios auf dem Schlachtfeld. Er befahl, einen Kampfelefanten heranzuführen. Vom Rücken dieses mächtigen Tieres herab wollte er das Schlachtfeld überblicken.

Dem Befehl wurde Folge geleistet.

Was er sah, waren tausende persischer Reiter, die vor der griechischen Phalanx auf und ab galoppierten, Lanzen warfen und Pfeile abfeuerten. Aber es gelang ihnen nicht, die Phalanx zum Halten zu bringen. Fiel einer der Griechen getroffen zu Boden, stand der Krieger hinter ihm einen Augenblick später an dessen Platz und füllte die Lücke. Dareios geriet in Zorn.

Weiter drüben versuchten die ersten Kriegselefanten, in die

Reihen der Griechen zu trampeln, doch die Griechen umzingelten die Kolosse und brachten sie mit ihren langen Speeren zu Fall. Dareios musste seine Truppen zurücknehmen. Tat er das nicht, würde er bis zum Mittag so viele Krieger und Pferde verlieren, dass er seine Reserven angreifen musste.

Er ließ den Elefanten halten und stieg in seinen Streitwagen.

9

Alexander stieß mit seiner Reiterei ins Zentrum der Perser vor. Während die übrigen Griechen links und rechts des Schlachtfeldes zum Halten gezwungen wurden, machte der voranstürmende griechische König vor sich eine Lücke aus. Die makedonische Hetairenreiterei unter seinem Befehl ritt mit wildem Geschrei in die völlig verblüfften Angreifer hinein. Fast eine Stunde lang setzten sie ihnen so sehr zu, dass sie ihren Angriff aufgaben.

Als der Staub sich ein wenig legte, erkannte Alexander auf einmal erneut Dareios' Streitwagen. Er ritt auf ihn zu und schleuderte eine Lanze. Die traf nur den Streitwagen, doch Dareios erschrak zu Tode. Als Alexander weiter auf ihn zustürmen wollte, wehrten die Unsterblichen seinen Reiterangriff ab. Alexander verlor Dareios in dem Getümmel aus Pferden und Kriegern aus den Augen. Zugleich erreichten ihn neue Meldungen. Was er bis zu diesem Augenblick nicht wusste, war, dass sich das Glück auf der linken Seite, unter Parmenions Befehl, gewendet hatte.

Der Perserkönig erkannte die geschlossene Mauer der Phalangiten. Er versuchte, sein Heer ebenfalls auseinander zu ziehen, um die breite Front zu umgehen. So hoffte er, den Griechen in den Rücken fallen zu können. Dabei sollte ein Teil seiner Reiter versuchen, Verwirrung bei den nachfolgenden

Bogen- und Speerschützen zu stiften. Ein weiterer Teil sollte die einzelnen Abteilungen der Phalanx von hinten, wo sie ungeschützt waren, angreifen.

Dieser Plan war nicht schlecht.

Einigen Persern gelang es tatsächlich, hinter die Abteilungen der griechischen Phalanx zu gelangen. Als sie glaubten, dass bei ihrem plötzlichen Auftauchen die griechischen Bogenschützen die Flucht ergreifen würden, passierte etwas, was sie nicht erwartet hatten: Die Schützen knieten nieder und begannen ruhig zu zielen. Als sich die Perser auf Schussweite genähert hatten, begann ein tödlicher Pfeilregen und brachte ihren mutigen Reiterangriff zum Stehen. Die Perser versuchten es mehrere Male, dann wandten sie ihre Pferde und flüchteten. Doch nur wenigen gelang es, unversehrt wieder zu entkommen.

Inzwischen war die Phalanx der Griechen ihren Reitern zwar gefolgt, aber persische Kriegselefanten und Sichelwagen brachten eine Phalanx nach der anderen zum Stehen. Dadurch entstanden Lücken zwischen den einzelnen Abteilungen. Durch diese drängten persische und indische Reiter. Ihr Ziel war aber gar nicht die Phalanx der Griechen, sondern das Heerlager. Das wollten sie angreifen und plündern.

Dies erfuhr Alexander. Obwohl bereits über die Hälfte des feindlichen Heeres von seiner Reiterei überrollt worden war, musste er von seiner Garde ein Schwadron abziehen. Sie sollten ins Lager zurück, um dem Tross zu Hilfe zu eilen. Mikail erhielt diesen Befehl und zögerte keinen Moment lang.

Dadurch gelang es den Unsterblichen erneut, ihren König zu schützen. Wie schon einmal wendete der Großkönig seinen Streitwagen und flüchtete. In all dem Staub konnte ihm Alexander nicht mehr folgen. Aber das brauchte er nicht. Denn als die Perser sahen, wie ihr Großkönig flüchtete, wandten auch sie sich zur Flucht.

10

Es gab kaum noch Kundschafter bei den Griechen. Die meisten galten als vermisst, und die wenigen, die übrig geblieben waren, sollten im Lager auf neue Befehle warten. Dareg war dort geblieben, aber auch in Leas Zelt hielt er es nicht lange aus. Neugierig eilte er an den Rand des Lagers, um den Verlauf der Schlacht zu beobachten. Bestimmt brauchte man ihn bald, um Alexander und seinen Strategen Neuigkeiten zu übermitteln.

In der fernen Staubwolke sah man ab und zu das Aufblitzen einer Rüstung oder das Funkeln der Waffen, manchmal einen langen Wimpel der einzelnen Abteilungen und immer wieder Pferde und Streitwagen, Elefanten oder erneut den dichten Wald aufgestellter Sarissen. Ein junger Grieche kam auf sie zugelaufen und Dareg erkannte in ihm einen der Kundschafter.

»Dareg, Nestor sucht dich!«, rief er.

Dareg nickte als Antwort und sah zu, wie sein Gefährte eine Lanze ergriff. Dann eilte er in das Kampfgetümmel zurück. Dareg wandte sich um und lief ins Heerlager zurück. Sein Ziel war das Zelt der Strategen unweit von Alexanders Unterkunft. Dort fand er Nestor.

»Komm mit, schnell. Mikail ist verletzt«, sagte er, und Dareg erschrak.

Er wollte wissen, was passiert war, aber Nestor zog ihn am

Arm mit sich. Nestor führte ihn zu einem Platz, auf dem bereits viele Verwundete lagen. Die meisten waren Hopliten, die, auf ihre Schilde gelegt, von Sklaven ins Lager zurückgetragen wurden. Weitere Sklaven, aber auch Frauen aus dem Tross kümmerten sich um sie. Ringsum wimmelte es von Menschen. Wenn nicht die vielen Gestalten ringsum auf dem Boden gelegen hätten, hätte man glauben können, auf einem großen Markt zu sein.

Nestor deutete auf Lea und Dareg rannte zu ihr. Sie kniete neben einer Gestalt auf dem Boden. Sollte das Mikail sein? Dareg erkannte seinen alten Lehrmeister kaum wieder. Der war über und über mit Staub bedeckt und blutete aus zahlreichen kleinen Wunden. Seine Augen geschlossen, atmete er aber ganz ruhig. Lea lächelte ein wenig und Melissa, die ebenfalls dabeisaß, blickte Dareg mit ihren großen Augen an. Lea schüttelte beruhigend den Kopf.

»Keine Sorge, Dareg. Es ist nicht so schlimm. Sie haben sein Pferd getroffen, aber nicht ihn.«

Mikail öffnete die Augen. Als er Dareg erkannte, versuchte er zu lächeln, aber durch all den Staub in seinem Gesicht wurde es nur eine Grimasse.

»Kundschafter, ich bin müde und kann nicht mehr reiten.«

»Mikail, wie kann ich dir helfen?«

»Der Schüler hilft nun dem Lehrer. Das ist schön. Aber ich bin bei Lea in besten Händen. Bleib du bei Nestor, vielleicht braucht er dich. Der Kampf ist noch längst nicht entschieden. Die Perser sind zahlreich und sehr mutig. Vielleicht braucht Alexander bald seine Kundschafter.«

Er lächelte wieder und Dareg nickte nur. Er hatte auf einmal einen dicken Kloß im Hals. Für einen Moment glaubte er, gleich weinen zu müssen. Aber hier vor all den Menschen, vor Melissa und Lea? Mächtiger Zeus, hilf meinem Freund. Und lass mich jetzt nicht weinen. Der alte Krieger schloss erschöpft die Augen. Dareg sah aber auch, wie er nach Leas Hand suchte und sie ganz fest hielt. Jetzt war er beruhigt, denn er wusste, sein Freund war wirklich in besten Händen.

Dareg befahl Mikion, gut auf sie alle aufzupassen.

»Willst du ihn nicht lieber mitnehmen?«, wollte Lea wissen, aber Dareg meinte, dass er ein Kundschafter des Königs sei. Der kann leicht auf sich selbst aufpassen. Lea lächelte. Sie schien beinahe glücklich darüber zu sein, dass Mikail nicht mehr kämpfte. Ganz behutsam begann sie, seine Wunden zu waschen. Als sein Pferd gestürzt war, hatte es ihn abgeworfen, und auf dem steinigen Boden zog er sich viele kleine Verletzungen zu. Melissa riss von einem Stück Leinen schmale Streifen als Verband ab. Noch einmal blickte sie Dareg an. Sie hatte dieses zaghafte Lächeln aufgesetzt, das er an ihr so mochte. O ja, er mochte sie sehr und…

»Dareg!«

Er wandte sich um. Irgendjemand hatte seinen Namen gerufen. War es Nestor gewesen? Aber er konnte ihn nirgends entdecken. Vielleicht hatte er sich auch getäuscht. So eilte er dahin zurück, wo er ihn finden konnte: bei den Zelten der Strategen und ihrem Versammlungsplatz. Als er dort ankam, war kein Grieche mehr zu sehen.

Dafür hörte er wildes Geschrei und fremdartig gekleidete Reiter jagten heran. Dareg erschrak. Feinde! Wo kamen die plötzlich her? War die Schlacht entschieden und sie hatten verloren? Begannen die Perser nun ihren letzten Angriff auf das schutzlose Heerlager?

Er kam nicht weiter zum Nachdenken und duckte sich hinter einer Reihe großer Amphoren, als Reiter laut schreiend an ihm vorbeiritten. Dareg sah ihnen nach und rannte weiter, immer noch auf der Suche nach Nestor. Er sah, wie einzelne Hopliten gegen die Angreifer kämpften. Selbst hatte er ja nur seine Schleuder, stellte er fest. Als er auf den Hauptweg zurückkam, war auch hier von Nestor nichts zu sehen. Stattdessen ritten immer mehr persische und indische Reiter durch die Zeltgassen. Nicht weit vor sich erkannte er einen großen Stoß Holzbalken. Dahinter kauerten Euphiletos und Kallimachos. Er wusste, dass man beide als Reserve eingeteilt hatte. Deshalb waren sie nicht mit in die Schlacht gezogen.

»Dareg! Hierher! Hier …«

Dareg sah sich um und rannte dann zu ihnen. Beinahe hätte ihn noch ein Perser mit seiner Lanze erwischt. Euphiletos zog ihn neben sich zu Boden.

»Kopf runter!«

Der Holzstapel zitterte leicht, als weitere Reiter daran vorbeiritten.

»Ich suche Nestor«, rief Dareg.

»Wir haben ihn gesehen, er war auf dem Weg zu den Strategen«, meinte Kallimachos.

»Die Perser greifen uns an.«

Die letzten Worte hatte Euphiletos düster gesagt. Dareg hob den Kopf und linste vorsichtig aus seinem Versteck. Mit wildem Geschrei ritten immer mehr Perser in das Lager. Jetzt warfen sie brennende Fackeln. Andere ritten jeden Griechen nieder, der sich ihnen in den Weg stellte. Dareg wurde wütend. Was erlaubten sich diese Kerle eigentlich? Wie feige, ein Heerlager anzugreifen, in dem sich nur Verwundete, Frauen und Sklaven befanden. Gut, eine Reserve war zurückgeblieben. Aber das waren kaum mehr als zweihundert Krieger und die meisten von ihnen waren krank oder immer noch verletzt. Er blickte sich um und musste gleich darauf staunen. Sklaven begannen, mit Holzstangen, Steinen und Schleudern die Reiter anzugreifen. Eupheltios sah dies und sagte: »Wollen wir uns von Sklaven zeigen lassen, wie man kämpft? Los, kommt mit!«

Als der Staub sich ein wenig legte und gerade eine Lücke zu sehen war, lief er los. Kallimachos und Dareg folgten ihm.

»Was hast du vor, Onkel?«, rief Kallimachos, und Euphiletos lachte nur.

»Kommt mit!«, rief er noch einmal.

Sie eilten alle drei zurück zu ihrem Lagerplatz. Dort lagen unter einem aufgespannten Tuch ihre Schilde und an einem Fels lehnten die Sarissen. Beide Männer griffen nach ihren Waffen, Kallimachos stülpte sich noch schnell seinen Helm über. Seine Beinschienen ließ er liegen, nur sein Schwert nahm er mit. Euphiletos wuchtete den schweren Schild auf seine linke Schulter und stellte die lange Sarisse auf. Dann schritt er den Weg entlang, den sie gerade gekommen waren. Auf dem Hauptweg, der quer durch das Lager führte, blieb er stehen und rief, so laut er konnte: »Griechen, zu mir! Phalanx! *Phalanx!*«

Kallimachos war der Erste, der sich neben seinen Onkel stellte. Euphiletos aber rief weiter. Inmitten all dem Lärm und Getümmel eilten plötzlich Hopliten heran. Dareg staunte, als er sie beobachtete. Es waren viele Gefährten darunter, die Dareg schon seit Jahren kannte: Acheron und Vergil, Freunde aus einem Nachbardorf, Agesilaos, einziger Sohn einer Witwe, benannt nach einem spartanischen König, Lysander und Agis die Zwillinge, die kaum achtzehn Sommer alt einst aus Athen aufbrachen, wo ihr Vater ein geachteter Mann des Rates war. Diese und weitere Männer dienten seit ihrem Aufbruch aus Griechenland in Alexanders Heer und sie alle sammelten sich jetzt um Euphiletos und seinen Neffen. Manche kamen barfuß, andere bis auf einen Lendenschurz nackt. Eben so, wie sie den persischen Reitern gerade noch entkommen waren. Aber alle waren mit Schild und Sarisse bewaffnet, die meisten trugen auch ihr Schwert. Kurz darauf stand eine kleine Phalanx von dreißig Kriegern unter Euphiletos Kommando.

»Phalanx, geht!«, rief er laut, und sie setzten sich in Bewegung.

Und noch während sie das taten, wurde die Gruppe größer. Immer mehr Krieger schlossen sich ihnen an und bald war sie über hundert Mann stark. Gleichmäßig schritten sie im Marschtritt durch die breite Zeltgasse auf die verdutzten Perser zu.

»Sarisse!«, rief Euphiletos erneut, und die ersten Reihen Krieger senkten ihre langen Stoßlanzen.

Dareg staunte und rannte dann quer durch das Lager zu Leas Zelt zurück. Er brauchte dringend seinen Wurfspeer, seinen Beutel und seinen Wassersack. Vielleicht bekam er von Nestor einen Auftrag? Zwischen einigen Zelten waren feindliche Reiter zu sehen. Sie hielten an und blickten über den dichten Wald aufgestellter Stoßlanzen, der da auf einmal näher kam. Sie redeten durcheinander und keiner bemerkte ihn. Manche sprangen aus dem Sattel und untersuchten neugierig die leeren Zelte. Die meisten blieben auf ihren Pferden sitzen, dabei auf der Suche nach Beute, die sie gebrauchen konnten. Dareg schlich ungesehen an ihnen vorbei. Den Reitern auszuweichen, war für ihn als Kundschafter nicht schwer. Wenn die Perser glaubten, dass die Schlafplätze und Zelte nichts Wertvolles enthielten, zündeten sie einfach alles an. Bald stank es nach Rauch und brennendem Stoff.

Dareg erreichte Leas Zelt und wich gerade noch zurück. Einer der Reiter lenkte sein Pferd bis zum Zelteingang. Er blieb im Sattel sitzen, beugte sich nur hinunter und sah hinein. Dareg sprang aus seiner Deckung, wirbelte seine Schleuder und brannte dem Pferd einen Stein auf die Hinterbacke. Das Tier erschrak furchtbar und machte einen gewaltigen Satz nach vorn. Dann stob es davon. Der Reiter ließ die Fackel auf den Boden fallen und hielt sich fest, sonst wäre er heruntergefallen. Darüber musste Dareg beinahe lachen. Er sprang zu der Fackel hin und scharrte mit den Füßen Sand darauf, bis sie verlosch. Da hörte er Hufschlag. Ein weiterer Reiter kam herangejagt. Als er Dareg sah, zielte er mit einer Lanze nach ihm. Der Kundschafter hatte gerade noch Zeit, seine Schleuder auf den Angreifer zu richten. Doch der Perser war bereits so nah, dass Dareg ihn nur an der Hand traf. Der Krieger ließ seine Lanze fallen. Er schrie irgendetwas und zog sein Schwert. Dann drängte er sein Pferd auf Dareg zu und hieb mit der blitzenden Klinge nach ihm. Aber Dareg duckte sich blitzschnell unter dem Pferdebauch hindurch auf die andere Seite. Der Perser wendete sein Pferd und versuchte erneut, ihn mit der Schwertklinge zu treffen. Dareg duckte sich wieder und der Perser geriet allmählich in Wut. Der Kundschafter wollte nach einem weiteren Stein für seine Schleuder greifen. Doch da war keiner mehr! Sein kleiner Beutel am Gürtel war leer. Als der Perser das sah, grinste er und hieb seinem Pferd beide Fersen in die Seite. Das Tier machte einen Satz und der Krieger hob sein Schwert. Dareg duckte sich, blieb aber stehen. Erst im letzten Moment wollte er ausweichen.

Da sah er einen dunklen Schatten an seiner Seite. Mikion! Mit einem Satz war der Hund auf den Pferderücken gesprungen und biss den Reiter in die Hand. Der Perser schrie auf. Es gelang ihm noch, Mikion abzuschütteln. Dann wandte er sein Pferd und galoppierte davon, als ob alle Götter der Finsternis hinter ihm her waren.

»Mikion«, rief Dareg erleichtert. »Hier! Komm zu mir!«

Mikion stand am Boden, schüttelte sich nur einmal kräftig und sprang auf seinen Herrn zu.

»Braver Hund!«, lobte ihn Dareg, »O mein Guter, das war mal wieder knapp. Schnell, führ mich zu Melissa!«

Und Mikion gehorchte. Dareg eilte ihm nach, immer sorgsam

bedacht, auf keine weiteren Perser zu treffen. Auf dem Platz, wo die Verwundeten lagen, hatte Euphiletos' Phalanx eine Mauer aus Schilden und Stoßlanzen gebildet. Kein Perser konnte da durch, und noch während sie es trotzdem probierten, ritt Hephaistion mit einer Schwadron der Leibgarde heran. Da stoben die Perser nach allen Seiten davon und ergriffen die Flucht.

Am späten Nachmittag ging der Kampf auf dem Schlachtfeld zu Ende. Die Reste des persischen Heeres, hinter einer gewaltigen Staubwolke verborgen, zogen sich in alle Himmelsrichtungen zurück. Die Griechen aber, viel zu erschöpft, um ihnen zu folgen, konnten ihren Sieg noch gar nicht fassen. Doch nun war allen klar, dass die Flucht von Dareios sein endgültiges Ende als Großkönig von Persien bedeutete. Es gab nur noch einen Herrscher und das war Alexander. Der König von Asien.

11

In dieser Nacht feierten die Griechen ihren Sieg. Immer wieder riefen sie Alexanders Namen. Erst bei Einbruch der Dunkelheit war der König in das Lager zurückgekehrt. Er ritt die breite Lagergasse hinunter, begrüßte herzlich seine Strategen und Getreuen.

Dann hob er den prächtigen Helm des Dareios in die Höhe. Alexander hatte ihn erbeutet und bei seinem Anblick schrien die Griechen erneut und wiederholten lange seinen Namen. Hephaistion, der neben ihm ritt, beugte sich zu ihm und deutete auf Euphiletos und Kallimachos, die in erster Reihe standen. Alexander zügelte sein Pferd. Er griff nach einem Seidentuch und band es an Euphiletos' Sarisse. Dies war Zeichen und Ausdruck der besonderen Bewunderung über den kühnen Widerstand, denn er und seine kleine Phalanx geleistet hatten. Zugleich galt es auch als Beförderung für Euphiletos, der damit den Rang eines Anführers hatte. Erneut jubelten die Männer ringsum, und Alexander ritt weiter, um noch einige Krieger so auszuzeichnen.

»Lasst uns nach Mikail sehen«, begann Euphiletos, als der König weitergezogen war.

Das Zeltinnere war gemütlich und es roch nach warmer Suppe. Mikail ging es besser, und Dareg stürzte zu ihm und freute sich, dass dem alten Freund nichts Ernsthaftes fehlte.

Alle wussten, viele Krieger hatten an diesem blutigen Tag nicht so viel Glück gehabt.

Dareg kauerte neben Mikail nieder, Euphiletos und Kallimachos gesellten sich dazu und gemeinsam begannen sie zu erzählen. Lea kochte und sie schien sehr zufrieden. Dann aßen sie und die Vertrautheit zwischen ihnen war so groß wie nie zuvor. Dareg saß da, sah seine Freunde und Gefährten sprechen, froh darüber, dass sie alle mit dem Leben davongekommen waren. Und auf einmal fühlte er, wie das, was er da sah und erlebte, ihm besser gefiel als sein Leben als Kundschafter. Seltsam, aber irgendetwas passierte da gerade mit ihm und es war ein schönes Gefühl. Als sich Melissa an seine Seite setzte, seine Hand ergriff und nicht mehr losließ, wurde dieses Gefühl noch schöner.

»Wie geht es nun weiter?«, wollte Euphiletos wissen. »Wir haben die Perser geschlagen.«

Alle schwiegen nach seinen Worten. Da begann Mikail auf einmal zu erzählen: »Mir ist etwas ganz Seltsames passiert. Als ich in der Schlacht von meinem Pferd stürzte und inmitten dieses Durcheinanders auf dem Boden lag, habe ich mein ganzes Leben erlebt.«

Er begann zu erzählen. Von dem Ort, von dem er herkam. Einer Insel im blauen Meer. Sie hieß Samos und dort hatte er als junger Mann gelebt. Sein Vater war Fischer und er folgte seinen Fußstapfen. Doch oft sah er sehnsüchtig übers Meer hinaus und träumte davon, einmal in die Himmelsrichtung zu fahren, aus der die großen Schiffe übers Meer kamen. Was dort alles zu sehen sein musste! Eines Tages kamen die Werber des Königs in sein kleines Heimatdorf. Sie sagten, wer in die makedonische Armee einträte, könne es dort weit bringen. Mikail folgte ihrem Ruf. Er verließ sein Elternhaus und trat der makedonischen Armee unter Philipp, Alexanders Vater, bei. Mikail war kühn und tapfer und bald war er Hauptmann der Garde. Er war an Alexanders Seite einer seiner Vertrauten geworden. Doch seitdem hatte er kein Boot mehr gesteuert, keine Netze mehr ausgeworfen und nie mehr einen Fisch gefangen.

»Athene selbst hat ihre schützende Hand über mich gehalten. Aber Lea sagte mir, dies sei ein Zeichen der Götter. Ich weiß jetzt, ich will kein Krieger mehr sein. Ich möchte zurück in meine Heimat und Lea soll mit mir kommen.«

Als Mikail mit seiner Erzählung geendet hatte, schwiegen alle. Dareg sah schnell zu Lea und sie blickte auf Mikail. Sie lächelte und Dareg fand sie in diesem Moment sehr schön.

In der Ferne ertönte Musik. Die Griechen feierten ihren großen Sieg und nicht nur in Alexanders Zelt sollte nun über Tage hinweg gefeiert werden.

Da begann Euphiletos zu erzählen. Wie er und sein Neffe alles, was sie liebten, zurücklassen mussten. Er erzählte von seiner Familie zu Hause, seiner Frau Demarete, seinen beiden Töchtern und seinem kleinen Anwesen. Er beschrieb die Felder, die er bestellte, und den Wein, den er aus seinen Trauben kelterte. Als er geendet hatte, schwieg er und trank einen Schluck. Mikion lag zu ihren Füßen und schien bereits zu schlafen. Dareg hatte aufmerksam zugehört und sein Herz pochte. Er wollte etwas sagen und wusste, wenn er es jetzt nicht tat, dann tat er es vielleicht niemals.

»Mikail?«

»Mein Freund?«

»So ein Haus am Meer würde mir gefallen. Und auch das, was du, Euphiletos, erzählt hast.«

Er stockte in seiner Ansprache. Hoffentlich lachte niemand über das, was er da sagte.

»Aber sag, Mikail, ich würde gerne bei dir, bei euch beiden wohnen …«

Er spürte, wie er ganz heiße Ohren bekam und alle sahen ihn an. Aber niemand lachte. Nur Mikail hatte plötzlich einen ganz zufriedenen Blick in seinem Gesicht.

»Das wollte ich dich fragen, Kundschafter. Ob du bei mir wohnen würdest, natürlich mit Melissa und Mikion zusammen. Wir wären dann wie eine Familie.«

Dareg strahlte und dann blickte er Melissa an, und er fragte sie: »Würde dir das gefallen, Melissa?«

Sie blickte ihn lange an, und alle wussten, sie konnte ihm ja nicht antworten. Und da öffnete sie ihren Mund und sagte ganz deutlich: »Ja, Dareg, das würde mir gefallen.«

Darüber waren alle verblüfft, bis sie zusammen in Freudenrufe und Lachen ausbrachen. Dareg drückte Melissa an sich und sie gab ihm einen Kuss auf die Wange.

»Auf die glückliche Heimkehr!«, rief Mikail und hob seine Schale voll Wein, und alle tranken ihm zu.

Dann erklärten Euphiletos und Kallimachos, dass sie ebenfalls heimkehren wollten, und gemeinsam schmiedeten alle Pläne, wie sie zusammen über das Meer heimsegeln würden.

12

Jemand musste es Alexander sagen. Nur er allein konnte sie aus seinem Dienst und dem Eid entlassen.

Es war an Dareg, das Wort an seinen Heerführer und König zu richten. Ein wenig aufgeregt war er schon, aber wie Lea sagte: Wer seinen Mund nicht aufmacht, um sich Gehör zu verschaffen, darf sich nicht wundern, wenn ihn keiner hört. Dareg dachte daran, dass er sich dabei überwinden musste. Um etwas bitten, dass tat er nämlich nicht so gerne. Die Heimkehr. Seit mehr als drei Jahren zog er mit Alexander und dessen Heer durch die Welt. Tyros und Gaza mussten sich dem mächtigen Griechen beugen, Ägypten und seine milden Nächte und heißen Tage lagen hinter ihnen. Sie hatten Städte niedergerungen, und er war dabei gewesen, als sie die Perser in Issos und jetzt in Gaugamela schlugen. Aber Dareg wollte nicht mehr so leben. Gewiss, es war aufregend, und der Ruf, ein Kundschafter des Königs zu sein, hatte ihm manche Bewunderung eingebracht. Voller Gedanken trat er in das Zelt seines Königs und bat darum, das Wort an ihn richten zu dürfen.

»Ich bitte dich, mich anzuhören, Alexander«, begann Dareg.

Der Heerführer blickte ihn aufmerksam an, und mit einem Kopfnicken gab er zu verstehen, dass Dareg sprechen sollte.

»Du sagtest einmal, sollte ich jemals eine Bitte an dich richten, würdest du sie mir erfüllen.«

»Die Götter waren Zeuge. Ich hab es nicht vergessen. Sprich, was ist dein Wunsch?«

»Meine Freunde und ich sind des Kämpfens müde.«

Dareg stockte. Beim Zeus und bei der großen Athene! Warum war es manchmal so schwierig, etwas zu sagen? Um etwas zu bitten, was für einen selbst wichtig war? Er musste erneut an Leas Worte denken: Wer seinen Mund nicht aufmacht, um sich Gehör zu verschaffen, darf sich nicht wundern, wenn ihn keiner hört.

»Alexander, meine Freunde und ich, wir wollen heimkehren.«

So, musste Dareg erleichtert denken, jetzt war es heraus. Alexander wirkte nicht besonders überrascht. Solche Worte hatte er schon oft gehört. Seit sie von Griechenland aufgebrochen waren, gab es immer wieder Stimmen, die ihn zur Umkehr bewegen wollten. Doch immer war es ihm gelungen, seine Männer zum Weitermarsch zu überreden. Und jetzt, wo sie sich auf den Weg nach Indien machen wollten, wollten erneut Krieger aufhören, ja umkehren.

»Warum willst du gehen, Dareg? Du bist ein guter Kundschafter und könntest eines Tages einmal Nestors Platz einnehmen. Er selbst sagte mir, dass er sich dies gut vorstellen könnte. Von allen seinen Kundschaftern bist du einer der Besten.«

Dieses Lob war natürlich schön, dachte Dareg. Aber trotzdem, etwas zog ihn fort, etwas, was er viel schöner fand, als mit Alexander weiterzuziehen. Er erzählte Alexander von Mikails Traum, der ihm selbst so gut gefiel: von dem Haus am Meer, dem Boot. Wie er und Mikail zusammen auf Fischfang gehen wollten. Sie würden ihren Fang auf den nächsten Markt bringen und dafür alles eintauschen, was sie zum Leben brauchen. Sie hätten Olivenbäume, einen kleinen Weinberg. Sie würden

Gerste anbauen und vor dem Haus sollte ein Granatapfelbaum wachsen wie vor dem Palast des Pharao in Memphis. Seine Wangen glühten und seine Augen strahlten vor Begeisterung, als er ihm alles erzählt hatte.

»Bitte, lass uns heimkehren, Alexander.«

Der blickte ihn lange an und dann erlaubte er es ihnen.

V

Samos

Sei verrückt mit mir, wenn ich verrückt bin,
und weise mit mir, wenn ich weise bin!

Griechisches Lied

Das Meer war ruhig. Den ganzen Morgen über hatte Dareg überlegt, ob er hinausfahren sollte, denn es würde erneut heiß werden. Während er noch darüber nachdachte, stellte er fest, dass er zufrieden, ja glücklich war. Dafür gab es so viele Gründe. Mikail und Lea hatten noch vor ihrer Heimreise in Gaugamela geheiratet. Jetzt erwartete Lea noch einmal ein Kind. Melissa fand allmählich ihre Sprache wieder. Ja, seit mehreren Wochen sprach sie wieder, jeden Tag ein wenig mehr.

Er und Mikail hatten ein schmuckes Haus am Meer gebaut, denn Mikails Elternhaus stand nicht mehr. Hier in der kleinen Bucht auf der Insel Samos hatten sie einen hübschen Platz gefunden und das neue Haus gebaut. Alle Nachbarn hatten mitgeholfen und aus Dank dafür hatten sie eine große Feier ausgerichtet. Erst opferten sie den Göttern und dann tischten sie Essen und Trinken auf. Dazu luden sie alle Freunde und Nachbarn aus der nahen Ortschaft ein. Schade, dass Euphiletos und Kallimachos nicht dabei sein konnten. Von beiden Gefährten hatten sie lange nichts mehr gehört. Nur Lea hatte einmal gesagt, sie seien glücklich in ihrer Heimat angekommen. Woher sie das wusste, konnte sie nicht sagen. Aber alle glaubten ihr, so wie Leas Voraussagen schon oft richtig gewesen waren.

Dareg blickte auf das Boot, das sich sanft im glasklaren Wasser wiegte. Der Bug war mit dem Kopf eines Fisches verziert und dann bemalt. Das Boot hieß »Lea«. Er blickte über die weite grüne Meeresbucht. Das Wasser glitzerte in der Sonne. Sollte er nun fahren oder nicht?

Mikail war auf den Markt gegangen. »Nach den Töpfen sehen«, hatte er gesagt und in Leas und Melissas Gesichtern gesehen, wie gerne sie mitkommen wollten. Es schickt sich nicht, hatte er gemeint und gelacht. Doch dann waren sie alle drei losgezogen. Dareg wollte nicht mit, sondern lieber noch einmal hinausfahren. So war er mit Mikion zurückgeblieben. Der Hirtenhund war nicht mehr der Jüngste.

Dareg blickte noch immer über das glitzernde Wasser. Und je länger er das tat, um so mehr bekam er Lust, doch noch zu fahren. Er zog seine Sandalen aus, nahm sie in die Hand und ergriff seinen Wasserbeutel. Heute wollte er aus der Bucht hinaussegeln, um dann einen sanften Bogen hinaus aufs Meer machen. Gestern auf der Heimfahrt war dort eine Stelle, da war das Wasser ganz klar gewesen. Und er hatte viele Fische gesehen. Dort würde er seine Netze auswerfen, und er war sicher, dass er Glück haben würde. Vorsichtig watete er durchs Wasser. Er musste den Seeigeln ausweichen. Dann lud er den Wasserbeutel ein und half dann Mikion ins Boot, den er über die Bordwand hob.

»Oh, mein Guter, du wirst ja immer schwerer. Das schöne Leben scheint dir zu gefallen.«

Mikion bellte und Dareg musste lachen. Mikion sprang sogleich auf die Sitzbank in der Mitte. Die war breit und ganz warm von der Sonne. Dort legte er sich nieder und sah ihm bei seinen weiteren Vorbereitungen zu. Dareg knotete das Seil los, mit dem das Boot an einem Holzpfahl angebunden war.

»Dareg, warte!«, rief eine Stimme.

Er blickte auf. Perseus kam den Weg neben dem Haus gelaufen. Er war der jüngste der Nachbarn, gleich am unteren Teil des Strandes. Auch seine Familie bestand aus Fischern. Manchmal erinnerte Dareg dieser Junge ein wenig an die Zeit, als er einst, nach Mikion suchend, das Lager der Griechen fand. Perseus war gerade elf Jahre alt geworden.

»Dareg!«, rief der Junge erneut.

Er wandte sich um, das Seilende noch in seiner Hand.

»Perseus, die Götter sollen mit dir sein. Was ist los? Du bist ja ganz außer Atem.«

Mikion war von seinem Platz aufgesprungen und bellte kurz zur Begrüßung. Der Junge schnaufte.

»Mein Vater schickt mich, ich soll es dir ausrichten. Weil doch Mikail und Lea…«

»Was sollst du ausrichten?«, unterbrach ihn Dareg.

»Alexander ist tot.«

Dareg starrte den Jungen an.

Es war bekannt, dass der König von Asien und zugleich Herrscher aller Griechen ein Nachfahre des Zeus war. War er damit nicht unsterblich? Dareg hatte sich darüber nie mehr Gedanken gemacht, denn das tägliche Leben hier verlangte ganz andere Dinge. Perseus berichtete weiter: »Vater hat es von einem Weinhändler am Hafen erfahren. Boten reiten durch das Land und melden es allen Dörfern und Städten. Er starb in einem Land, das Ba…«

Der Junge zögerte.

»Babylon«, murmelte Dareg, und der Junge nickte sogleich eifrig.

»Ja, genau, Babylon heißt es. Vater sagte, dass du und Mikail, Lea und Melissa mit ihm nach Persien gezogen seid. Stimmt das?«

»Ja, das stimmt«, entgegnete Dareg langsam, »aber das ist lange her.«

Er wandte sich um. Diese Nachricht erschütterte ihn, und zugleich beendete sie etwas, was Teil seines Lebens gewesen war. Wie seltsam, musste er denken. Er kletterte in das Boot, zog das dreieckige Segel auf, und als er es festmachte, blähte der Wind das Tuch. Er spürte die frische Brise und langsam glitt das Boot durch das grünblaue Wasser. Als er sich noch einmal umwandte, sah er Perseus noch immer am Ufer stehen und ihm nachblicken.

»Danke, Perseus. Für die Nachricht.«

Der Junge winkte und er winkte zurück. Dann lenkte er das Boot aus der Bucht und segelte weiter hinaus. Nach einer ganzen Weile, das Ufer war nur noch als schmaler Streifen zu sehen, wendete er das Boot, löste das Segel und holte es ein. Er machte es sich neben Mikion bequem und ließ sich nur mit den Wellen treiben. Das Meer lag auf einmal ganz still und glatt. Dareg beugte sich über die Bordwand. Er sah sein Gesicht und für einen Moment glaubte er eine Gestalt neben sich zu erkennen. Ein Gesicht, das er kannte. Es war noch jung, mit dunkelblondem Haar nach griechischer Sitte, genauso wie sein Bart, der ihm an beiden Wangen bis unters Kinn reichte. Alexander. Dann verschwand das Gesicht und es blieb nur sein eigenes übrig. Er atmete die warme Luft ein. Sie schmeckte nach Salz. Dann blickte er sich um. Sie waren ganz allein. Ein Tag voller Wärme, Sonne und dem klaren Wasser des Meeres lag vor ihm. Später würde er baden gehen und Mikion würde ihm dabei zusehen.

»Ich war ein Kundschafter des Königs«, murmelte Dareg.

Er ließ seine Hand ins Wasser gleiten und das Meer war angenehm kühl. Als er aufblickte, war er ganz sicher, dass es erneut ein wunderbarer Tag werden sollte.

Nachwort

Die Geschichte von Dareg, dem Kundschafter Alexanders ist frei erfunden. Wahr sind dagegen die vielen Ereignisse, die sich vor mehr als zweitausend Jahren so abgespielt haben. Um den Vergleich zwischen der wahrhaftigen Geschichte und diesem Buch zu ermöglichen, gebe ich hier kurz noch einmal die wichtigsten Ereignisse aus dem Leben Alexanders wieder. Vieles davon wirst du in der Erzählung wiederfinden.

Alexander wurde im Jahre 356 v. Chr. in der Stadt Pella, im heutigen Albanien, geboren. Sein Vater Philipp II. war König von Makedonien, seine Mutter eine griechische Prinzessin mit dem Namen Olympias.

Alexanders Vater kümmerte sich nicht besonders um ihn, er wuchs im Königspalast auf und hatte einen berühmten Philosophen zum Lehrer: Aristoteles. Der lehrte ihn alles, was ein junger Mann aus dem Adel damals wissen musste: Rhetorik, also die Kunst, vor anderen Menschen zu reden, Literatur, wobei Alexander die Geschichten um die Schlacht von Troja besonders gern mochte, außerdem Lesen und Schreiben. Daneben bildete man ihn zum Krieger aus. Er war ein guter Reiter, exzellenter Schwert- und Lanzenkämpfer und verstand besonders viel von Taktik und Strategie. Er konnte schwimmen, klettern und war selbst für seine Zeit ein sehr trainierter Kämpfer.

Alexander war gerade zwanzig Jahre alt, als man seinen Vater ermordete. Ihn nahm niemand sehr ernst, denn die Attentäter wollten einen ganz neuen König wählen. Doch Alexander wehrte sich auf seine Art: Er ließ mögliche Konkurrenten beseitigen und bestieg den Thron. Von seinem Vater hatte er eine starke und schlagkräftige Armee geerbt. Damit unterwarf er aufständische Gruppen in seinem Land und besiegte die Nachbarvölker, die Thraker und die Illyrer. Von da an war er als neuer Herrscher anerkannt.

Im Frühjahr 334 v. Chr. begann sein Feldzug gegen die Perser. Damit wollten sich die Griechen für die einstige Zerstörung Athens durch die Perser rächen. Alexanders Gegner hieß Dareios und war der mächtige Großkönig aus dem fernen Persien. Mit einem Heer von 35 000 Makedonen, Griechen und anderen Verbündeten durchquerte Alexander ganz Griechenland und drang in die heutige Türkei vor. Am Granikos besiegte er die Perser ein erstes Mal. Doch die zogen sich nur zurück, sammelten ein neues Heer, um die Griechen erneut herauszufordern. Alexander verfolgte sie durch Kleinasien und brachte dabei eine Stadt nach der anderen unter seine Herrschaft. Die meisten Städte ergaben sich freiwillig und stellten sich auf die Seite der Griechen.

An dieser Stelle beginnt auch die Geschichte von Dareg. Im Heerlager der Griechen wird er zum Kundschafter ausgebildet und erlebt, wie die Griechen im November 333 unter Alexanders Führung bei Issos erneut auf die Perser trafen. Diese waren den Griechen zahlenmäßig weit überlegen und es sah alles nach einem klaren Sieg für Dareios aus. Die Schlacht dauerte einen ganzen Tag und endete mit einem großen Sieg Alexanders. Dabei haben sich Dareios und Alexander wahrscheinlich auf dem Schlachtfeld wirklich gegenübergestanden. Dareios wandte sich tatsächlich zur Flucht, aber Alexander konnte ihn nicht verfolgen. Einmal, weil es dunkel wurde, und auch weil die Leibgarde des Dareios mutig den Rückzug ihres Königs deckte. Tatsächlich hat Alexander auch die ganze Familie von Dareios gefangengenommen, ließ sie jedoch bald unversehrt heimkehren.

Friedensangebote lehnte er ab und verfolgte die Perser erneut mit seinem Heer. Dabei eroberte er weitere zahlreiche Städte, darunter zwei der größten des Mittelmeers, Tyros und Gaza. Ägypten brachte er völlig kampflos unter seine Herrschaft und ließ sich in Memphis zum Pharao krönen. Noch im selben Jahr gründete er an der Mündung des Nils die Stadt Alexandria. Den sagenhaften Leuchtturm von Pharos gab es ebenfalls. Viele Jahrhunderte lang galt er als eines der sieben Weltwunder. Im Jahre 1303 wurde er bei einem schweren Erdbeben beschädigt und 23 Jahre später gänzlich zerstört.

Nur zwei Jahre nach der Schlacht von Issos, also im Jahre 331 v. Chr., stieß Alexander erneut nach Kleinasien vor. Er überquerte den Tigris im heutigen Irak und traf bei Gaugamela wieder auf Dareios. Am 1. Oktober unserer Zeitrechnung schlug er den Großkönig endgültig. Zwar entkam ihm sein Feind erneut, doch Dareios wurde auf der Flucht von seinen eigenen Beamten erdolcht.

Etwa hier endet die Geschichte von Dareg, der sich mit seinen Freunden auf die Heimreise macht.

Am Ende desselben Jahres ergab sich Babylon und dann auch die Stadt Susa, in der die Griechen sagenhafte Schätze fanden. Im Jahr darauf erreichte das Heer die Hauptstadt Persepolis. Alexander ließ aus Rache für die Zerstörung Athens im Jahr 480 die persische Hauptstadt samt ihrem Königspalast ausplündern und niederbrennen.

Danach nannte er sich König von Asien und verfolgte das nächste Ziel: Die Eroberung Indiens. Er überquerte den Indus und zog bis zum Pandschabgebirge, besiegte in seiner letzten Schlacht den Radscha Poros und machte ihn nach dem Sieg zu seinem Verbündeten.

Doch seine Soldaten waren völlig erschöpft. Sie drohten zu meutern, wenn er nicht umkehren würde. Alexander war darüber zornig und ließ sich mit seiner Entscheidung angeblich drei Tage Zeit. Doch dann kehrten sie um.

Der Rückmarsch war für die Griechen mörderisch. Obwohl Alexander eine Flotte bauen ließ, marschierte er zusammen mit Krateros, einem seiner Generäle, mit dem Heer auf dem Landweg zurück. In der glühenden Hitze, ohne genügend Wasser und Lebensmittel, geschwächt durch Krankheiten, verloren hier mehr als die Hälfte seiner Krieger ihr Leben.

Nearchos, ein weiterer General, segelte mit der gesamten Flotte und nur wenigen Seeleuten von der indischen Küste zurück. Dabei folgte er immer der Arabischen Halbinsel und erkundete so auf dem Seeweg erstmals diesen Teil der Welt. Doch bis heute kann niemand diese Entscheidung Alexanders erklären. Die Seereise wäre für das Heer kürzer und sicherlich ungefährlicher gewesen als der lange Marsch an Land.

Erst 324 v. Chr. war Alexander wieder in Susa, im heutigen Irak, zurück. Hier ließ er ein festes Lager errichten und die Krieger ausruhen.

Er selbst aber blieb ruhelos. Als er sich im darauf folgenden Juni in Babylon aufhielt, erkrankte er plötzlich und starb bald darauf. Seine Todesursache ist bis heute ungeklärt. Es kann eine Lungenentzündung gewesen sein. Auch ein Leberversagen ist möglich, denn Alexander galt als starker Weintrinker. Aber auch eine Infektion durch einen Insektenstich ist nicht unwahrscheinlich. Sein Leichnam wurde in einem prächtigen Prunkwagen bis nach Alexandria zurückgebracht und dort beigesetzt.

Alexander hat mit Glück, militärischem Geschick und großer Brutalität ein großes Reich geschaffen. Seine Vision war es, dass alle Menschen, gleich welcher Hautfarbe und Religion, zu einem Weltreich verschmelzen sollten.

Doch nach seinem Tod fiel das Riesenreich schnell auseinander.

Zum Schluss möchte ich mich an dieser Stelle ganz besonders bei Gerd Rumler bedanken, der unermüdlich den Werdegang des Manuskripts begleitet und betreut hat.

Weiterer Dank gebührt dem Künstler Dieter Wiesmüller, dessen künstlerische Interpretation Alexanders auf dem Titelbild dem vorliegenden Buch zusätzliche Aufmerksamkeit verschafft.

Roland Mueller

Worterklärungen

Agora Der Platz im Zentrum einer griechischen Siedlung, auf dem der Markt abgehalten wurde. Die Griechen versorgten sich dort mit allem, was sie zum Leben brauchten, denn Ladengeschäfte gab es nicht.

Amphore Die Verpackung des Altertums für fast alle flüssigen und viele feste Waren, die auch die Römer noch über viele Jahrhunderte hinweg benutzten. Amphoren hatten am unteren Ende eine Spitze. So konnte man sie in den Boden oder Sand stecken und sie blieben aufrecht stehen.

Aphrodite Die Stiefschwester von Artemis galt als Göttin der Liebe und der Fortpflanzung. Die Griechen waren übrigens fest davon überzeugt, dass sie eine besonders schöne Göttin war.

Apoll Der Gott des Lichtes und der Erleuchtung. Die berühmte Orakelstelle des Apoll lag in Delphi am Fuße des Parnassgebirges.

Artemis Die Göttin der Jagd und Beschützerin der Natur wie auch der wilden Tiere. Sie ist die Zwillingsschwester von Apoll.

Athene Die Göttin der Weisheit und Patronin häuslicher Fertigkeiten wie Spinn- und Webkunst. Sie galt zugleich als Schutzgöttin der Stadt Athen und damit auch als deren Namenspatronin.

Barbar Weil die Griechen ihre eigene Sprache als die der Götter bezeichneten, verstanden sie die unverständliche Sprache anderer Völker nicht. Sie klang in ihren Ohren als »bar-ba«.

Bogenschütze Die Griechen kannten zwar den Bogen, verachteten ihn aber als Kriegswaffe, weil er in ihren Augen unmännlich war. Alexander nahm trotzdem Bogenschützen in sein Heer auf. Diese bekämpften z. B. die gegnerische Reiterei.

Bürgerrecht Dieses Recht beinhaltete die Feststellung, Bürger der jeweiligen Stadt zu sein. In den meisten antiken Städten erlangte man es aufgrund seiner Geburt. Aber auch eine Verleihung durch den Rat der Stadt war möglich. Zu Alexanders Gesetzen gehörte es, dass alle von ihm eroberten Gebiete Teil des griechischen Reiches waren. Damit wurden alle seine Bewohner automatisch Griechen. Sklaven konnten kein Bürgerrecht erlangen.

Dareios III. Legendärer Perserkönig, dessen Vorfahren (Dareios I., Dareios II.) bereits Kriege gegen die Griechen führten. Alexander schlug ihn zwei Mal: im November 333 in Issos und Anfang Oktober 331 in Gaugamela. Ein Jahr später wurde Dareios von Angehörigen seines eigenen Hofstaates ermordet.

Diogenes von Sinope (um 400 v. Chr. bis ca. 325 v. Chr.), griechischer Philosoph. In Athen studierte er bei dem Sokrates-Schüler Antisthenes, der zu einer einfachen Lebensweise aufrief. Dementsprechend führte Diogenes ein Leben ohne Luxus.

Zahlreiche Anekdoten ranken sich um seine Person und seinen Witz. Angeblich lebte er in einer Tonne, ging tagsüber mit einer Laterne durch Athen und suchte den »wahren Menschen«.

Der Legende nach starb Diogenes in Korinth am gleichen Tag wie Alexander.

Drachme Münze und zugleich wichtigstes Zahlungsmittel im alten Griechenland. Damit konnte man in fast der ganzen damaligen Welt bezahlen, ähnlich wie mit dem heutigen US-Dollar. Übrigens, es gab nur Münzgeld und zum Einkaufen haben es die meisten Leute im Mund aufbewahrt.

Essig Mit unserem heutigen Essig kaum vergleichbar, war es eine saure Brühe aus Rotwein. Essig wurde nie für Salat verwendet, denn den kannten die Griechen gar nicht. Stattdessen wurde darin Fleisch eingelegt. Oder er wurde mit Wasser vermischt und gekühlt als Erfrischung getrunken. Das war so populär wie heute Cola.

Gaugamela Ort in Assyrien in einer weiten Ebene zwischen den Flüssen Tigris und Lykos. Unweit der heutigen Ortschaft Tell Gomel fand im Oktober 331 v. Chr. die entscheidende Schlacht zwischen dem griechisch-makedonischen Heer unter Alexander und den Persern unter Dareios III. statt. Alexander schlug die Perser vernichtend und besiegelte damit den Untergang des Persischen Reiches.

Gordon Der Knoten des Gordon ist eine uralte Geschichte aus der griechischen Mythologie. Weil sich die Bewohner eines Landstriches nicht über einen neuen König einigen konnten, befragten sie das Orakel. Das weissagte ihnen, dass der Mann, der als Erster in seinem Karren auf den Marktplatz des Dorfes fahren würde, König werden würde. Ein einfacher Bauer, Gordius, war dieser Mann. Aus Dankbarkeit weihte er seinen Karren dem Zeus, stellte ihn in ein Wäldchen im Tempelbezirk und band mit einem Seil die Deichsel des Karrens fest. Dabei machte er einen Knoten, der so kompliziert war, dass ihn niemand aufknoten konnte. Das Orakel sagte weiter, dass derjenige, der diesen Knoten lösen konnte, Beherrscher der Welt sein sollte. Alexander hat das Problem dann auf seine Art gelöst. Allerdings ist die Geschichte nicht verbürgt, obwohl sie sich natürlich so zugetragen haben könnte.

Hades Die Unterwelt, in die alle Verstorbenen gelangten.

Hephaistos Der Gott des Feuers und der Schmiede.

Hera Gemahlin des Zeus. Beschützerin der Ehe und der verheirateten Frauen.

Hermes Er war der Götterbote. Seine Hauptaufgabe war, die Seelen der Verstorbenen in die Unterwelt zu bringen, aber auch Nachrichten von den Menschen an die Götter.

Hoplit (griech. = Hoplos, der Schild) Ein griechischer Krieger war also jemand, der einen Schild in der Schlacht tragen konnte. Dazu musste ein Mann 18 Jahre alt sein, um als künftiger Krieger seine Ausbildung zu beginnen. Der Dienst dauerte zwei Jahre. Die eine Hälfte war Ausbildung, die zweite Hälfte Garnisonsdienst. Entweder als Wachen in der Stadt oder im Kriegsfall gegen einen Feind.

Kilikien Eine Küstenlandschaft im Südosten Kleinasiens.

Krieg Damit meinten die Griechen nicht etwa jahrelange Kämpfe und die Besetzung fremder Länder. Ein Krieg war meist eine einzige Entscheidungsschlacht mit einer Nachbarstadt (z.B. Sparta) und fand fast immer im Hochsommer statt. Erst mit Alexander begannen Feldzüge, die viele Jahre dauerten und die Krieger in fremde Länder führten. Kriegsdienst war Ehrendienst und kein Grieche konnte sich davor drücken. Besonders tapfere Kämpfer wurden als Helden bezeichnet. Sie kämpften dann grundsätzlich in der vordersten Reihe oder wurden sogar Stratege, was etwa so viel wie ein General war. Als Krieger in einer Schlacht zu fallen, galt als höchstes Gut, denn damit würde man unsterblich werden.

Löwe Löwen waren damals in ganz Vorderasien und Nordafrika verbreitet. Auf alten Darstellungen der Perser sind Löwenjagden vom

Streitwagen oder vom Pferd aus zu sehen. Raubtiere wie Geparden, Leoparden und Hyänen waren damals ebenfalls weit verbreitet.

Oikos (griech. = Haus, Hof, Wohnstätte, Hausstand) Mit diesem Begriff bezeichneten die Griechen einmal ihr Wohnhaus, aber auch die Menschen, die darin wohnten. Wenn also ein Grieche von seinem Oikos erzählte, meinte er damit einmal sein Haus und zugleich alle, die darin lebten. Diese Gemeinschaft war einem Griechen sehr wichtig, und um sie zu beschützen, war er bereit, auch in den Krieg zu ziehen und zu kämpfen.

Olivenmonat Da die Griechen keinen Kalender kannten, benannten sie die einzelnen Monate nach dem, was in ihrem täglichen Alltag geschah. So ist mit dem Olivenmonat z. B. unser heutiger November gemeint, denn da wurden Oliven geerntet.

Perser Die Perser waren nicht das Volk, das wir heute als die Einwohner des Iran kennen. Die Griechen bezeichneten einfach alle Einwohner Kleinasiens bis zur indischen Grenze als Perser.

Phalanx (griech. = Walze, Balken) Die Schlachtreihe der Griechen nannte sich so und ihre Mitglieder nannte man Phalangiten. Sie marschierten, in acht Reihen hintereinander aufgestellt, dem Feind entgegen. Philipp v. Makedonien verdoppelte die Reihen auf 16 Mann, die so genannte Makedonische Phalanx. So eine Phalanx war dann wirklich wie eine Walze, die den Gegner einfach überrollte, wenn er nicht schon vorher aufgab und flüchtete.

Poseidon Der Gott des Meeres und der Pferde.

Sarisse Eine ca. 5,50 Meter lange Stoßlanze mit einer scharfen Spitze aus Bronze oder Eisen. Diese senkte sich dem Feind entgegen. Brach eine Sarisse ab oder ihr Träger wurde getötet, trat automatisch der Krieger hinter ihm in die Lücke und nahm mit seiner Sarisse dessen Platz ein.

Satrapen Höchste persische Beamte in den einzelnen Bezirken des Persischen Reiches, den Satrapien.

Seher Es gab Menschen, die Voraussagen treffen konnten. Diese Seher waren in der abergläubischen Zeit sehr angesehen. Natürlich gab und gibt es auch Wahrsager, die ihren Blick in die Zukunft als reines Geschäft tätigen, z. B. auf einem Markt.

Sklave Sklaven verrichteten einen Großteil der Arbeiten. Einen Arbeitssklaven konnte man weiterverkaufen oder, was selten geschah, auch freilassen. Sklaven konnten keinen freien Griechen heiraten. Alexander ließ viele Sklaven frei, wenn sie tapfer in seinem Heer gekämpft hatten.

Strategeion Das Hauptquartier der Heerführer. Entweder in einer Stadt, dann meist in einem Tempel, oder im Feldlager in einem Zelt.

Strategos Oberster Anführer im Kriegsfall, dessen Rang einem heutigen Oberbefehlshaber entsprechen würde. Er wurde von den Vertretern einer Stadt gewählt. Es war das einzige Amt der Griechen, das sein Inhaber mehrere Male ausüben konnte, wenn er wieder gewählt wurde.

Theter Ein einfacher Lohnarbeiter ohne Grundbesitz. Später wurden auch die Ruderer auf griechischen Schiffen so genannt.

Unsterblicher Die Perserkönige umgaben sich in der Schlacht mit einer Leibgarde von bis zu eintausend Mann. Da diese alle gleich gekleidet waren und oftmals auch dieselbe Körpergröße hatten, glaubten gegnerische Völker, man könne diese Krieger nicht wirklich töten, denn an die Stelle eines Gefallenen trat wieder ein Lebender.

Wein Neben Wasser das Hauptgetränk der Griechen, war er längst nicht so stark wie heute und wurde immer mit Wasser vermischt. Ihn pur zu trinken, galt als unfein und das tat man eher heimlich, um sich zu betrinken. Die Makedonier dagegen tranken ihren Wein immer unverdünnt. Auch Alexander soll dies getan haben. In seinen letzten Lebensjahren trank er angeblich 4–5 Liter Wein pro Abend.

Zeus Gottvater und oberster »Chef« aller Götter, Herr des Himmels und des Wetters.

Zu den Töpfen …oder zu den Sklaven gehen, sagte ein Grieche immer dann, wenn er auf den Markt gehen wollte. Ursprünglich gab es auf einem Teil des Marktes eben immer diese beiden Waren: Tontöpfe und Sklaven.

Erst später kamen Lebensmittel, Stoffe, Wolle, Haushaltsgegenstände, Schmuck und Kleintiere dazu. Übrigens, auf einen Markt gingen üblicherweise nur Männer, niemals Frauen. Außer sie waren in Begleitung eines Mannes. Das konnte der Ehemann oder Vater, aber auch der Bruder oder Cousin sein.

Foto: © privat

Roland Mueller, geboren 1959 in Würzburg, ist ausgebildeter Erzieher und Sozialpädagoge. Er ist Managementtrainer und lehrt zurzeit als Gastdozent an der Fachhochschule der Polizei Didaktik, Psychologie und Verhandlungstaktik. Außerdem schreibt er Kurzgeschichten, Erzählungen, Drehbücher und Romane. »Der Kundschafter des Königs« ist sein erstes Jugendbuch.

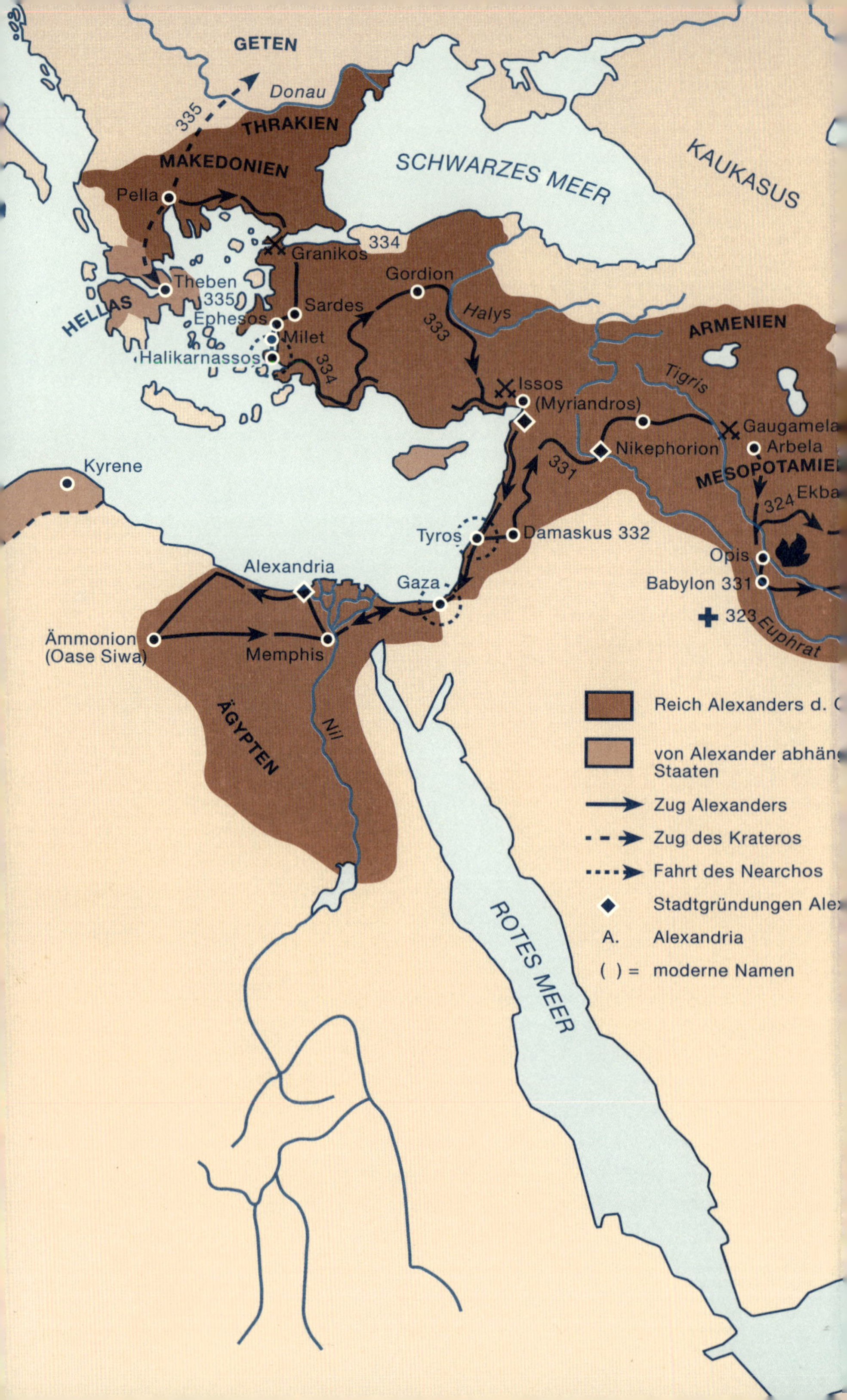
GETEN
Donau
335
THRAKIEN
MAKEDONIEN
SCHWARZES MEER
KAUKASUS
Pella
334
Granikos
Gordion
Theben
335
HELLAS
Sardes
Ephesos
Milet
Halikarnassos
334
333
Halys
ARMENIEN
Tigris
Issos
(Myriandros)
Gaugamela
Nikephorion
Arbela
331
MESOPOTAMIE
324
Kyrene
Tyros
Damaskus 332
Opis
Alexandria
Gaza
Babylon 331
323
Euphrat
Ämmonion
(Oase Siwa)
Memphis
ÄGYPTEN
Nil
ROTES MEER
Reich Alexanders d.
von Alexander abhän
Staaten
Zug Alexanders
Zug des Krateros
Fahrt des Nearchos
Stadtgründungen Ale
A. Alexandria
( ) = moderne Namen